중세 문화 이야기

# 중세 문화 이야기

*The Scholastic Culture of the Middle Ages, 1000-1300*

존 볼드원 지음

박은구 | 이영재 옮김

**혜안**

한 권의 소책자에 방대한 주제를 담는다는 것은 해석을 필요로 한다. 이 책의 끝에 참고도서 목록을 소개해 두었는데, 아마도 본 주제에 친숙한 독자들이라면 그것에서 특별히 새로운 자료를 발견하지는 못할 것이다. 그러나 나의 목표 내지 희망은 그 목록들이 이 책의 주제를 파악하도록 하는 데 유익한 조망을 제공하는 것이다. 미시간 대학과 존스 홉킨스 대학에서 학생들을 가르치면서 점차 느끼게 된 것은 일반적인 문화사의 경우 핵심적인 초점이 결여되어 있다는 점이다. 문화사는 예술, 문학, 철학, 도덕, 관습 등 매우 폭넓은 영역의 인간행위를 포괄하기 때문에, 역사가로서는 왕왕 서로 무관한 자료 목록들을 기록할 수밖에 없지 않는가 하는 느낌이 들곤 하였다. 이 잃어버린 통일성을 찾기 위해 지성사가들은 중세 문화를 실재론자와 유명론자 간의 논쟁의 산물 또는 고전 고대의 전반적 수용, 특히 아리스토텔레스의 수용으로 파악해 왔다. 예술사가들은 로마네스크 양식과 고딕 양식의 대비를 통해 이를 살펴보았고, 일부 사가들은 이를 자유와 질서의 조화라는 보다 넓은 맥락에서 검토하였다. 그러나 이 같은 특수한 문화사적 연구의 훈련을 받지 않은 필자는 중세 문화의 공통된 제도들을 강조함으로써 그 통일성의 확립을 기하고자 하였다. 이 책의 작업 언어이기도 한 핵심 주제는 '스콜라주의'다. 스콜라주의를 엄밀한 의미에서 규정한다면, 그것은 단순히 중세 학교들에서 독특하게 창안되었던 사유하고, 가르치고, 저술하는 방법을 가리킨다고 할 수 있을 것이다.

　주제의 통일성을 확보하는 가장 좋은 방법은 서로 무관한 것들을 도외시하는 일이다. 필자는 집중력을 유지하기 위해 주요 관심을 연대기적으로는 11세기에서 13세기까지, 지역적으로는 프랑스에서 이탈리아로 한정하였는데, 필자의 견해로는 이 시기와 이 지역에서 스콜라 문화가 절정에 달하였다. 우리가 흔히 축약해서 중세 문명이라 부르는 것은 복합적인 구조로서, 이 책에서 다루지 못한 형태의 다른 문화들도 그것에 포함되어 있다는 점은 이를 나위가 없다. 예를 들어 중세 초기의 카로링 왕조와 15세기의 부르군드 인들은 독특한 양식의 문명을 창출했으며, 북부 스칸디나비아 인들의 문화도 남부 지중해 지역의 문화와는 구별되었다. 또한 12세기부터는 속인들이 성직자의 라틴 저작과는 구별되는 속어문학을 집필하였다. 중세의 지적 유산은 인문학, 법률학, 신학뿐만 아니라 자연과학과 정치이론의 영역에서도 중요하다. 그러나 만약 이런 주제들까지 다루려다가 혹 다른 문화사가들이 겪는 일반적인 유혹에 빠져들지 않을까 우려되었다. 따라서 중세 문명의 핵심적인 의미를 전달하기 위해 너무 장황하지 않은 방식으로 글을 써나갈 생각이다.

　책의 주제가 비록 한정되어 있다 하더라도, 이 책에서 다룬 스콜라 문화가 중세를 조망하는 데 폭넓은 안목을 제공할 수 있기를 필자는 희망한다. 이를 위해 필자는 상호 연관된 역사적 사실들을 연계시켜 보고자 했다. 13세기 즈음이 되면 강력한 프랑스 군주정은 교황청과의 협력을 통해 적어도 프랑스의 평화에 기여할 정치적 안정성을 상당 정도 확보할 수 있었다. 동시에 인구의 현저한 증가, 농업혁명, 교역활동의 확대 등으로 도시가 더욱 번영하였고, 이러한 번영은 학교와 대학들이 등장하고 발전하는 경제적·사회적 기초가 되었다. 이렇게 교육제도들이 대두하게 되자 여기에 소속되어 있던 교사들은 인문학·의학·법학·신학 등에 활용할 수 있는 공통된 교수법과 지적인 탐구 등을 발전시켰다. 이 같은 스콜라적 방법은 전통적인 학문적 훈련에 유용했을 뿐만 아니라 고딕 기념물들에서도 예술적으로 표현되었다. 중세에도 오늘날과 다를 바 없이 각각의 학문 영역은 개별 부문에서 상당한 정도로 독자적이고 세밀한 지식을 축적하였기 때문에, 이만한 두께의 책으로 이 학문 영역들을 모두 다룰 수는 없다. 의학과 법학에 대한 전문적 접근은 우선 제쳐둔다고 치자. 인문학 및 신학에 속한 일련의 주제들만 하더라도 광범위하기 이를 데 없다. 따라서 이 책에서는 이들 학문 영역의 공통된 접근방법에다 초점을 맞추고, 신앙과 이성의 관계라는 신학과 철학 모두에 속하는 하나의 원리적 문제를 검토함으로써 스콜라적 방법들을 제시하고자 했다. 물론 이 화두가 신학과 철학의 문제들을 충분히 축약하지는 못하는 것이 사실이다. 그러나 중세 사상의 근본으로서, 이는 중세 스콜라 문화의 기저에 깔려 있는 방법론을 예시하는 데는 대단히 유용하다. 이와 관련된 전거와 예문이라면 얼마든지 제시할 수 있다. 그러나 필자의 논지를 입증하는 데는 여기에 실린 것들만으로도 충분하다고 판단되며, 또한 이들은 간략하기도 해서 손쉽게 읽기에도 무리가 없는 분량이다. 1장과 2장은 정치적, 경제적, 사회적 배경에 관한 것이라 이 책의 주제를 직접 다룬 것은 아니다. 그러나 중세사에 친숙하지 않은 다수의 독자들이 중세 문화의 토양에 관해 기본적인 감을 잡는 데는 도움이 될 것이다.

　이 책을 저술하는 데 도움을 준 많은 분들에게 사의를 표한다. 특히 본인은 제6장 '고딕 예술' 부분을 읽어준 친구이자 동료였던, 그러나 지금은 작고한, 아돌프 캇제넬렌보겐(Adolf Katzenellenbogen)의 우의에 깊이 감사하고 싶다.

John W. 볼드윈

본인의 삶에서 한국은 언제나 특별한 위치를 점해 왔습니다. 장로파 교회에 속한 가정에서 성장한 저는 한국에 파견된 선교사들을 정기적으로 후원하였습니다. 2차 세계 대전이 발발하여 우리 교회 목사님이 전쟁에 나가게 되었을 때, 우리 교회는 한국에서 활동하다 은퇴한 선교사 아치볼드 캠벨(Archibald Campbell)을 모시게 되었습니다. 캠벨 목사님은 미술가이기도 해서, 우리는 그가 그린 한국의 풍경화들을 볼 기회가 여러 번 있었습니다. 한국전쟁이 발발했을 당시 본인은 군대에 나갈 연령이었는데, 군입대 지원이 건강상의 이유로 거부당했습니다. 이후 본인은 고향에 돌아와 펜실바니아 주립 대학에서 서양 중세사를 공부하게 되었습니다. 이때 필자의 부모님께서는 한국인 학생 한 명을 집으로 초청하여 함께 생활하도록 하였습니다. 그리하여 본인은 그와 같은 지붕 아래 한방에서 기거하게 되었습니다. 그러니까 1950년부터 1951년 사이에 본인은 한국인 이경호(Kyong Ho Lee) 씨를 알게 되었고, 그를 한 인간으로서 존경하게 되었습니다. 우리가 각자 자신의 인생 길을 떠난 후에는 서로 연락이 단절되었습니다마는, 지금도 민주주의 원리에 대해 열렬한 이상주의자였던 그를 생생하게 기억하고 있습니다.

박은구 교수와 이영재 선생이 스콜라 문화에 관한 본인의 저서를 한국어로 옮기겠다는 제안을 해 왔을 때, 본인이 얼마나 기뻐했던가

하는 점은 한국의 독자들께서도 충분히 이해하실 것입니다. 두 분의
열정과 친절한 노고에 대해 감사를 드립니다. 그리고 본인의 이 작은
책이 한국인 독자들로부터 서양 중세 문화에 대한 흥미를 불러일으키게
되기를 바랍니다. 한국인 여러분들에게 변함없는 애정을 전합니다.

2001년 7월 24일
메리랜드 볼티모어에서


J. W. 볼드윈

# 글 싣는 순서 |

# | 11-13세기 서유럽 왕조 |

| 영 국 | 프랑스 | 신성로마제국 |
|---|---|---|
| **노르만 왕조** | **까페 왕조** | **작센 왕조** |
| 윌리엄 1세(정복왕) 1066~1087<br>윌리엄 2세 1087~1100<br>헨리 1세 1100~1135<br>스테판 1135~1154 | 위그 까페 987~996<br>로베르 2세 996~1031<br>앙리 1세 1031~1060<br>필립 1세 1060~1108<br>루이 6세 1108~1137<br>루이 7세 1137~1180 | 오토 3세, 983~1002<br>하인리히 2세 1002~1024 |
| **플랜타지넷 왕조** | 필립 2세(존엄왕) 1180~1223<br>루이 8세 1223~1226 | **살리 왕조** |
| 헨리 2세 1154~1189<br>리차드 1세 1189~1199<br>존 1199~1216<br>헨리 3세 1216~1272<br>에드워드 1세 1272~1307 | 루이 9세(성왕) 1226~1270<br>필립 3세 1270~1285<br>필립 4세 1285~1314 | 콘라드 2세 1024~1039<br>하인리히 3세 1039~1056<br>하인리히 4세 1056~1106<br>하인리히 5세 1106~1125<br>로타르 2세(삭소니)<br>　　　　왕 · 1125~1133<br>　　　황제 · 1133~1137 |
| | | **호엔슈타우펜 왕조** |
| | | 콘라드 3세 1138~1152<br>프레데릭 1세(바바로사)<br>　　　　1152~1190<br>하인리히 6세 1190~ 1197<br>필립 스와비아 1198~1208<br>오토 4세(웰프) 1198~1215<br>프레데릭 2세 1220~1250<br>콘라드 4세 1250~1254<br>대공위 시대 1254~1273 |
| | | **합스부르그 왕조** |
| | | 루돌프 1세(합스부르그)<br>　　　　1273~1291<br>아돌프(나사우) 1292~1298<br>알베르트 1세(합스부르그)<br>　　　　1298~1308 |

# | 11-13세기 로마 교황 |

| 11세기 | 12세기 | 13세기 |
|---|---|---|
| 139 실베스터 2세 999~1003 | 테오도릭(대) | 177 호노리우스 3세 1216~1227 |
| 140 요한 17세 1003, 6~12월 | 알버트(대) | 178 그레고리 9세 1227~1241 |
| 141 요한 18세 1004~1009 | 시렙스터 4세(대) | 179 셀레스틴 4세 1241, 10~11월 |
| 142 세르지우스 4세 1009~1012 | 161 겔라시우스 2세 1118~1119 | 180 이노센트 4세 1243~1254 |
| 143 베네딕트 8세 1012~1024 | 그레고리 8세(대) | 181 알렉산더 4세 1254~1261 |
| 그레고리 6세(대) | 162 칼릭투스 2세 1119~1124 | 182 우르반 4세 1261~1264 |
| 144 요한 19세 1024~1032 | 셀레스틴 2세(대) | 183 클레멘트 4세 1265~1268 |
| 145 베네딕트 9세 1032~1044 | 163 호노리우스 2세 1124~1130 | 공위기 1268~1271 |
| 146 실베스터 3세 1045, 1~2월 | 164 이노센트 2세 1130~1143 | 184 그레고리 10세 1271~1276 |
| 147 베네딕트 9세 1045, 4~5월 | 아나클레투스 2세(대) | 185 이노센트 5세 1276, 1~6월 |
| 148 그레고리 6세 1045~1046 | 빅토르 4세(대) | 186 아드리안 5세 1276, 7~8월 |
| 149 클레멘트 2세 1046~1047 | 165 셀레스틴 2세 1143~1144 | 187 요한 21세 1276~1277 |
| 150 베네딕트 9세 1047~1048 | 166 루치스 2세 1144~1145 | 188 니콜라스 3세 1277~1280 |
| 151 다마수스 2세 1048, 7~8월 | 167 에우제니우스 3세 1145~1153 | 189 마르틴 4세 1281~1285 |
| 152 레오 9세 1049~1054 | 168 아타나시우스 4세 1153~1154 | 190 호노리우스 4세 1285~1287 |
| 153 빅토르 2세 1055~1057 | 169 아드리안 4세 1154~1159 | 191 니콜라스 4세 1288~1292 |
| 154 스테판 9세 1057~1058 | 170 알렉산더 3세 1159~1181 | 192 셀레스틴 5세, 1294, 7~12월 |
| 베네딕트 10세(대) | 빅토르 4세(대) | 193 보니파키우스 8세 1294~1303 |
| 155 니콜라스 2세 1059~1061 | 파스칼 3세(대) | |
| 156 알렉산더 2세 1061~1073 | 칼릭투스 3세(대) | |
| 호노리우스 2세(대) | 이노센트 3세(대) | |
| 157 그레고리 7세 1073~1085 | 171 루치스 3세 1181~1185 | |
| 클레멘트 3세(대) | 172 우르반 3세 1185~1187 | |
| 158 빅토르 3세 1086~1087 | 173 그레고리 8세 1187, 10~12월 | |
| 159 우르반 2세 1088~1099 | 174 클레멘트 3세 1187~1191 | |
| 160 파스칼 2세 1099~1118 | 175 셀레스틴 3세 1191~1198 | |
| | 176 이노센트 3세 1198~1216 | |

*(대) : 대립교황

14

| | 대 학 | 설립시기 |
|---|---|---|
| **12세기** | 볼로냐 대학(이탈리아) | ? |
| | 파리 대학(프랑스) | ? |
| | 살레르노 대학(이탈리아) | ? |
| | 몽펠리에 대학(프랑스) | ? |
| | 옥스퍼드 대학(영국) | 1167~68년? |
| | 레죠 대학(이탈리아) | 1188년 |
| **13세기** | 비첸짜 대학(이탈리아) | 1204년 |
| | 발렌시아 대학(스페인) | 1208~12년(국왕) |
| | 캠브리지 대학(영국) | 1209년(1318년 교황) |
| | 아레쪼 대학(이탈리아) | 1215년 |
| | 파두아 대학(이탈리아) | 1222년 |
| | 나폴리 대학(이탈리아) | 1224년(신성로마 황제) |
| | 베르첼리 대학(이탈리아) | 1228년 |
| | 오를레앙 대학(프랑스) | 1231년 이전(1306년 교황) |
| | 시에나 대학(이탈리아) | 1246년(1357년 신성로마 황제) |
| | 발라돌리드 대학(스페인) | 1250년경(1346년 교황) |
| | 툴루즈 대학(프랑스) | 1229년(1233년 교황) |
| | 살라망카 대학(스페인) | 1227~28년(1243년 국왕) |
| | 로마교황청 대학(이탈리아) | 1244~45년(교황) |
| | 피아첸차 대학(이탈리아) | 1248년(교황) |
| | 세빌리아 대학(스페인) | 1254년(1260년 교황) |
| | 리스본·코임브라 대학 (포르투갈) | 1290년(교황) |
| | 레리다 대학(스페인) | 1300년(교황) |

\* 괄호 안의 교황, 국왕, 황제 등은
특허장을 부여한 기관을 가리킨다

일러두기

1   외국의 인명 및 지명은 현지발음과 일반적인 표기 관행을 함께 고려하였다.
2   텍스트 상의 원주는 각주로 되어 있으나 역주와 함께 후주로 구성하였다.
    원주에는 문장 말미에 '｜원주'라고 표기하였다.
3   2쪽과 3쪽의 그림 출전은 다음과 같다.
    2쪽 파리 대학의 모습(노트르담 대성당의 부조 중)
    3쪽 로마 전경(목판화, 하트만 쉐델의 연대기에서, 1493년)

아마도 문명사회의 다른 어떤 국면보다 정치적 안정을 요구하는 영역이 문화의 영역일 것이다. 우리는 중세 내내 이 기본 조건을 확보하기가 얼마나 어려웠던가를 보게 될 것이다.  앞의 그림·찰스 5세의 연대기 중에서

1257년 8월 12일 두 명의 이탈리아인 탁발수도사가 파리 대학의 신학부 교수로 임명되었다. 이들은 프란시스 수도회의 보나벤쳐[1]와 도미닉 수도회의 토마스 아퀴나스[2]였다. 14년 전 보나벤쳐는 코르델리에르(Cordeliers)라 불린 프란시스회 수도원에 입회하여, 저명한 영국인 신학자 알렉산더 헤일즈[3]의 가르침을 받았으며, 2년 후 토마스 아퀴나스는 생 자끄의 도미닉회 수도원의 독일인 학자 알버트 마그누스[4]의 강의를 듣기 위해 파리로 왔다. 이들 두 탁발수도사들이 신학자로서의 전문적 훈련을 쌓았

성 토마스 아퀴나스(피사, 1340년)

알버트 마그누스(토마소 다 모데나, 1352년)

다면, 리에지 출신의 젊은 성직자 시제르 브라방[5]은 인문학부에서 연구를 마치고 곧바로 인문학부 교수가 되었다. 같은 해인 1257년 국왕 루이 9세[6]의 부유한 고해사제였던 로베르 소르본[7]은 자신의 유산으로 파리의 가난한 학생들에게 기숙사(college)를 마련해 주었던바, 이것이 발단이 되어 후일 신학부가 그의 이름으로 불리게 되었으며, 시간이 지남에 따라 파리 대학 전체가 소르본으로 불리게 되었다. 같은 50년대에 건축의 대가였던 존 첼리(John of Chelles)는 노트르담의 고딕 대성당을 완성하려는 계획에 몰두하였다. 서쪽 정문과 두 개의 탑 그리고 최종적으로 본당 회중석의 재건축이 마무리된 이래로, 존 첼리는 북쪽 익랑과 남쪽 익랑의 전면을 장식하는 일에 심혈을 기울였다. 라틴 그리스도교 사회의 북부, 동부 및 남부 지역들로부터 파리로 왔던 알렉산더 헤일즈, 알버트 마그누스, 보나벤쳐, 토마스 아퀴나스, 그리고 시제르 브라방 등은 중세 스콜라 사상을 가장 심오하게 드러내는 인물군을 구성하였다. 이들과 인문학부 및 신학부에 소속된 동료들 덕분에 파리 대학은 유럽 최고의 대학으로

파리 대학의 모습(노트르담 대성당의 부조 중)

명성을 떨치게 되었다. 예술부문에서도 노트르담은 고딕 양식의 빛나는 업적이 되었다. 제한된 시간과 공간 속에서 거둔 이러한 문화적 탁월성은 지성사와 예술사 측면에서 볼 때 대단히 이례적인 일이다. 루이 9세 치하의 파리는 페리클레스[8]의 아테네, 아우구스투스[9]의 로마, 그리고 후대 메디치 가문[10]의 플로렌스 등에 견주어도 될 것이다.

　　루이 9세는 특히 프란시스회와 도미닉회의 탁발수도사들을 총애하였다. 보나벤쳐와 토마스 아퀴나스는 개인적으로 국왕과 친분을 맺었으며, 이따금 그와 함께 식탁을 나누는 호의도 누리곤 하였다. 그러나 파리를 눈부신 문화의 도시로 만드는 데 루이 9세가 기여한 것은

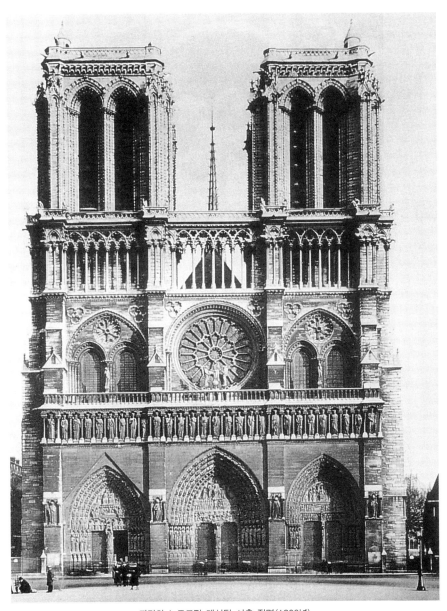

파리의 노트르담 대성당 서측 정면(1200년)

파리의 노트르담 대성당 성가대석(1163년)

이 같은 개인적 총애와 후원이 아니었다. 국왕으로서 그의 주된 기여는 정치적인 데 있었다. 그렇다면 파리를 중세 세계의 지적 예술적 중심으로 만드는 데 루이는 어떤 역할을 담당하였던가? 무엇이 문화의 정치적 전제조건이었던가? 중세 정부들은 법정과 군대를 제공하고자 했다. 법정은 인간의 사회적 관계들을 관리하는 법률체계와 군인들을 포함했던바, 군인들은 대내적으로는 법정의 판결을 집행하였고, 대외적으로는 신민들을 보호하였다. 최소한의 규제와 보호가 없다면 학교는 제 기능을 발휘할 수 없을 것이며, 예술가들 역시 창작활동을 할 수 없을 것이다. 아마도 문명사회의 다른 어떤 국면보다 정치적 안정을 요구하는 것은 문화 측면일 것이다. 우리는 중세 내내 이 기본 조건을 확보하기가 얼마나 어려웠던가를 보게 될 것이다. 심지어 13세기에 이르러서조차 서유럽의 많은 지역에서는 질서 잡힌 사회가 제공하는 이점의 많은 부분을 향유할 수 없었다. 알렉산더 헤일즈는 영국 스롭셔(Shropshire)에서 출생했는데, 이 지역은 웨일즈와의 접경 지대로서 만성적인 국경분쟁에 시달리고 있었다. 알버트 마그누스는 볼스테트(Bollstädt)의 스와비아 백작의 아들로서, 1197년 황제 하인리히 6세의 사망 이후 독일의 정치적 쇠퇴를 직접 목격하였다. 보나벤쳐는 오르비에또 근교의 작은 마을 바노리아 출신인데, 그곳이 교황령이었음에도 불구하고 당시 교황은 여전히 정치적 상황을 지배할 정도의 충분한 힘을 가지지 못하고 있었다. 또한 토마스 아퀴나스는 로마의 남부지역에 인접해 있던 '고통의 땅'(Land of Travail) 아퀴노 지방 백작의 아들이었다. 이곳에서도 교황과 황제들 간의 갈등으로 평화는 늘 위태로운 상태에 놓여 있었다.

이와는 대조적으로 프랑스 군주의 영토 내에서는 당시의 상황에 비추어 볼 때 예외적인 평화와 질서가 유지되었다. 보나벤쳐와 토마스 아퀴나스가 교수로 취임한 지 2년 후인 1259년 루이는 영국 군주와 프랑스 군주의 영토를 재정립하는 협약을 체결하였고, 이로써 두 군주 사이의 주요한 분쟁 원인이 사라졌다. 13세기 중엽에 왕실령에서 확보된 이러한 정치적 평화는 아마도 몽에리(Montlheri) 성의 역사가 가장 잘 보여줄 것이다. 이 성은 파리와 오를레앙을 잇는 간선도로 변에 위치하고 있었는데, 소귀족들이 이 성을 이용하여 왕실령에 속하

마르쿠스 아우렐리우스의 청동상(로마 성 요한 라테란 성당 앞, 미켈란젤로)

는 두 주요 도시 간의 교통을 방해하였다. 군주 필립 1세는 11세기 말엽 일련의 행운을 배경으로 이 요새의 소유권을 확보하였다. 그는 장차 루이 6세가 될 자신의 아들에게 "아들아 보아라. 몽에리 성이 너의 지배에서 벗어나는 일이 없도록 확실히 해 두어라. 소귀족들은 이 성을 이용하여 나에게 숱한 고통을 안겨주었다. 솔직히 말해 내가 이렇게 겉늙어 보이는 것도 그 성의 탑 때문이다"라고 충고했다. 150여 년이 지난 후 국왕 루이 9세는 아마도 보나벤쳐와 토마스 아퀴나스도 함께 있었던 만찬 석상에서, 성스러운 성찬식 문제를 가지고 고민한 저명한 한 신학자 이야기를 하게 되었다. 이 이야기

찰스 대제(카로링 왕조 시대의 청동상)

속에서 쁘와뚜 지방을 공격한 영국인에게 정면으로 맞섰던 라 로쉘(La Rochelle) 성은 불신에 의해 포위 공격을 당한 신학자를 상징했던 반면, 루이가 밝혔듯이 '프랑스의 심장부이자 평화의 땅'이었던 몽에리 성은 프랑스 왕국의 정치적 안정을 의미하는 상징이었다.

이 정치적 과업의 위대성을 제대로 평가하기 위해서는 중세 유럽이 겪었던 정치적 경험을 한번 짚고 넘어갈 필요가 있다. 그리스도교 시대 여명기의 지중해 지역은 로마제국에 의해 정치적 질서가 구축되었다. 아우구스투스의 승리(기원전 31년)로부터 마르쿠스 아우렐리우스의 죽음(기원 후 181년)에 이르기까지 유럽인들은 지금까지 누린 바 없었던 지속적이고도 오랜 평화를 누렸다. 그러나 3세기가 되자 내부로부터 금이 가기 시작하여 4세기에는 야만족들이 국경을 압박하였다. 로마 문명의 탁월성과 지속성에 매료되었던 게르만족들은 서유럽 지역으로 대거 이주하였다. 이들은 로마적 질서를 영속시키려는 희망을 가졌으나 결과적으로

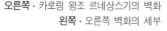
오른쪽 · 카로링 왕조 르네상스기의 벽화
왼쪽 · 오른쪽 벽화의 세부

서유럽에서 제국적 행정체제의 와해를 촉진하였다. 게르만 족의 일파
인 프랑크 족은 8·9세기에 안정된 단일정부 체제 아래 유럽의 심장부
를 통합하고자 추구하였다. 로마 제국의 이념을 부활시킴으로써 찰스
대제[11]는 순전히 군사적 기술력과 개인적 열정으로 하나의 대륙국가
를 이룩하고자 하였다. 그러나 카로링 제국[12]은 내부적으로 대단히
취약했을 뿐 아니라 대외적으로도 슬라브, 사라센, 바이킹 족 등의
공격이 그치지 않았기 때문에, 제국의 창설자가 사망하자 이내 그
압력을 견디지 못하였다. 9세기 말엽에 이르러 유럽은 참으로 서구
문명의 '암흑 시대'라 할 정치적 혼란에 빠져들었다. 중앙정부의
해체와 더불어 지방 공동체들은 기본적인 기율과 보호나마 확보하기
위해 스스로 자구책을 마련할 수 밖에 없었다. 이러한 상황을 배경으로
등장한 정치적 유형이 바로 봉건제였으며, 이 봉건제는 성곽의 출현과

프레데릭 바바로사(12세기 말엽)

도 밀접히 결부되어 있었다. 성곽을 지배하는 자는 인접 농촌지역을 위협할 수 있었고, 자신의 지배와 보호를 받아들이도록 강제할 수 있었다. 성곽의 지배자는 사법적 절차들을 통제하고 동시에 그 지역을 방어하였다. 성주의 권위란 일반적으로 자신의 성에서 출정하여 안전하게 복귀할 수 있는 거리 즉 군사적 실효거리만큼 확장되었기 때문에, 봉건제는 지방적 규제와 만성적인 전쟁으로 전락될 수밖에 없었다. 따라서 로마 제국이 몰락한 이후 서유럽이 해결해야 할 일차적인 숙제는 방대한 영토에 정치적 안정을 가져올 정도로 강력한 중앙정부의 수립이었던 것이다.

황제라는 로마의 칭호와 보편적 지배에 대한 열망을 중세에 승계한 이들은 게르만 족들이었다. 찰스 대제가 로마 황제라는 직책을 다시 만들어 낸 후, 이 직책은 제국 고토의 동부지역에서 그를 뒤이은 계승자들에게 승계되었으며, 마침내는 이들을 승계한 작센 왕조13)와 살리 왕조14)에게 이전되었다. 12세기 중엽 이를 승계했던 호엔슈타우펜15) 왕가의 프레데릭 바바로사16)는 로마라는 명칭 앞에 '신성'이라는 수식어를 덧붙였다. 호엔슈타우펜 왕가가 라틴 그리스도교 사회의 다른 모든 군주들에 대해 보다 높은 권위를 주장하기는 하였지만, 실제 그와 같은 요구는 결코 실현되지 않았다. 사실상 중세 내내 신성 로마제국17)의 황제들은 북부 이탈리아에 대해 불안정한 지배권을 행사한 게르만 족 군주에 불과하였다.

신성로마제국의 성골함과 인장

 9세기 찰스 대제의 죽음과 함께 닥친 혼란은 카로링 제국 전역으로 퍼져나갔다. 그래도 동부지역에서는 혼란의 정도가 덜 심각한 편이었다. 작센과 살리 왕조의 후계자들은 10~11세기에 카로링 왕실의 정부 형태를 영속시키고자 하였는데, 단 한 가지 점에 대해서는 중대한 수정을 가하였다. 즉 자신들의 지위를 강화하기 위해 자기 영토 내의 주교들에게 무거운 행정적·군사적 책임을 떠넘기고, 동시에 이 교회인들을 전적으로 황제의 지명을 통해 선임하겠다고 하였다. 10세기와 11세기 초엽에는 이러한 제국적—성직적 결합에 의해 지방 귀족들의

교황 그레고리 7세(라파엘 산지오 두르비노, 바티칸)

혼란스런 경향들이 크게 억제되었다. 그리하여 독일은 의심할 여지없이 서유럽에서 왕의 통치가 가장 안정적으로 이루어지는 지역이 되었다. 그러나 11세기 후반 들어 일군의 교회 개혁가들은 주교직 임명에 대한 황제의 규제를 철폐하고자 하였다. 교황 그레고리 7세가 기수가 되어 이 개혁을 이끌자, 황제와 교황청 사이에 서임권 투쟁[18]이 발발하였다. 이로 인해 독일에서는 내전이 일어나게 되었는데, 이 투쟁에서 최종 승자가 된 것은 지방 귀족들이었다. 12세기 초엽 봉건제는 그것에 수반된 수많은 성곽들과 함께 독일이라는 무대에 출현하였던 것이다.

12세기 중엽 호엔슈타우펜 왕조의 프레데릭 바바로사는 봉건적 요소들을 황제의 지배 아래 규제하고 예속시킴으로써, 독일 내에서 황제의 권위를 강화시키는 또 다른 복합적 조치들을 취하였다. 특히 중요했던 것이 서부지역에서는 부르군디의 상속녀와 결혼하는 방식으로 그리고 남부지역에서는 이탈리아 문제에 개입하는 방식으로,

스와비아 내의 호엔슈타우펜 왕조의 옛 영토들을 재편입시킨 일이었다. 그의 아들 하인리히 6세는 이 정책들을 성공적으로 유지하였다. 특히 그는 남부 이탈리아와 시실리의 상속녀였던 콘스탄스와 혼인함으로써 이탈리아에 침투해 들어갔다. 그러나 황제의 희망은 다시금 단명에 그쳤다. 1197년 하인리히가 갑작스럽게 타계하고, 후계자는 겨우 이제 세 살 난 아들 프레데릭

교황 이노센트 3세(산 베네베토 수도원의 13세기 프레스코화)

이었기 때문이다. 독일은 다시 프랑스와 영국 그리고 가장 중요하게는 교황청 등의 사주를 받고 반목을 일삼는 경쟁자들이 벌이는 내전으로 인해 국력을 소진하였다. 교황들은 황제가 북부 이탈리아를 간섭하고 남부 이탈리아에서 새로이 영토를 확보함으로써 자신들을 포위·위협하는 데 대해 경각심을 가지게 되었다. 교황 이노센트 3세[19]는 내전을 조장함으로써 독일 내에서의 제국 정부의 기초들을 조직적으로 파괴하였다. 13세기 초엽 어린 프레데릭 2세[20]가 마침내 황제로 대관하게 되자, 알프스 북부지역에 대한 제국정부의 계획은 폐기될 수밖에 없었으며 황제는 시실리 문제에 전적으로 매달리게 되었다. 그가 1250년 합법적인 후계자 없이 죽자, 황실의 세 가문 모두는 독일과 이탈리아를 효과적으로 통치하는 데 필요한 정치적 연속성과

황제 콘스탄티누스가 교황 실베스터에게 삼중관을 수여하는 모습
(산티 쿠아트로 코로나티 교회의 프레스코 벽화, 13세기 초)

충분한 영토를 확보하는 데 실패하였다. 로마 제국에의 꿈은 제후들의 내전과 무정부적 상태라는 현실 앞에서 깨져버렸던 것이다.

그러나 10세기가 경과하면서 작센 왕조의 이상과 업적은 문화적 각성을 고취시켰다. 예를 들면 황제 오토 3세의 궁정은 수학과 과학 분야에서 당대 최고의 권위자였던 게르베르트 아우릴락²¹⁾과, 자신의 주교구를 예술의 빛나는 중심지로 만들었던 힐데샤임의 주교 베른발트(Bernwald)를 끌어들였다. 베른발트의 주교구는 특히 필사본 세밀화, 금공예, 청동 조각, 건축술의 중심지로 유명하였다. 왕왕 '오토조 르네상스'라 불리는 이 문화적 각성은 그러나 11세기의 서임권 투쟁을 오래 견뎌 내지 못했다. 다음 세기가 되면 독일인 학생들은 공부를 위해 프랑스와 이탈리아를 찾았고, 14세기 중엽까지도 제국

32

영토 내에 대학은 설립되지 못하였다. 이 모든 점들이 독일 중세의 정치적 혼란을 드러내는 무언의 증거다.

로마 시 자체에서는 교황이 제국 권위의 중세적 상속인이 되었다. 황제들은 로마 시를 포기하였고, 5세기에 서유럽의 제국적 행정체제가 와해되자, 그 정치적 공백을 메울 수 있었던 유일한 인물은 로마의 주교였다. 결과적으로 교황들은 야만족들과의 협상을 통해 중세 초기부터 로마를 통치하게 되었다. 카로링 조 황제들은 자신들의 권위를 강화하기 위해 이탈리아의 중부지역 영토를 기증했는데, 이것이 훗날 교황령 국가(Papal State)로 알려지게 되었다. 교황들은 이 영토를 다른 정치지배자들과 마찬가지로 통치하고자 했지만, 그러나 교황 이노센트 3세 때까지는 사실상 이렇다 할 통치권을 행사하지 못했다. 이것이 가능해진 것은 하인리히 6세가 사망하고 그로 인해 혼란이 초래되면서였다. 교황청은 이 정치적 공백 상태를 기회로 활용하였다. 13세기 후반 교황청은 거점도시인 볼로냐를 포함하여 로마냐(Romagna) 지역을 획득함으로써, 이제 교황령은 중부 이탈리아 반도를 가로지르는 대각선의 띠 모양으로 확장되었던 것이다. 이노센트 3세의 즉위와 함께 교황들은 지방의 교구사제, 회계 관리인, 지방판사, 순회 감독관들을 기반으로 하는 행정체제를 만들어내고자 하였다. 그러나 효율적 정부에 대해 적대적이었던 요소들이 너무나 많았다. 로마의 분쟁적 시민들, 독립적 도시공동체들, 호전적인 귀족들, 교황직 후보자들을 자기 가문에서 배출하려던 유력 가문들 등은 모두가 교황의 권위에 대항하여 자신들의 지엽적 이해관계를 지키고자 하였다. 독일 황제들이 이탈리아 문제에 개입하기 시작하자, 교황들은 그들의 영향력에 대항하기 위해 시실리의 노르만 족 군주들과 동맹을 맺을 수밖에 없었다. 그런데 호엔슈타우펜 황제들이 시실리를 얻게 되자, 교황들은 황제 측의 이러한 포위책에 대항하여 필사적인 저항을

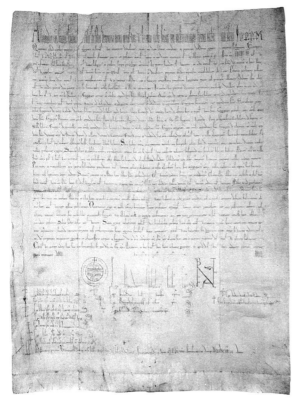

교황 알렉산더 3세의 교서(1168년)

시도하였다. 결국 이 같은 세력들은 12 · 13세기에 자신들의 영토에 강력한 단일 정부를 세우고자 했던 교황들의 노력을 실질적으로 무력화시켜 버렸다. 비교적 안정기에 쓰여진 한 서신에서조차 이노센트 3세는 "분열과 전쟁들 … 도시의 황폐화, 성곽의 파괴, 마을의 방화, 가난한 사람들에 대한 억압, 교회에 대한 박해, 학살과 유배, 상해, 폭력, 약탈 등의 자행" 등을 비탄해 마지않았다. 교황들은 로마에 오랫동안 머무를 수도 없었다. 그들 대부분은 투스쿨룸이나 오르비에또, 스포레또, 혹은 노르만의 영토 깊숙한 지점에 위치했던 베네벤또 등에서 업무를 보았다. 교황들도 중세의 다른 군주들과 마찬가지로 자신의 봉토가 된 영지에서 자금과 군대를 확보하고자 했던 것 같다. 그러나 이들은 자신의 영지들이 재정적 · 군사적 지원을 감당할 정도로 관리하는 게 사실상 불가능하고 비생산적이라는 사실을 깨닫게 되었다.

비록 중세 교황들이 내정에서는 정치적 실패를 했다 하더라도, 여전히 교황들은 라틴 그리스도교 세계 전역에서 심지어 정치적 문제들에서조차 영향력을 행사하는 데는 성공하였다. 널리 알려져 있듯이, 11세기의 개혁 교황들은 세속적 지배로부터 교회를 해방시키기 위해 제국 문제에 개입하였다. 서임권 투쟁 과정에서 교황 그레고리 7세[22])는 황제 하인리히 4세를 공식적으로 폐위하였으며, 그의 신민들을 황제에 대한 복속의 의무로부터 해방시켰다. 11세기 말엽 교황청은 이슬람교도들에 대한 십자군 운동을 시작했는데, 이 운동은 12·13세기를 통해 내내 유럽의 지배자들에게 지속적으로 호소되었다. 교황 알렉산더 3세[23])는 12세기 중엽 이탈리아 내부의 저항과 분열에 직면하여 프랑스로 망명하였고, 프랑스 군주 루이 7세에 대한 자신의 전폭적 지지를 표명하였다. 교황 이노센트 3세는 영국 군주 존을 파문하고, 자신이 추천한 후보자가 캔터베리 대주교에 임명되도록 하기 위해 아예 왕국 전체를 성사참여 금령에 처하기도 하였다. 이와 유사한 강제 조치가 프랑스 군주 필립 존엄왕에게도 내려졌는데, 이를 계기로 그는 사이가 소원했던 자신의 부인에게 되돌아가게 되었다. 우리는 교황 이노센트 3세가 논란의 여지가 많았던 독일 황제직을 둘러싼 분쟁에 개입하였다는 사실을 잘 알고 있다. 13세기를 통해 교황들은 호엔슈타우펜 가와의 투쟁과정에서 폭넓은 협력자들을 확보하게 되었던 것이다.

교황들이 서유럽 전역으로 그 영향력을 확대시켜 나가면서 중앙정부의 행정적 조직들도 성장을 거듭하였다. 문서교류를 담당하는 상서성(chancery)과 재정을 다루는 회계원(camera)이 완비되었으며, 교황의 명령을 집행하고 지방적 분쟁들을 해결하는 전권을 가진 교황청 특사(papal legate)들이 그리스도교 세계 전역으로 파견되었다. 가장 중요한 것은 교회의 법정체제가 제도화됨으로서 제소된 사건들이 지방 법정으로부터 최종적으로는 교황청 법정(papal curia)에까지 상고될 수 있었다는 사실이다. 교황은 교회의 수장으로서 그리스도교 세계의 최고 재판관이었으며, 교황청 법정에서 그가 내린 판결들은

위·보니파키우스 8세 **아래**·그레고리 9세

최고의 권위를 가지는 교회법이 되었다. 이 같은 법제적 의무들로 인해 추기경들은 점차 법률적 훈련을 쌓은 이들을 교황으로 선출하게 되었다. 교황 알렉산더 3세는 교황으로 선출되기 전까지는 볼로냐 대학 법학부의 학생 겸 교수였으며, 마찬가지로 이노센트 3세도 볼로냐에서 법률학을 공부하였다. 13세기 동안 교황이 된 인물들 가운데 그레고리 9세,[24] 이노센트 4세,[25] 보니파키우스 8세[26] 등이 모두 이러한 예에 속한다. 과거의 법학도 내지 법률학 교수로서 그리고 이제는 현직 재판관으로서 교황들이 법령의 성문화와 교회법적 사법체제의 정비에 관심을 가지는 것은 당연한 일이었다. 이노센트 3세는 법정과 학교에서 활용할 수 있는 공식적인 교황령 수록집을 처음으로 출간하였다. 그레고리 9세는 1234년에 『교황령전집』(Decretales)으로 알려지게 될 결정적인 교황령 수록집을 공포하였다. 여기에 보니파키우스 8세는 세기 말에 이르러 새로운 장을 추가하였다. 교황들은 교회법에 대한 이 같은 연구와 법률학(a science of jurisprudence)의 성장을 이룩하기 위해 볼로냐의 로마법 학자와 교회법 학자들을 격려하고 후원하게 되었다.

법률전문가로서 서유럽 전역의 정치적 문제에 개입하고 있었던 교황들은 자신의 정치적 권위의 제도화를 도모하였다. 교황 그레고리 7세가 하인리히 4세를 폐위시킨 사건은 황제와 군주들에 대한 교황의 사법권 행사를 의미하였다. 또한 교황 이노센트 3세가 다수의 후보자들 가운데 특정 후보자에 대해 지지를 표명한 것은, 교황이 황제직에 관한 후보자들의 자격을 판단할 권한을 가진다는 사실을 주장하는 행위였다. 이러한 행위들은 모두 교황이 최고의 보편적 정치적 권위를 행사할 수 있음을 시사하였다. 그러나 이노센트는 이 같은 주장을 노골적으로 드러내는 데 대해서는 망설이고 있었다. 그러다가 13세기 중엽에 이르자 교황 이노센트 4세는 교황이 무조건적이고 보편적인 현세적 권위를 가지고 있음을 선언하였고, 세기 말엽에 이르러 보니파키우스 8세는 모든 그리스도교도들이 종교적 문제는 물론 정치적 문제에서도 종국적으로는 교황에게 순복할 의무가 있음을 공포하게 되었다. 이제 이론상 13세기 교황들은 그 스스로를 세상을 통치하는 보편적 수장으로 간주하게 되었던 것이다. 그러나 교황들의 주장이 극단화하면 할수록, 이론과 실제 간의 틈새는 더욱 커져 갔다. 교황들로서는 이탈리아의 영토가 항상 불안정하였고, 황제들을 고립화시키는 상황에 직면해서도 보편적 교황수장제라는 자신들의 이상을 실행할 수 있는 정치적 수단을 충분히 가지지 못했다. 앞으로 보게 되겠지만, 13세기 말엽 교황청이 프랑스 및 영국 등과 갈등을 일으키게

아비뇽의 교황청

되었을 때, 이들은 군주제의 강제적 권한 앞에서 무력할 수밖에 없었다. 그 결과 교황들은 프랑스의 영향력에 복속하여, 교황청 법정을 이탈리아에서 프랑스와의 국경 바로 외곽에 있는 아비뇽으로 옮기게 되었다. 교황청의 아비뇽 유수는 로마적 이상으로부터의 간격에 대한 처절한 각성이었던 셈이다.

황제와 교황들이 자신의 신민들에게 정치적 안정을 제공할 수 없었던 시기에, 영국과 프랑스의 군주들은 이 목표를 향한 첫 번째 조치를 12·13세기에 취하였다. 노르만 공 윌리엄[27])이 성공적으로 영국을 침략하여 영국 왕위를 쟁취하자, 그와 그의 추종자들은 프랑스에서 익힌 군사적·정치적 제도들을 이식하였다. 윌리엄은 일격에 봉건제를 영국에서 실시하여 영토와 더불어 정치적 사법권을 귀족들에게 분배하였다. 성곽의 출현은 이곳에서도 다시금 봉건화의 두드러진 표식이 되었다. 그런데 윌리엄이 정복한 앵글로-색슨 왕국은 대륙에서는 볼 수 없었던 몇 가지 이점들을 갖추고 있었다. 대륙에서 떨어져 있는 섬나라 영국은 카로링 제국에 비해 바이킹의 침략을 더욱 평화적이고 안정적으로 견뎌 낼 수 있었다. 또 영국에는 앵글로-색슨 선조들이 마련해 둔 것들 즉 지방 주들에 대한 국가적 행정조직, 토지에 근거한 국세, 그리고 모든 자유민은 군주에게 충성서약을 해야 할 의무가 있다는 등의 관행이 있었다. 영국의 모든 자유민 거주자들에게 적용되는 이러한 정치적 장치들은 군주정부를 강화시켰다.

그 이후 200여 년 동안 영국 국왕들은 앵글로-색슨에 의해 시작되었던 중앙집권화 과정을 자신들에게 유익한 방향으로 적극 활용하였다. 주 체제는 계속 유지되었으나, 왕실 대리인은 지방적 업무에서 언제나 중요한 역할을 담당하였다. 끊임없이 커지고 있었던 자금에 대한 요구를 충당하기 위해서 토지와 동산에 근거한 새로운 형태의 국가적 재원 확보책도 초기 앵글로-색슨족의 조세제도로부터 나오게 되었다. 또한 군주는 중앙집권적인 왕실에서 핵심적인 정치적 기능들을 분담하는 행정 관료체제를 창출하게 되었다. 상서성은 문서·서신 왕래를 주관하였으며, 재무성은 회계와 기록체제를 가진 재정을 관리하기 위해 설치되었다. 가장 중요했던 것은 국왕 헨리 2세[28]가 왕실 법정 체제를 제도화한 일이었다. 이제 왕실 법정은 보통법으로 알려진 군주의 법률을 왕국 전역으로 확대 적용하게 되었다. 왕실 법정에 제소된 사건들을 심리하는 순회 법정이 왕국 전역에서 열리게 되었다. 또한 효율성과 신속성을 무기로 왕실 법정은 경쟁대상인 귀족들의 봉건 법정들보다 우위에 설 수 있었다. 더욱이 13세기에는 군주들이 오늘날 의회로 알려지게 된 대의기구를 설립하였다. 군주들은 이 대의기구를 통해 새로운 세금에 대한 동의를 확보해 내고, 일반 여론을 자신의 정책에 유리하도록 만들어 나갔다. 그러나 자신의 지방적

주요 수로와 방어벽을 보여주는 브리튼 지도(매튜 파리, 1250년경)

이해관계를 지키려 하는 귀족들은 중앙정부의 기능을 강화시켜 주는 왕실의 이 모든 시도들을 거부하였다. 그리하여 12·13세기의 영국사는 국왕의 군주권 행사와 이에 대한 귀족들의 반발이라는 흐름으로 대별되기에 이르렀다. 예를 들어, 국왕 존29)의 정책들은 1215년의 대헌장30)을 주도한 귀족들의 반발을 야기했으며, 국왕 헨리 3세의 행정은 시몽 드 몽포르31)에 의한 귀족들의 봉기를 초래하였다.

이 같은 귀족의 반발에도 불구하고, 상대적으로 보아 13세기의 영국은 안정된 지배와 상당한 정도의 평화를 향유하였다. 인구 4백만 명이 안 되는 작고 집약적인 섬나라를 통치하는 데는 그보다 몇 배나 되는 인구를 가진 대륙의 크고 방대한 영토를 다스리는 데 필요한 정도의 많은 기술이 요구되지는 않았다. 1154년 왕위에 즉위한 헨리 2세는 어머니로부터 영국과 노르망디를 물려받았을 뿐만 아니라 아버지로부터도 앙쥬, 메인, 토랭 등의 지역을 상속받았다. 또한 엘리노아(Eleanor)와의 혼인을 통해 아뀌텐느 지방도 영국의 지배 하에 둘 수 있게 되었다. 영국의 수배에 달하는 영토를 포괄하게 된 이 앙쥬 제국은 영국해협으로부터 피레네 산맥에까지 뻗어 있었으며, 대부분의 서부 프랑스 지역이 여기에 포함되었다. 그러나 이 지역에서는 중앙집권적 군주제라는 앵글로 색슨의 전통적 이점이 없었고 기존의 봉건체제에 의존할 수밖에 없었기 때문에, 영국 군주들은 유럽대륙 내의 영토를 결코 성공적으로 지배하지 못했다. 13세기 초엽에 이르기까지 이들은 남서 지방을 제외한 모든 지역을 프랑스 군주에게 빼앗기고 말았다. 그럼에도 불구하고 영국 군주들은 노르망디 지역에 자신들의 통치조직을 이식시킬 수 있었다. 그리하여 프랑스 국왕들이 이 지역을 차지하게 되었을 때, 그들은 선택 가능한 새로운 정치적 모델을 가질 수 있었다. 많은 측면에서 영국의 앙쥬 국왕들은 13세기 프랑스 까페 왕조32)의 스승이었다고 하겠다.

전 유럽에서 9세기 카로링 제국의 해체로 인해 가장 극심한 분열을 경험한 것은 아마 프랑스일 것이다. 중앙정부의 통치 기능들은 수없이 많은 지방 영주들에게로 분산되었고, 이들의 권위는 자신의 성곽에 인접한 지역 너머로는 미치지 못했다. 10세기 프랑스에서 카로링 왕조를 계승한 새로운 왕조였던 까페 왕조의 군주들은 그저 명목상의 군주에 불과하였다. 이들의 영향력은 사실상 오랜 봉토였던 일 드 프랑스(Ile-de-France) 지역, 즉 파리와 오를레앙을 중심으로 하는 좁은 영토에 제한되어 있었다. 그러나 12세기 전기에 이르자 북부 프랑스의 대규모 영지들 이를테면 플랑드르, 앙쥬, 샹빠뉴 등의 영주들은 자신의 소규모 가신들의 성곽을 공략하여, 정치적·군사적 권위를 자신의 수중에 집중시키기 시작하였다. 까페 왕조의 군주들 역시 이 같은 움직임에 참여하였다. 이들은 반란적인 귀족들을 진압하고 몽에리 같은 전략적 요충지들을 획득함으로써, 교황들이 실패하였던 지역인 이탈리아 내의 자신의 봉토들에서 질서를 회복하는 데 성공하였다. 그러나 이들도 일 드 프랑스 지역 이외의 곳에서는 인접한 다른 봉토들의 군사력에 의해 위협받고 있었으며, 또한 12세기 후반에는 대륙 내에서 방대한 영토를 차지하게 된 영국 군주들에 대해서도 맞서야만 했다. 이러한 장해들에 대해 12세기 프랑스 군주가 취할 수 있었던 유일한 정책은 경계와 인내뿐이었다.

13세기까지는 프랑스에 강력하고 효율적인 정부가 출현하지 못했다. 이러한 정부의 출현에 크게 공헌한 것은 세 명의 까페 왕조 군주들이었다. 필립 존엄왕[33]은 13세기 초엽에 국왕 통치의 기반을 마련하였으며, 루이 9세(1226~1270)는 길고 평화로운 그의 통치기간 동안 국왕의 권위를 확고히 하였고, 세기 말엽의 필립 단려왕[34]은 이 같은 과정의 극적이고 성공적인 절정을 이끌어 냈다. 어떤 의미에서 이것은 순전히 왕실의 업적이었다. 우선 14세기 초엽까지 까페 왕조는 어김없

필립 단려왕(생 드니 수도원)

이 남자 후계자를 배출하였다. 그리하여 프랑스 군주제는 독일 황제나 영국 국왕들과는 달리 왕위계승과 관련한 분쟁과 그로 인한 무정부적 상태를 피할 수 있었다. 13세기 동안 단 한 번 루이 9세가 미성년이었을 때 까페 왕조의 세습문제가 심각한 위협에 봉착한 적이 있었으나, 모후의 결단력과 반란적인 귀족들의 우유부단함으로 인해 프랑스의 왕위는 무난히 보존될 수 있었다. 이 조그만 일탈을 예외로 한다면, 까페 왕조의 합법적 권위는 13세기 내내 도전 받지 않고 유지되었다.

앞서 지적하였듯이, 12세기 후반 프랑스 까페 왕조에 대한 가장 심각한 도전은 영국 군주들이었다. 영국 군주는 프랑스의 거의 절반에 대한 지배권을 주장함으로써, 프랑스 봉건귀족들의 충성심을 분열시켰다. 수십 년에 걸친 교란적인 지연전술 이후, 마침내 필립 존엄왕은 영국에 대해 공격적인 작전을 시도하였다. 그는 1203년에서 1205년까지 영국 군주로부터 비옥한 노르망디 지역을 탈환했으며, 1214년 부빈느 전투35)에서 연합군에 대해 혁혁한 승리를 거둠으로써 북부 프랑스에 대한 지배권을 확고히 다지게 되었다. 이때부터 영국인의 영향력은 아뀌텐느에로 제한되었으며, 영국인들은 쁘와뚜 같은 전통적인 분쟁지역들에서 성가신 존재 정도로만 남게 되었다. 영국으로부터 거둔 이 같은 수확의 열매는 필립 존엄왕에게 넘어가 국왕 직속영지가 되었다. 그가 수입의 대부분을 왕실이 직접 관리하는 국왕 직속영지에서 거두어들였다는 점을 염두에 둔다면, 노르망디의 획득은 아마도 왕실수입을 배가시켰을 것이다. 뒤이은 군주들도 적은 규모로나마 영지를 계속 확대해 나갔고, 세기 말엽에 이르러 필립 단려왕은 중요한 두 봉토들인 툴루즈와 샹빠뉴를 합병하게 되었다. 이렇게 해서 13세기를 통해 까페 왕조는 자신의 선조들이 꿈도 꾸지 못했던 영토와 세입을 향유하게 되었다.

왕령지가 급속히 팽창하면서 이에 발맞추어 군주의 행정체제도 정비될 필요가 있었다. 영국의 군주제와 새롭게 획득된 노르망디는 프랑스 군주정을 강화하는 데 매우 유용한 지침들을 제공하였다. 헨리 2세의 순회 법정으로부터 영향을 받았던 필립 존엄왕은 바이이(baillis)로 불린 지방 관리인 계층을 창출하였다. 이들은 원래 송사를 담당하는 자들이었으나, 점차 세금을 징수하고 왕실 영지의 치안도 담당하게 되었다. 군주가 직접 임명하고 왕실재정으로부터 급료를 받았던 이들은 진정한 의미의 왕실 관리인들로서, 전통적인 봉건적 의무들로부터도 면제되었다. 루이 9세 시기에 이르면 이들은 왕령지를 관리하는 지방관리가 되었을 뿐만 아니라, 힘이 딸리는 인접 지방 귀족들의 봉토들에까지도 침투해 들어갔다. 이 바이이들의 활동을 조정해야 할 필요성 역시 중앙집중적 행정조직의 발달을 촉진하였다. 필립 존엄왕은 파리에 문서보관소를 설치하고 회계청도 설립하였다. 고등법원(parlement) 내지 최고 군주법 법정(이는 왕왕 영국 의회와 혼동되곤 한다)이 왕실 법정으로부터 분립되었으며, 이는 루이 9세기에 파리에 상설기구로 설치되었다. 영국 의회의 모델에 따라 필립 단려왕은 대의기구도 소집하였다. 삼부회(Estates General)로 알려진 이 대의체는 교황청, 영국 및 기타 적들에 대항할 지원을 끌어내기 위한 것으로서 왕국의 주요 신분들로 구성되었다. 이 같은 중앙과 지방의 정부 조직들은 점차 로마법으로 훈련된 사람들로 충원되었고, 이러한 효율적인 관료체제가 프랑스에 안정적이고 유능한 정부를 확립하는 데 일조하였던 것이다.

까페 왕조의 성공을 드러내는 가시적 표식의 하나로서, 우리는 왕국 수도가 파리로 이전된 사실을 들 수 있다. 까페 왕조가 일 드 프랑스의 도시들 가운데 파리를 선택한 이유는 아마도 파리가 영국에 대한 군사작전을 지휘할 수 있었던 노르망디와 인접해 있고, 도시의 주변 지역에 흥겨운 사냥을 즐길 수 있는 좋은 숲이 있었기 때문이었던 것 같다. 또한 파리 근교에는 프랑스 수호성자의 유물이 보관된 생 드니(Saint-Denis) 왕실 수도원도 자리하고 있었다. 까페 왕조가 파리를 왕국의 행정중심지로 선택한 데는, 지리적인 이점들과 더불어 이 같은 상징적 전통도 중요한 비중을 차지하였다. 필립 존엄왕은 파리를 성벽으로 에워싸고, 간선 도로들을 포장하였으며, 수로를 내고, 시장을 개설하였다. 필립 단려왕은 탁월한 조형미를 갖춘 왕궁도 재건축하였다. 북부 유럽에서 가장 거대한 도시였던 파리는 이제 까페 왕조의 야망을 충실히 표현하게 되었던 것이다.

13세기에 프랑스가 이룩한 업적은 사실상 교회와의 협력을 통해 얻어진 것이었다. 프랑크 왕국의 군주 클로비스[36]가 5세기에 가톨릭 신앙으로 세례를 받았을 때, 그는 이단적 그리스도교 종파를 수용하고 있던 다른 게르만 부족들과 자신의 신민을 구별시켰다. 그리하여 프랑크 족 군주들은 전통적으로 교황과의 긴밀한 협력정책을 장려하였으며, 이러한 전통의 상속자였던 까페 왕조의 군주들은 로마 교회의 총애를 받는 아들들로 알려지게 되었다. 교황 우르반 2세[37]가 1차

클레르몽 종교회의(1095년)에서 십자군운동에 관해 연설을 하는 교황 우르반 2세

십자군 원정을 호소하고, 지원병을 모집하기 위해 갔던 곳이 바로 프랑스였다. 교황 알렉산더 3세는 자신의 적들로부터 피신하기 위해 이탈리아에서 도주하여 까페 왕조에 은신처를 요청하였으며, 역시 내정상의 어려움을 겪고 있던 프랑스 군주 루이 7세에게 존경의 상징으로서 황금 장미를 보내기도 하였다. 군주 루이 9세는 십자군 원정을 위한 교황청의 요구에 언제든 응할 태세를 갖추고 있었다.

황제는 물론 심지어 영국 군주와도 달리, 까페 왕조의 군주들은 13세기 말엽에 이르기까지 교황들과의 심각한 불화를 거의 겪지 않았다. 이 같은 프랑스 왕실과 교황청 간의 밀접한 협력관계의 자연스러운 귀결로서 프랑스 성직자들은 까페 왕조의 정치적 계획을 적극적으로 지원하였다. 생 드니의 수도원장이었던 수제르는 12세기 초엽 두 사람의 군주를 위해 군사령관으로서 봉사하였다. 서임권 투쟁 이후의 독일 주교들에 비해 대부분의 프랑스 주교들은 왕실에 대한 재정적 부담을 충성스럽게 담당했으며, 조언도 하였다. 앞에서 언급하였듯이 루이 9세는 탁발수도사들을 총애하였고, 왕왕 이들을 왕실의 행정적 직책에도 기용하였다. 여러 측면에서 까페 왕실은 로마 교황청의 주교들을 근거로 확실한 뿌리를 내리게 되었다.

　루이 9세의 오랜 통치기간 동안 중세 프랑스 문화는 절정에 이르렀다. 이 같은 업적은 신민들의 헌신과 충성을 고취시켰던 루이 9세의 탁월한 카리스마에 힘입은 바 컸다. 당대인들을 가장 감동시켰던 그의 품성은 순수한 신앙적 경건함이었다. 루이는 순수한 열정을 표현하는 방법을 체득한 인물이었고, 일상적인 헌신성을 훨씬 넘어서는 인격적 고매함을 지닌 인물이었다. 그는 13세기의 한 십자군으로서 신실함을 확실하게 인정받고 있었던 만큼, 그의 죽음은 진정한 순교로 간주되었다. 그리하여 그에 대한 시성식이 이루어졌던 13세기 말엽 까페 왕조의 군주들은 그들 가운데 한 사람을 종교적 성인으로 추대할 수 있었다. 그러나 루이의 인격적 호소력이 종교에만 국한된 것은 아니었다. 그는 왕국의 범죄들을 자신의 책임으로 여겨 불의를 척결하기 위해 엄청난 열정을 쏟아부었다. 그는 지방의 왕실 관리들에 의한 착취를 보고 받은 후, 지방민들로부터 불만을 듣고, 그와 같은 남용을 바로잡기 위해 왕국 전역에 조사관을 파견하였다. 이러한 조치가 단순히 국왕에 의해 고무된 도덕적 강제 때문만은 아니었다. 여기에는 왕실 법정제도가 그의 치세기에 완성되었다는 점도 빠뜨릴 수 없다. 정의를 구현하고자 했던 루이의 열망은 그가 파리 외곽의 뱅생에서 떡갈나무 아래 앉아 찾아오는 모든 이들에 대해 법정을 운용했다고 묘사한 그의 전기작가에 의해 가장 생생하게 기록되어 있다.

루이가 프랑스에게 준 선물은 명예와 평화로서, 그가 평화라는 대의를 위해 바쳤던 헌신은 일상적인 노력을 뛰어넘는 수준의 것이었다. 그는 아라곤 및 영국과 현실적인 협상안을 체결하여 심각한 불화를 완화시켰다. 영국의 군주와 그의 반란적 귀족들은 루이를 그들의 내부적 견해차에 대한 믿을 만한 중재자로 받아들였다. 그는 호엔슈타우펜 왕조와 교황청 간의 전쟁으로부터 이득을 취하기를 거부하였으며, 프랑스 내부에서도 귀족들의 불화에 대한 평화로운 해결책을 찾음으로써, 귀족들의 습관적 사투를 억제하는 조치를 취하였다. 또한 그는 사법적 분쟁과 무기 휴대를 제한함으로써, 왕령지 내에서 사사로운 전투를 벌이기가 더욱 어렵도록 만들고 경제적인 손실도 감수하도록 하였다. 설령 그의 조치들이 항상 성공적이지는 않았다 하더라도, 루이의 통치는 프랑스에 전례 없는 평화의 시기를 열어 주었으며, 이는 경제적 번영과 문화의 융성도 조장하였다. 루이 성왕 시기의 프랑스는 스콜라 사상과 고딕 예술의 요람이었던바, 이 두 요소는 중세에 이룩된 문화적 업적들 가운데 최고봉으로 간주되고 있다. 프랑스 문화가 유럽 문명을 다시금 지배하게 되는 것은 루이 14세[38])의 치세기인 17세기에 가서의 일일 것이었다.

내정상의 힘은 당연한 일로서 국외에서의 영향력을 증대시켰다. 추기경들이 13세기 후반에 4명의 프랑스 인을 교황으로 선출한 것은 이 같은 프랑스의 성장을 드러내는 사건이었다. 당시 선출되었던 교황 중의 한 사람인 우르반 4세는 루이 9세의 동생인 앙쥬의 샤를르에게 시실리 왕위를 대관함으로써, 이탈리아에서의 교황의 지위를 강화

성왕 루이 9세의 7차 십자군원정

하고자 하였다. 비록 루이 자신이 사적인 이득을 꾀하기 위해 프랑스 국경 너머의 문제들에 개입하는 유혹은 억제하였지마는, 그러나 그는 이 같은 모험에 동의해 주었다. 샤를르가 이를 받아들임으로써, 프랑스는 다음 세기에 지중해 문제에 더욱 깊이 개입하게 되었다. 이제 프랑스 문화는 서유럽을 지배하게 되었을 뿐만 아니라, 프랑스 군주들이 국제적인 문제들에서 보다 많은 영향력을 가지게 되었던 것이다.

그런데 프랑스와 영국 국왕들의 현실적 업적들은 종국에 있어서 이론적으로 교황수장제적 주장에 맞설 수 있어야 했다. 그렇다면 교황들은 어떻게 이 성공적이었던 군주들을 설득하여 현세사에 관한 자신들의 권위를 받아들이도록 만들 수 있었을까? 보니파키우스 8세는 교황수장권의 명분으로 프랑스의 필립 단려왕과 영국의 에드워드 1세에게 자신의 허락 없이는 성직자에게 과세할 수 없다고 명하였다. 이 명령은 교권과 속권 간에 직접적인 대립을 초래했는데, 이로 인해 야기된 대립의 과정에서 필립의 관료 대리인들은 교황의 인격적 고결성을 모독하는 선전전을 감행하고 교황을 납치하기 위해 일군의 무장 집단까지 파견하게 되었다. 이 전대미문의 폭거에 따른 충격으로 인해 연로했던 보니파키우스

교회의 대분열기의 대립교황 니콜라스 5세
(요하킴 피오레의 예언서에서)

가 오래지 않아 타계하게 되자, 추기경들은 한 프랑스인을 교황으로 선출함으로써 야만적인 폭력의 우위를 추인해 주었다. 이후 프랑스인 교황들은 이탈리아에서 프랑스 국경지역에 위치한 아비뇽으로 교황청을 옮김으로써 정치적 현실을 제도화하였다. 까페 왕조와 교황청 간의 유서 깊던 협력체제는 프랑스 군주의 교황청에 대한 지배로 해체되었던 것이다. 70년 이상(1305~1378) 유지되었던 아비뇽[39] 교황청은 이를 로마로 되돌리려는 노력이 치열해짐에 따라, 교회의 대분열[40]을 초래하였다. 그리하여 하나는 로마인이고 다른 하나는 프랑스인이라는 두 계통의 교황들이 라틴 그리스도교 세계에서 확고하기 그지없던 독립적 지도자로서의 교황청의 쇠퇴 과정을 완결시키

1349년 투르네 지방에서 역병으로 인한 희생자들의 매장(질레즈 르 뮤제의 연대기에서)

게 되었다. 이 같은 액운이 교회를 덮치고 있을 때, 프랑스와 영국의 군주들은 14 · 15세기에 걸쳐 프랑스 농촌지역을 황폐화시킨 백년전쟁41)에 몰두하였다. 그런데 이러한 정치적 재난이 재앙의 전부가 아니었다. 바야흐로 서유럽은 흑사병과 전례 없는 기근 그리고 인구의 파국적 감소를 겪게 되었다. 전쟁, 질병, 굶주림, 죽음 등에 시달렸던 14 · 15세기의 프랑스 사람들에게 있어서, 13세기 '성왕 루이의 좋았던 과거 시절'은 일종의 황금기로 회상될 수밖에 없었다.

# 제2장 도시의 성장

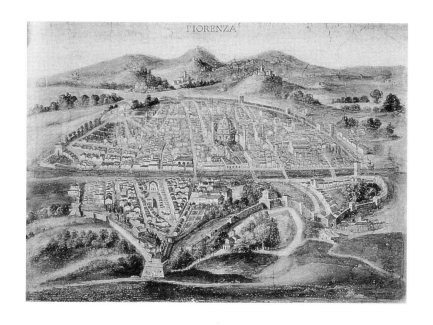

거대한 대학과 고딕 건축물들은 중세 도시의 창조물이었다. 이들은 수천 명의 교수와 학생들을 먹이고 재울 수 있었으며, 값비싼 예술품을 구입하거나 기념비적인 건축물도 세울 수 있었다.  앞의 그림·이탈리아의 플로렌스

## 1. 농촌지역

1003년 즈음 그리스도교 세계의 모든 국가들 특히 이탈리아와 프랑스에서 교회가 재건축되기 시작하였다. 이미 대부분의 교회는 잘 건축되어져 있어서 거의 개축을 필요로 하지 않았지만, 그리스도교 국가들은 가장 아름다운 건축물을 가지기 위해서 서로 경쟁하고 있었다. 비유컨대 온 세계는 스스로 몸을 뒤흔들어 낡은 외투를 벗어던지고, 교회라는 하얀 망토로 옷을 갈아입으려는 것 같았다. 거의 모든 주교좌 성당들과 다양한 성인들에게 봉헌된 수도원들, 그리고 심지어 마을의 작은 교구 성당들까지 신도들이 나서서 보다 아름답게 개축하고 있었다.[1)]

이 유명한 한 구절을 통해 부르군드 출신의 연대기 작가인 랄프 글라버(Ralph Glaber)는 석조 교회들의 재건축 및 신축이 새시대를 선도하였음을 환기시켜 준다. 오늘날 역사가들에게 있어서 교회 건축의 증가는 신도수의 증대의 확실한 표식이다. 랄프 글라버가 연대기를 집필했던 11세기 초엽부터 13세기 말엽에 이르기까지 유럽의 인구는 지속적으로 가파르게 성장하였다. 노르만 왕조기인 1086년 영국의 인구는 백십만

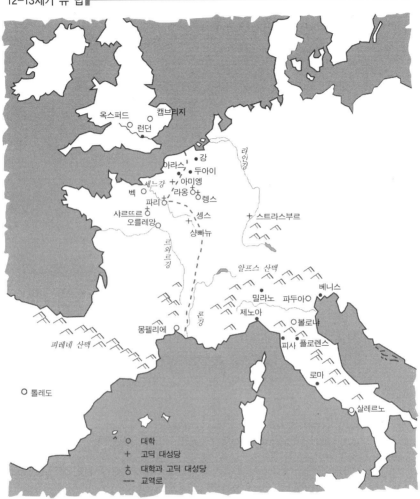

명이었는데, 1346년에는 삼백칠십만 명이 되었다. 비록 정확한 수치를 대륙에서는 쉽게 확인하기 어렵지만, 그러나 이 기간 동안 인구가 적어도 두 배로 증가했으며, 특히 1200년 전후시기에 가장 가파른 인구 성장이 있었다는 사실은 의심의 여지가 없다. 이 같은 폭발적인 인구 팽창은 기근, 전염병, 전쟁 등의 대재앙이 수백 만 명의 목숨을 앗아간 14세기 초엽까지 지속되었다. 1377년 영국의 인구는 이백이십만 명으로 격감하였으며, 대부분의 국가들은 16세기까지도 종전 수준의 인구를 회복하지 못했다. 그러나 12 · 13세기에는 내내 서유럽에서 인구가 기하급수적으로 증가하였다.

중세 인구 가운데 압도적인 다수가 농촌에서 살았기 때문에, 이 같은 인구혁명은 여기에 수반되었던 농업혁명과 밀접히 결부되어 있었다. 인구의 성장은 경작지의 확대에서 가장 뚜렷하게 확인된다. 1000년 이전의 서유럽은 대부분의 지역이 숲과 황무지로 덮여 있었으나, 1300년경에는 전례없이 많은 나무가 벌채되었고, 많은 습지가 배수되었으며, 많은 토지가 경작지로 전환되었다. 농민과 영주 모두가 농업을 위한 토지 개간이라는 막중한 사업에 공동으로 참여하였다. 일찍이 11세기에는 농민들이 앞장서서 마을 주변의 경작지를 확대하고 개간하는 일에 참여하였다. 12세기 후반기에는 영주들도 경작지의 확대가 이득이 된다는 사실을 깨닫고 식민화 사업을 촉진하기 시작하였다. 새로운 촌락이 황무지에 건설되었는데, 이들에 대한 매력적인 특권 내지 자율권 부여를 통해 개척적인 주민들을 불러모았던 것이다. 결과적으로 가장 비옥한 토지들이 경작지로 개간되었기 때문에, 13세기 말이 되면 비옥한 경작지가 부족해져 토지의 생산성이 떨어지게 되었다. 토지를 보다 집약적으로 경작하고자 했던 농민들의 대내적 노력에 뒤이어 토지에 대한 대외적 정복도 잇따르게 되었다. 곡물 생산량은

장원에서 노동하는 여성들(12세기 필사본에서) **위** · 추수하는 여인들,
**중앙** · 괭이질하고 씨뿌리는 여인과 곡식단을 운반하는 여인들,
**아래** · 씨뿌리는 여인과 곡식단을 묶는 여인들

곡물의 윤작, 삼포제상의 휴경지에 대한 엄격한 규제, 시비법의 활용 등을 통해 증대되었다. 더욱이 철제 쟁기와 같은 농기구의 개량, 목에 거는 마구를 이용한 보다 효율적인 수레용 말의 활용 등은 토지 경작에 들이는 인간 노동력의 실효성을 높여주었다. 여러 필의 말을 가진 경작자는 일군의 농업노동자들보다도 훨씬 효율적이었고, 그리하여 이들은 농업혁명의 새로운 기수로 변신할 수 있었다. 이 같은 경작지의 확대와 농경기술의 개선이 인구 증가에 따른 필요한 식량을 공급해 주었던 것이다.

초기 중세의 농업은 자급자족적인 장원을 추구하였다. 이 지역 공동체의 농민들은 그들 자신과 영주들에게 꼭 필요한 정도 이상의 잉여 작물들을 거의 생산하지 않았다. 그러나 우리가 고찰하고자 하는 11세기에는 교역활동과 도시생활 등이 부활하였는데, 이는 농촌지역에도 심대한 영향을 미쳤다. 이 가운데 가장 중요한 점은 농촌생활에도 화폐경제가 도입되었다는 사실이었다. 이제 생산물은 화폐로 교환될 수 있었으며, 농작물이 멀리 떨어진 시장에서도 팔릴 수 있게 되었다. 빵이 중세 식단의 기본 품목이었기 때문에, 곡물은 서유럽의 주된 농작물이었다. 그런데 이제 이 곡물을 도시에 살고 있는 원격지 소비자들을 위해 비교적 비싼 값으로 생산할 수 있게 되었다. 왕왕 가변적인 국지적 상황이 단기간 동안 곡물가격을 격렬하게 등락시키기도 하였지마는, 장기적으로 보아 곡물가격은 인구 증가가 가져온 지속적인 수요 증대로 인해 계속 상승하였다. 곡물이 이윤을 내는 농작물이 되었기 때문에, 원격지의 소비자들은 경작지 보유자들로 하여금 다른 작물의 재배도 생각해 보도록 유도했을 것이다. 귀족과 도시민의 변화하는 입맛과 증대된 부는 일부 프랑스 지역에서 생산되었던 포도주의 고급화를 요구하였다. 마찬가지로 보다 사치스러운 모직물에 대한 수요도

곡물 시장(도메니코 렌지, 14세기)

도시의 직물공들을 부추겼다. 모직물 제조업에 대한 요구와 서적을 위한 양피지 수요 그리고 식탁용 육류에 대한 수요 등은 대규모의 목양업을 고취시켰다. 포도밭과 양떼를 위한 목초지의 이 같은 증가는 도시와 상업이 농촌지역에 미친 영향을 드러내는 단지 두 가지 예에 지나지 않는다.

경작지 보유자들은 생산을 더 이상 자신들의 즉각적인 수요만을 위한 것에 한정하지 않았으며, 시장에서 이윤을 내며 팔릴 수 있는 농작물을 재배하기 위해 영지를 재편하기 시작하였다. 양모 생산을 증대하기 위해 향상된 목양 기술이 도입되었다. 포도송이를 싸고 포도를 따는 일에 고도로 숙련된 노동력이 요구되었다. 또한 영지의 보다 합리적인 운영을 위해 기록을 남기고 회계를 관리할 문자를 깨친 서기들도 필요하였다. 조직화, 특화 및 전문화는 자급자족적인 장원을 일종의 기업적 경영으로 바꾸어 놓았다. 영주가 그동안 예속적 농민들로부터 공식적으로 착취해 온 노동력은 더 이상 영지의 새로운 경작에 필요한 기술과 효율을 충분히 제공할 수 없었다. 농작물을 비싼 가격에 팔 수 있게 되자, 숙련된 일손을 고용하기 위해 화폐가 사용되기에 이르렀던 것이다. 12세기를 통해서 그리고 특히 13세기에는 농민들의 노동력과 인신적 부역이 점차 화폐로 대체되어 갔다. 불필요한 토지는 흔히 현금지대로 임대되었다. 이 같은 여윳돈을 가지고 영주는 자신의 경작자들을 합의된 임금에 따라 일일노동자로 고용하였다. 인구 성장은 곡물 가격을 비싸게 유지하는 데 도움을 준 동시에, 또한 이는 임금을 안정적으로 유지하는 데도 기여하였다. 13세기 후엽에 이르자 농촌지역은 인구과잉을 드러내는 조짐들을 명확히 보이게 되었는데, 이는 영주들에게 값싼 노동력의 풍부한 공급을 보장해 주었다. 인구 증가가 영주들의 번영을 지원하였다면, 여기에 수반되었던 화폐경제는 농민들에게도 상당한 이득을 보장해 주었다. 부역적 노동과 인신적 예속으로부터의 해방 및 임금에 의한 수익의 확대를 통해 농민들은 개인적 이윤 추구를 위해 장소를 옮겨다닐 수 있는 자유를 보다 많이 가지게 되었다. 숙련 경작자는 이제 자신의 숙련도에 상응하는 임금을 요구할 수 있었다. 일부 농민들은 충분할 정도의 부를 획득하여 완전한 자유민으로 변신할 수 있었으며, 자유민 토지 보유자 계층으로 편입하기도 하였다. 또 다른 부유한 농민들은 특히 남부 프랑스와 이탈리아 지역에서 도시로 침투하여 부유한 도시민 및 귀족들과의 혼인관계도 맺게 되었다. 종합적으로 볼 때 일부 잉여 인구와 점증된 유동 인구는 농촌지역으로부터 도시로 흘러들어 갔으며, 이는 새로운 상업과 제조업에 필요한 노동력을 제공하게 되었다.

농민의 삶은 지역마다 대단히 달라서, 서유럽 전역에서 적용될 수 있는 유용한 일반화를 끌어내기는 어려운 일이다. 마찬가지로 농민의 삶이란 거의 느끼지 못할 정도로 극히 느리게 변화하는 것이 특징이기 때문에, 이를 연대기적으로 구분하기도 어렵다. 그럼에도 불구하고 북부 이탈리아와 일 드 프랑스라는 두 지역에서는 변화가 다른 지역에 비해 급속하게 그리고 앞서서 일어났다. 예를 들면 노동의 예속성이 이탈리아에서 처음으로 쇠퇴하기 시작했으며, 토지 보유제에 대한 경작지대의 침투도 유럽의 다른 지역에 비해 적어도 한 세기 앞서서 이탈리아에서 일어났다. 일 드 프랑스 지역은 새로운 촌락과 삼포제, 농작물의 윤작이라는 선진기술 등이 일찍부터 파급되었다. 의심할 여지 없이, 북부 이탈리아와 일 드 프랑스 지역의 선진적 농경은 그들의 도시들과 밀접히 결부되어 있었다. 이를테면 밀라노, 제노아, 베니스 그리고 파리 등의 성장은 농촌지역에서의 농업혁명을 고무하고 있었던 것이다.

## 2. 상업혁명

비록 인과관계의 세밀한 부분들까지 완전히 알려져 있지는 않지마는, 인구혁명과 농업혁명이 밀접하게 결부되었다는 점은 분명하다. 뿐만 아니라 이 인구·농업 혁명들이 당대의 세 번째 운동이었던 상업혁명과도 밀접하게 결부되고 있었다는 사실은 의심할 여지가 없다. 이 상업혁명이 서유럽에서 도시 문명을 재생시킨 근거였다. 초기 중세의 지방적이고 자급자족적이며 정체적인 경제 속에서는 교역활동을 위한 여지가 거의 없었다. 그러나 11세기에 들어와서 인구가 증가하고 농업이 확장되기 시작하자 교역활동 역시 촉진되기에 이르렀다. 이 교역활동은 14세기 초엽까지는 가파른 성장을 보였으며, 이 시기에 와서야 지역에 따라서 정체 내지 쇠퇴 조짐을 드러냈다. 원격지 교역은 두 지역을 주된 중심지로 하였다. 초기의 남부 교역지대는 지중해를 중심으로 하였으며, 후기의 북부 교역지대는 북해를 중심으로 하였다. 비록 해상운송이 이들 두 지대에서는 가장 편리하였으나, 마침내 이들 두 지대를 연결하는 육상 교역로도 개설되었다. 가장 활발했던 내륙 교역로는 샹빠뉴 평원을 가로질러 동북부의 플랑드르 지역에 이르는 론(Rhone) 계곡을 낀 길이었다. 원격지 교역의 초기에는 우선 운송하기 쉬웠던 물산들 즉 후추, 고급 의류, 포도주 등의 값비싼 사치품이 중요 품목들이었으나, 후기에 상선이 등장하면서부터는 곡물, 목재, 소금 등의 물산도 여기에 포함되었다.

상업혁명은 교역량의 급속한 증가뿐 아니라 교역 기술상의 향상도 수반하였다. 후자에 관해서는 북부 이탈리아의 상인들이 진정한 개혁가들로서, 이들은 후일 서유럽 전역에서 채택된 상업적 관행들을 창안해 냈다. 초기 단계에서는 일반적으로 상인들이 자신의 상품들을 가지

도시의 생활(도메니코 렌지, 1340년)

고 다녔으며, 판매자와 구매자들과도 직접 홍정을 하였다. 이 떠돌이 상인들에게는 정기시장이 서로 만날 수 있는 좋은 기회가 되었다. 예를 들면, 지중해와 북해를 잇는 내륙 교역로의 중간 지점에서 이탈리아 상인들은 자신들의 교역 파트너인 플랑드르 상인들을 만났다. 이것이 잘 알려진 샹빠뉴 정기시로서 여기에서 그들은 의류, 가죽, 및 기타 상품들을 교환하였다. 이러한 사업에 재원을 조달하기 위해서, 이탈리아 상인들은 투자자들과 단순한 형태의 조합을 형성하게 되었다. 즉 한 사람은 자본을 대고, 다른 한 사람은 노동력(또는 자본의 일부)을 제공하여, 사업에 수반되는 위험 부담도 비율에 따라 공동으로 부담하였다. 그러나 점차적으로 이탈리아 사업가들은 새로운 사업기법을 창안해 내어, 자신들은 가정에 머물러 있으면서 대리인을 통해 보다 대규모의 사업을 수행하게 되었다. 상업통신, 부기법, 보험, 신용장, 거래청구서, 금융시설 및 기타 교역 기술을 통해서 이들은 근대적 사업 관행들을 선도하였던 것이다. 13세기에 접어들면서 샹빠뉴 시장이 몰락하는데, 이는 새로운 형태의 정주적 상인이 여기저기를 옮겨다니는 종래의 떠돌이 상인을 대치하게 되었음을 말해준다.


## 3. 도시의 부활

11세기에 시작된 교역의 증가는 서유럽에서 도시 생활의 부활을 초래하였다. 간단히 일별해 보더라도 교역과 도시는 같은 동전의 양면임이 드러날 것이다. 지방적 자급자족적 경제체제에 대한 안티 테제로서 교역과 도시는 모두 생산과 서비스의 특화 및 이들의 상호 교환을 함의하였다. 교역과 도시 가운데 어느 한 쪽도 다른 한 쪽 없이는

런던탑을 에워싼 성(11세기, 화이트타워)

성공할 수 없었다. 도시는 고대 지중해 문명의 형성기 때부터 그것의 불가결한 일부가 되어 왔다. 메소포타미아 인들은 일군의 도시 집단들을 가지고 있었으며, 그리스 인들은 도시국가(*polis*)를 형성하였고, 로마인들은 도시(*civitas*)를 건설하였다. 고전기에는 문명이라는 개념과 용어 자체가 도시와 밀접히 결부되어 있었던 것이다. 그러나 기원후 3세기에 고전적 도시 문명의 활력은 쇠퇴하기 시작하였다. 4·5세기의 게르만족 침입으로 도시 생활의 와해는 가속화되었으며, 7·8세기에 있었던 이슬람의 지중해 지배로 고대 도시들은 극심한 타격을 받았다. 이에 대한 설명은 복합적이지마는, 그러나 주된 요인은 교역 활동의 쇠퇴였다. 그리하여 11세기에 상업활동이 재개되자, 초기 중세의 어려

베니스의 성 마르코 대성당과 선박 출항(14세기 소묘화)

웠던 시기 동안 고대 성벽의 모퉁이에 쇠락해 있었던 도시들은 이제
원래의 지역 밖으로까지 팽창하기 시작했으며, 과거에는 도시가 없었
던 지역에서도 새로운 도시들이 생겨나게 되었다. 당연한 일이지마는
중세 도시들은 교역이 가장 빈번했던 지역에서 가장 왕성한 활력을
가지게 되었다. 남부 교역지대는 북부 이탈리아에서 제노아, 피사,
밀라노, 플로렌스, 베니스 등으로 대표되는 일군의 도시들을 형성하였
다. 북부 교역지대에서도 영국과 마주보고 있던 플랑드르의 저지대
지역에서 도시가 형성되었는데, 이들 가운데는 생 또메르(Saint-Omer),

강(Ghent), 두아이(Douai), 브러지(Bruges), 아라스(Arras) 등이 대표적이었다. 이들 두 교역지대에서는 도시의 인구밀도는 가장 높았던 것으로 보이는데, 플랑드르의 경우 전체 주민의 적어도 1/3이 도시에 거주했을 정도다. 이러한 도시들이 서유럽 대부분의 지역에서 대두하고 있었던 것이다.

인구, 농업 등의 성장에 고무된 상업 도시민들은 증가하는 주거민들을 포괄하기 위해 도시의 성벽을 지속적으로 확장해 나갔다. 이탈리아는 밀라노, 제노아, 베니스, 나폴리, 플로렌스, 팔레르모 등 인구 5만 명이 넘는 도시를 대여섯 개나 자랑했으며, 플로렌스는 14세기 초엽까지 아마도 인구가 10만 명이나 되었을 것이다. 플랑드르 지역에서는 단지 강(Ghent)만이 인구 5만이 넘었을 뿐, 대부분의 유럽 도시들은 겨우 수천 명의 주민을 헤아릴 정도였다. 비록 중세 도시가 근대적 기준으로 볼 때 규모가 크지 않았고, 전 인구의 10퍼센트 이상을 점하지도 못했다 하더라도, 이 도시들은 중세 사회에서 가장 신속하게 팽창하고 있던 지역이었다. 성벽의 확장과 교구의 증가는 13세기에 도시가 농촌지역보다 훨씬 빠르게 성장하였음을 보여준다. 이 같은 도시의 활력은 도시 건설 프로그램에서 가장 두드러지게 표현되었다. 성벽을 새롭게 축조했을 뿐만 아니라 도시민들은 우뚝 솟은 종탑을 가진 시청사도 건설하였다. 특히 북부 유럽에서는 시민적 자부심을 내세워 대성당을 개축하였으며, 도시민들은 인근의 도시민들과 마치 경쟁이라도 하듯 첨탑과 둥근 천장을 더욱 높이 지으려 하였다. 그러나 도시의 이러한 활력도 14세기의 역병, 기근, 전쟁 등의 재앙에서 살아남을 수 없었다. 예를 들어 플로렌스는 흑사병 이후 인구가 절반으로 줄어들었는데, 그 이후 수세기 동안 결코 이전 규모의 인구를 회복하지 못하였다. 다른 도시들도 중세 말기의 이 재앙들로부터 충분히 회복되지는

위·로마 **아래**·이탈리아 시에나(이나시오 단지, 16세기)

못했다. 그러나 13세기의 도시 번영은 당대에 이룩된 지적·예술적 업적들의 경제적 기초를 형성하였다. 거대한 대학과 고딕 건축물들은 중세 도시의 창조물이었다. 이들은 수천 명의 교수와 학생들을 먹이고 재울 수 있었으며, 값비싼 예술품을 구입하거나 기념비적인 건축물도 세울 수 있었다.

성곽 및 봉토들과 마찬가지로 중세 도시도 극히 다양한 특징들을 드러냈다. 특히 도시의 정부 형태에 있어서는 배타주의(particularism)를 매우 선명하게 드러내고 있었다. 그러나 주요 도시들의 경우 그 로마적 기원에 따라 크게 두 범주로 분류될 수 있다. 지중해 연안 도시들은 특히 이탈리아의 도시들에서는 도시적 전통이 로마 시기 이래로 심각한 단절 없이 승계되었다. 이에 비해 라인과 다뉴브 계곡의 도시들 특히 북부 프랑스의 도시들은, 도시 형성의 기원이 로마기에 있기는 했지마는 고대적 전통을 거의 완전히 잃어 버렸다. 고대 로마 제국의 행정은 도시를 기반으로 이루어졌으며, 각 속주의 지배계층들은 제국 도시 내에 자신들의 거처를 마련하였다. 그리스도교 교회 역시 로마적 전통에 따라 도시를 중심으로 하는 행정체제를 구축하였다. 주교좌 성당은 모두 도시(*civitas*)에 설치되었으며, 또한 중요 도시들이 대주교좌 내지 대도시 성당의 근거가 되었다. 교역이 완전히 소멸되지는 않았던 지중해 지역에서는 로마 교회의 이러한 도시적 전통이 유지되었다. 고전적 생활양식을 따랐던 이탈리아 귀족들도 흔히 도시에 거주하기를 선호하였다. 이탈리아 도시의 스카이 라인이 북부 도시의 그것에 비해 지방의 유력 가문에 속하는 높은 방어용 망루들로 점철되었던 것도 이 같은 이유에서였다. 이에 12세기의 한 제노아 사람은 "모든 이들이 집집마다 망루를 세웠는데, 전쟁이 일어나면 이 망루의 난간들이 전투 장소가 되었다"고 기록하였던 것이다. 왕왕 교황이 정치적 수장권을 직접 장악했던 로마를 아마도 유일한 예외로 한다면, 지중해 도시들에서는 도시 귀족 및 주교들이 각각 도시정부에 대한 지배권을 놓고 각축을 벌였다.

그러나 북부 프랑스에서는 상황이 많이 달랐다. 이 지역에서는 초기 중세에 교역이 현저하게 쇠퇴하였고, 도시 생활도 거의 완전하게 소멸되었다. 로마의 행정관들은 도시들을 점차 포기하였으며, 봉건사회의 새로운 지배계층들도 도시를 피해 자신의 성곽이나 농촌의 영지에 머무르기를 선호했다. 단지 주교들은 교회법에 의해 그들의 도시에 머무르도록 요구되고 있었다. 제국 정부의 철수와 봉건 귀족계층의 부재로 인해 정치적 공백이 야기되자 많은 주교들이 도시행정의 책임을 담당하게 되었다. 그리하여 11세기에 도시 생활이 부활되자, 주교들은 많은 도시를 확고하게 지배하였다. 이들은 정치적 사법권을 성직적 권한(patrimony)의 일부로 간주하였던 것이다. 이들 북부 도시들에서는 귀족이 아닌 주교가 성채를 소유하고 성벽을 축조하였다.

도시가 보다 많은 사람들을 성벽 안으로 유치함에 따라, 이 새로운 주민들은 도시의 시정에서도 보다 큰 목소리를 내려고 하였다. 이들은 행정상의 편익을 수반하지 않는 세금과 자신들의 이해관계를 무시하는 법률 및 자신들의 번영을 위협하는 전쟁 등을 거부하였다. 도시민과 지배자 사이의 이 같은 이해관계의 충돌은 독특한 형태의 도시 코뮨(commune)의 성장을 초래하였다. 기본적으로 코뮨은 특정 목표를 성취하기 위해 서약한 사람들이 결성한 결사체로서, 왕왕 이들의 목표는 기존 통치자를 전복시키고 그 자리를 자신들이 선출한 관리자들로 구성된 집단적 정부로 대체하는 것이었다. 도시 코뮨 운동은 11세기에 북부 이탈리아에서 시작되었는데, 여기서는 귀족과 일반민이 모두 이 운동에 참여하였다. 그러나 이 운동은 남부 프랑스로 확산되었으며,

12세기 즈음에는 북부 프랑스까지 퍼져나갔다. 이곳에서는 도시민들의 격렬한 저항의 대상이 되었던 주교가 이 혁명적 운동의 변함 없는 목표가 되었다. 초기에는 코뮌들[2]이 고대 주권국가의 특징적 조직들 즉 시민회의, 특권적 위원회, 행정적 권한 등을 가졌다. 그러나 시간이 경과하면서 시민회의는 실효성을 잃게 되었으며, 대신 특권적 위원회나 행정력이 진정한 권위를 행사하게 되었다. 13세기 즈음에는 이탈리아의 몇몇 귀족 가문들 및 북부 프랑스의 부유한 도시귀족 가문들이 이 시정 위원회를 관장함으로써 도시 행정을 장악하였다. 기타 이탈리아 도시들도 외국인을 자신들의 정무관(*podestà*) 내지 도시 관리자로 초빙하여 도시의 내적 갈등을 해결할 공정한 방법을 찾고자 하였다. 비록 코뮌들이 초기에 폭넓은 대중적 기초 위에 설립된 것은 사실이었지마는, 그러나 13세기 말엽이 되면서 그것은 과두정 체제로 전환되었다. 그리하여 다수의 도시 주민들은 시정으로부터 배제되었다. 결과적으로, 코뮌이 자치정부로서 거둔 성공은 그것이 위치했던 지역의 군주가 얼마나 취약했던가에 의해 결정되었다. 황제 정부가 사실상 힘을 발휘하지 못했던 이탈리아와 독일에서는 도시 코뮌들이 상당한 정도의 정치적 자율을 누렸다. 그러나 군주의 행정적 권한이 상대적으로 발달되어 있었던 프랑스와 특히 영국에서는 도시들이 자치를 거의 누리지 못했다. 이를테면 볼로냐는 오랜 코뮌 통치의 역사를 가졌으나, 프랑스 왕은 파리의 부르주아지들에 대해서는 결코 유사한 정치적 권위를 허용하지 않았다.

중세 코뮌은 흔히 꼬뮤니오(*communio*), 소시에타스(*societas*), 우니베르시타스(*universitas*)[3] 등의 라틴어 용어로 표기되었다. 이는 일반적으로 한 사람의 개인처럼 기능하는 일군의 인간 집단을 의미하였다. 이에 가장 가까운 근대적 조직이 법인체일 것이다. 그러나 소시에타스와 우니베르시타스는 정치적 조직뿐만 아니라 경제적 조직에도 적용되었다. 코뮌이 출현하기 이전부터 소시에타스와 특히 우니베르시타스는 중세의 길드를 가리키는 데 사용되었는데, 길드란 근본적으로 경제적 활동을 위한 공제적 조직이었다. 가장 단순한 형태는 상인 길드로서, 이는 특정한 상품 내지 기술에 대한 특별한 관심을 배제한 채 대규모의 상인집단의 포괄적 이해관계를 도모하기 위한 것이었다. 상인 길드와 더불어 보다 전문화된 수공업자 길드도 형성되었다. 이들은 환전·모직업과 같은 특정 분야의 교역 및 제조업에 대한 관심을 대변하였다. 몇몇 수공업자 길드들이 11세기 초엽 이탈리아에서 출현하였으나, 북부 유럽에서는 상인 길드들이 먼저 형성되었으며 이들의 전문화는 경제생활의 성숙과 더불어 진전되었다. 예를 들어 13세기 중엽 파리에서는 대부분의 소규모 교역 및 제조업 활동을 체제화했던 길드들이 백여 개 이상이나 되었다.

원칙적으로 길드는 구성원들의 공동 이익을 위해 그들의 교역활동을 규제하고자 했다. 그리하여 상인 길드를 처음 조직했던 성공적 원격지 교역상들이 종국적으로 길드의 보호를 반드시 필요로 하지는 않았다. 이들은 자신의 사업을 무한히 확장시켜 나갈 수 있었기 때문에, 자신들의 사업에 대한 어떠한 규제 조치에 대해서도 불만을 가지기 시작하였다. 그러나 소규모 상인 및 수공업자들은 육체노동의 영역에 머무르고 있었고, 상인 자본가들에 의해 쉽게 수탈당할 수 있었기 때문에, 상호 보호를 위해 수공업 길드를 형성하는 것이 보다 유익하다는 사실을 알게 되었다. 길드의 규정은 교역의 모든 측면 즉 생산의 양과 질, 가격, 임금, 작업시간 등을 망라하고 있었다. 그러나 이 가운데 가장 효과적이었던 측면은 회원의 자격 규제를 통한 숙련 노동력의 공급 부문이었다. 다른 모든 공제조직과 마찬가지로 길드도 신입회원의 입회 문제에 깊숙이 관여하였다. 정회원 자격은 장인이라 불린 수공업자에게 부여되었는데, 이들은 일종의 최종 자격시험이라 할 명품(*chef d'oeuvre*)을 제출하여 자신들의 기술을 입증해야 했다. 장인이 되기 위해서는 필요한 기술을 습득해야 했을 뿐만 아니라 자신의 가계를 보장해 줄 안정된 사업도 필요했다. 다시 말해서, 기술의 완성도는 물론 경제적 독립이 정회원의 자격요건이었다. 장인 아래에는 직인(journeyman)이 일일 임금노동자로 일하였다. 이들은 독신자로도 통했는데, 왜냐하면 이들은 자력으로 안정된 사업을 가지지 못해 가정을 꾸릴 수 없었기 때문이었다. 직인들의 권리는 엄격히 제한되어 사실상 없다시피 했다. 따라서 이들의 유일한 희망은 스스로 작업장을 마련하여 장인들의 조직에 입회하는 것이었으며, 이 점이 이들을 길드 체제에 묶어 놓는 요소이기도 했다. 길드 체제의 하부에는 도제들이 있었다. 이들은 교역을 배우는 어린 소년들로서 장인들에 의해 유지 관리되었다. 장인 조직 내부의 관리 형태는 매우 다양했는데, 그것의 관리자들 가운데는 종종 교사 자격을 갖춘 이도 있었다. 경제활동을 위한 길드체제 내부의 이 같은 조직은, 앞으로 살펴보고자 하는 13세기 대학에서의 학문 생활을 위한 그것과도 상호 밀접히 결부될 것이었다.

중세 도시에 관한 지금까지의 간략한 서술에서 초점을 둔 것은 두 가지 기본 기능이었다. 하나는 경제적 기초를 제공한 교역이고, 다른 하나는 방어와 규제를 제공한 다양한 관리 형태다. 중세 도시의 지형적 특징은 왕왕 이 두 요소들을 반영하고 있었다. 방어라는 정치적 기능을 위해 도시들은 일반적으로 부르구스(*burgus*, 성곽)라는 라틴어로 알려진 요새화된 지역에 위치하였다. 흔히 하나의 성채로 구성되었는데 결과적으로 그것은 성장하는 도시의 중심을 형성하였다. 또한 성채나 성곽을 지배하는 자가 도시의 정치적 수장이 되곤 하였다.

도시가 팽창함에 따라 성곽 밖의 지역도 동심원 형태의 성벽들로 둘러싸이게 되었는데, 이 성벽들은 구 성곽이 공동체 전역으로 확장되어 나간 것으로 이해될 수 있다. 성벽 밖의 인접 주거지역은 프랑스에서 특별히 외곽지구(*faubourgs*)라 불렸는데, 이는 구 성곽 밖의 지역을 가리켰다. 결과적으로는 이 지역들 역시 새로운 성벽체제의 내부지역으로 편입되곤 하였다. 도시의 상업적 기능은 포르투스(*portus* 또는 *wik*)에서 이루어졌는데, 이는 상설시장 또는 교역과 제조업이 정기적으로 이루어지는 도시의 일부 구역들로 구성되었다. 이러한 상업 지구는 방어적 목적을 위해서 흔히 구 성곽 가까운 곳에 위치하거나 성벽 내부에 위치하였다. 요컨대 이들 두 요소 즉 구 성곽(*burgus*)과 상업지구(*portus*)가 한 지역에서 결합하게 되면 언제든 중세 도시가 출현할 수 있는 기초적 여건이 마련되는 셈이었다.

## 4. 볼로냐와 파리

　13세기 지성사를 이해하는 데 필요한 도시적 환경을 제공한 도시들 가운데 필자가 보기에 가장 중요한 것이 볼로냐와 파리다. 이들은 각각의 특징을 가지고 있었고, 또한 이들 가운데 어느 하나를 중세 도시의 전형으로 간주하기도 어렵다. 그러나 이 도시들은 13세기의 가장 의미 깊은 문화적 발전들을 위한 지역적 여건을 제공하였다. 이 도시들에 대한 간략한 지형학적 검토를 통해 그곳에서 일어났던 사건들을 보다 생동감 있게 이해할 수 있을 것이다.

　볼로냐는 북부 이탈리아에 산재하는 일군의 도시들 가운데 하나로서, 이 지역의 도시생활은 11세기 지중해 교역의 대두로 활기를 띠게

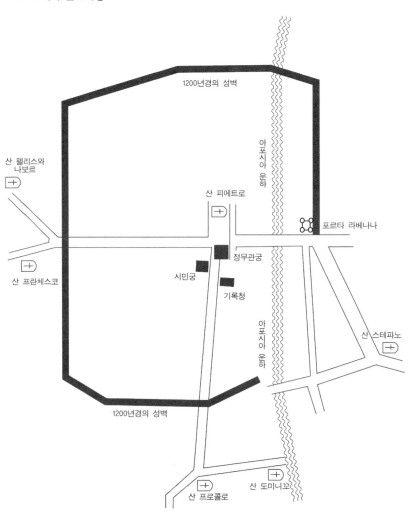

되었다. 아페닌 산맥의 북부지역 산록에 위치한 볼로냐는 양쪽 해안에서 모두 비슷한 거리를 두고 떨어져 있었으며, 포(Po) 계곡을 따라 아드리아 해와 접할 수 있었다.

비록 볼로냐는 어느 쪽으로도 바다와 쉽게 연결되지는 않았지마는, 북부 이탈리아 내륙 교역로의 요충지를 점하고 있었다. 근대에는 물론 중세 때도 북부와 남부 이탈리아 간의 물류가 대부분 이곳을 통과했기 때문에 볼로냐는 교역의 중심지가 되었다. 볼로냐의 도시공동체 정부는 10세기로까지 거슬러 올라가는 오랜 역사를 가지고 있었다. 12세기 이래로 볼로냐는 한 사람의 정무관(podestà)에 의해 효율적으로 관리되어 왔는데, 정무관은 시민들이 선출한 위원회의 조언에 따라 통치하였다. 북부 이탈리아의 다른 많은 도시들과 마찬가지로 볼로냐도 황제와 교황 간의 갈등에 크게 영향 받고 있었다. 비록 양측 모두가 볼로냐를 자기 편이라고 주장했지마는, 대체로 보아 볼로냐는 교황 측에 보다 가까웠다. 1249년에 볼로냐는 황제 프레데릭 2세를 상대로 눈부신 승리를 거두었고, 황제의 아들을 포로로 하였으며, 1276년에는 도시에 대한 교황의 보호를 공식적으로 선언하였다.

도시공동체 정부의 오랜 역사는 13세기 볼로냐의 지형학에서도 명백하게 드러났다. 도시의 바로 중심부에는 위풍당당한 탑을 가진 정무관 궁(Palazzo del Podestà)이 있었는데, 여기에 도시공동체 정부가 있었다. 13세기 말엽에는 두 개의 공공 건물 즉 시민 궁(Palazzo Pubblico)과 기록청(Palazzo dei Notai)이 신축되었는데 이들은 정무관 궁과 함께 넓은 시민광장이 되었다. 물론 이 건물들에는 세기가 변함에 따라 다소 손질이 가해졌다. 그러나 정부 청사들의 육중하고 거친 벽돌 정면은 오늘날까지도 요새의 특징을 드러내고 있다. 귀족들의 참여는 도심과 외곽에 세워져 있던 여러 개의 높고 튼튼한 망루들에

12~13세기 거주지역의 종탑들(이탈리아 산 지미나노)

의해서도 확인된다. 12세기에 세워져 오늘날까지도 유지되고 있는 두 개의 망루는 그 좋은 예가 될 것이다. 10세기가 지나면서 볼로냐의 중심부를 에워싼 성벽이 절대적으로 부적합하다는 사실이 드러났다. 이 성벽은 대략 1200년경 도시 규모의 두 배 정도를 감당할 수 있을 정도로 확대되었고, 인구도 약 2만의 주민을 수용하게 되었다. 그러나 오래지 않아 이 개축된 성벽조차 낡은 것이 되고 말았다. 13세기 중엽 볼로냐의 인구는 약 4만에 이르게 되었는데, 이는 볼로냐를 중세 이탈리아의 주요 도시들 가운데 하나로 자리매김하게 하였다.

공공 청사들과 귀족들의 망루 그리고 도시의 성벽들이 볼로냐의 구 도시(*burgus*)를 이루었다. 하구(*portus*) 및 상업지구는 옛 성벽의 동쪽에 있는 포르타 라베냐나(Porta Revegnana) 부근의 자치시 시장 주변에 형성되었는데, 이는 13세기에 세워진 성벽의 훨씬 안쪽에 위치하였다. 자연 수로가 멀리 떨어져 있었기 때문에 볼로냐의 시민들은 레노 강과 사레노 강에서 물을 끌어와 일련의 운하를 건설하였다. 포르타 라베냐나에 위치했던 시장은 도시의 북쪽으로부터 남쪽으로 관통하는 아포사 운하를 특히 많이 이용하였다.

13세기에 들어와서 볼로냐는 교역의 중심지로서보다는 볼로냐 대학의 법학부 학생들로 인해 보다 큰 명성을 누렸다. 당시 대학은 공공 건물을 가지지 않았고, 그래서 지금도 도시 내의 대학지역을 정확하게는 알지 못하고 있다. 그러나 교수들이 왕왕 자신들의 집에서 강의를 하였고, 이들이 살았던 교구와 이들이 묻혔던 교회들을 알고 있는 만큼, 대학의 위치도 대략적으로는 추정할 수 있다. 예를 들어 교회법학자 그라티안[4]은 서쪽 성벽의 외곽지역에 위치한 산 펠리스(San Felice)와 산 나보르(San Nabore) 수도원에서 기거하였다(이 수도원은 오늘날도 군대병원으로 유지되고 있다). 그는 12세기 초엽 교회법 연구의

볼로냐 대학에서 법학을 공부하는 학생들(15세기 필사본)

창시자였던 만큼, 우리는 교회법이 그곳에서 교수되었다고 추정할 수 있는 것이다. 마찬가지로 로마법은 아마도 도시 동편에 위치한 산 스테파노(San Stefano) 교회의 부속건물들에서 교수되었을 것이다. 왜냐하면 12세기 초엽에 로마법 연구의 창시자였던 이르네리우스5)가 이 지역과 연관을 맺고 있었기 때문이다. 이르네리우스의 후계자들 가운데 널리 알려진 두 인물은 도시 남부에 위치한 산 프로콜로(San Procolo) 교회에 묻혔다. 다른 이들의 무덤은 도미닉회 수도원 인근에서 발견되었다. 그러나 가장 널리 알려진 13세기 로마법 교수들의 무덤은 서편 성벽의 바로 바깥에 위치한 프란시스회 수도원에 있었다. 13세기 중엽에 세워진 이 수도원은 새로운 프랑스식 고딕 건축양식을 이탈리아에 도입하는 최초의 시도들 가운데 하나였다. 볼로냐의 중심부 즉 정무관 궁의 바로 북쪽 구역에는 산 피에트로 주교좌 교회의 부속학교가 있었다. 이곳에서 볼로냐의 수석사제가 법학부의 학위를 관장하였다. 볼로냐의 전체적인 인구 구성을 반영하였던 학생 활동구역은 도시 성벽 안팎 모두에 산재해 있었다. 중세기에 교육에 관련된 통계를 정확하게 알기는 어려운 일이지마는, 13세기 중엽 볼로냐의 학생 수가 만여 명이었으리라는 추정은 상당한 근거가 있다. 대학이 전체 인구의 많은 비중을 차지했던 만큼, 볼로냐가 도시의 성벽을 너머 인근지역에까지 확장되어 나갔던 데 대학의 학생수가 중대한 기여를 했으리라는 점은 의문의 여지가 없다.

파리는 세느 강변 일 드 프랑스 지역의 심장부에 위치한 도시로서 상빠뉴를 통과하는 내륙 교역로에 인접해 있다는 이점뿐 아니라 북부 교역지대로부터도 혜택을 입었다. 파리가 유명해지게 된 데는 도시의 경제적 지위 때문이 아니라 12세기 이래로 파리를 왕국 수도로 정했던 까페 왕조의 융성에 힘입은 바 컸다. 13세기에 약 8만 명의 인구를 가진 대도시였던 파리는 군주 도시로서의 특성도 지니게 되었다. 파리에서는 결코 정치적 권한을 가진 자치공동체를 형성할 수 없었다. 왜냐하면 파리는 전적으로 군주에게 속한 도시로서, 군주는 도시를 쁘레보(prévôt)를 통해 관장하였다. 수도의 최고위 사제였던 파리의 주교도 대주교의 신분이 허용되지 않았다. 가장 가까운 곳의 대주교가 셍스(Sens) 대주교였다. 원래의 도시는 세느 강의 섬인 시떼 섬(Ile-de-la-Cite)으로서, 이는 샤틀렛(Chatelets)으로 알려진 작은 성에 의해 방어되었던 돌다리들로 강안의 두 지점에 연결되었다. 그후 오른쪽 강안 즉 시떼를 가로지르는 북쪽 지역은 성벽을 쌓아 방어하게 되었다. 13세기 초엽 군주 필립 존엄왕은 이 성벽의 경계를 확장하여,

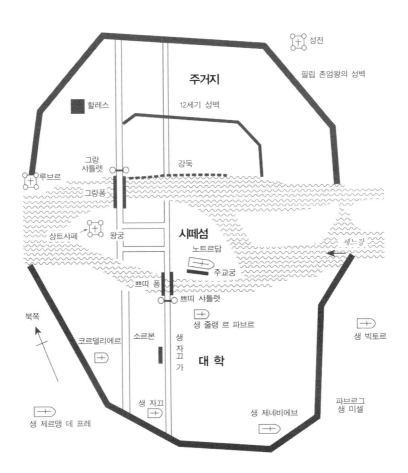

성전

필립 존엄왕의 성벽

주거지

12세기 성벽

할레스

그랑
샤틀렛

강둑

루브르

그랑퐁

상트샤페

왕궁

시떼섬

노트르담

세느강

쁘띠 퐁

주교궁

쁘띠 샤틀렛

북쪽

생 줄랭 르 파브르

생 빅토르

코르델리에르

소르본

생
자끄
가

대 학

생 자끄

파브르그
생 미셸

생 제르맹 데 프레

생 제네비에브

상트 샤펠(궁정 채플, 1246년)

도시를 완전히 에워싸도록 하였다. 또한 필립 존엄왕은 오른쪽 강안
성벽의 서쪽 끝 지점에 루브르라고 불린 튼튼한 망루를 세웠다. 일반적
으로 군주는 시떼 섬의 서쪽 끝부분에 위치한 왕궁에 거주하였다.
루이 9세는 이 왕궁의 일부를 개축하였으며, 석조 조각과 채색 유리
건축의 진수인 상트 샤페(Sainte-Chapelle) 교회도 건축하였다. 13세기
말엽에 필립 단려왕은 북쪽 편에 4개의 거대한 망루를 추가로 세웠는데

파리(16세기)

이들은 오늘날 꽁시에르제리(Conciergerie)[6]를 이루고 있다.

시떼 섬의 서쪽 부분은 오른쪽 강안과 연결되었으며, 양쪽을 연결시켜 주던 다리 위에는 상점들이 늘어서 있었다. 이 다리는 13세기에 그랑 퐁(Grand-Pont, 큰 다리) 혹은 퐁또 샹제(Pont-au-Change, 환전 다리)라고 불렸다. 왜냐하면 금세공과 환전상들이 이곳을 이용했기 때문이다. 오른쪽 강안에는 하구(portus) 및 파리의 상업지구도 들어서 있었다. 세느 강을 따라 상인들의 선창들이 늘어서 있었고, 그 뒤로는 좁은 골목들의 미로가 있었는데, 이들 골목에는 다양한 상품과 수공예품의 이름들이 붙여졌다. 필립 존엄왕은 이 지역에 할레스(Halles)라는 중앙시장을 건축하였고, 성벽 너머에는 왕실의 환전상으로 기능했던 성당 기사단 소유의 요새화된 망루도 축조되었다.

시떼 섬의 동쪽 부분은 주교 궁과 노트르담 대성당이 있는 곳으로서 주교의 관할지였다. 노트르담 대성당은 1163년에 시공되어 1270년대 까지도 완성되지 못했는데, 이 웅장한 고딕 건축물은 13세기 내내 건축을 거듭하였다. 주교좌 성당학교가 노트르담의 회랑에서 운영되었으며, 그 북편으로는 사제관이 위치하고 있었다. 시떼 섬의 주교 관할구는 쁘띠 퐁(Petit-Pont, 작은 다리)을 통해 왼쪽 강안 즉 파리의 남부지역과 연결되었다. 이 지역도 대부분 주거지역으로 기능하였으며 일부

그레브 광장에 있는 오래된 건물들과 할레스 시장(1750년 라구네)

지점에는 학교들이 들어서 있었다. 오늘날 라틴구(Latin Quarter)로 알려진 왼쪽 강안은 도시의 대학구역으로서, 성직자와 수도승 공동체들이 운영하였던 세 개의 합동교회들이 당당하게 자리잡고 있었다. 도시 성벽의 남서부와 그 외곽에는 베네딕트 수도원인 생 제르맹데 프레(Saint-Germain-des-Pres)가 위치했는데, 이곳의 석조 건축과 종탑은 지금도 건재하고 있다. 성벽 남쪽지역 가운데 언덕 위에 우뚝 솟아 있는 것이 생 제네비에브 교회였으며, 도시 남동지역에 생 빅토르 교회가 위치하였다. 이들 두 대학 교회는 12세기 이래로 중요한 학교들

생 제르맹 데 프레의 동측 외관

을 소유하고 있었다. 쁘티 퐁에서 남쪽으로 생 자끄 거리가 뻗어 있었는데, 이런 이름을 가지게 된 것은 이곳이 순례 성당이던 스페인의 산티아고 드 콤포스텔라7)로 가는 길이었기 때문이다. 이 거리를 따라가면 성벽 내의 도시지역 끝 부분에 도미닉회 탁발수도사들이 1218년에 이 거리의 이름을 따서 세운 수도원이 있었다. 그리고 조금 후대에는 프란시스회 수도사들이 생 제르맹 데 프레 쪽에 코르델리에르(Cordeliers)라 불린 또 다른 수도원을 설립하였다. 13세기 말엽에 왼쪽 강안에는 대학 및 학생들을 위한 자선 기구들이 다닥다닥 들어서게 되었다. 이들 중 가장 돋보이는 건축물은 루이 9세의 궁정 사제였던 로베르 소르본(Robert of Sorbon)이 기증했던 것으로서 생 자끄 가에서 얼마 떨어지지 않은 곳에 위치하고 있었다. 학생들의 대부분은 왼쪽

산티아고 드 콤포스텔라 대성당 남측 정면

강안에 집중적으로 거주하였으며, 그 수는 7천 명에서 8천 명에 이르렀다. 그런데 13세기를 경과하면서 이 학생들의 압력으로 인해 도시 성벽의 한계가 무너지게 되었다. 이제 많은 학생들은 생 마르셀과 같은 성벽 바깥지역 남부지구에 거주하게 되었다.

13세기에 이르면 섬과 파리의 오른쪽 강안 및 왼쪽 강안이 흔히 시떼(*la Cité*), 빌레(*la Ville*, 주거지), 우니베르시떼(*l'Université*, 대학)로 불리게 되었다. 앞으로 살펴보고자 하는 바, 국왕이 소유했던 시떼의 절반이 상업지역인 빌레와, 주교가 소유했던 시떼의 절반이 우니베르시떼와 각각 다리로 연결되어 있었다는 사실은 적지 않은 의미를 가지고 있었다.


## 5. 사회구조

볼로냐와 파리의 성벽너머로 넘쳐났던 도시민의 압력은 11세기 이래로 지속된 장기적 인구증가의 한 측면에 불과했다. 그러나 도시의 성장은 중세 사회 전반에 심대한 영향을 주었던바, 특히 학문 영역에서 그러하였다. 도시 인구는 농촌에 비해 보다 급속히 팽창하였고, 이는 농촌사회의 관습에 더 이상 얽매이지 않는 도시민의 수를 상대적으로 증가시켰다. 도시민은 기본적으로 상업활동과 연관이 있었기 때문에 땅을 경작하며 사는 농민들로서는 일반적으로 가지지 못했던 권리를 요구하게 되었다. 이들은 자신이 원하는 것을 할 수 있는 개인적 자유, 특히 원하는 곳은 어디든 갈 수 있는 여행의 자유를 요구하였다. 또한 이들은 소유의 자유 즉 자신의 소유를 원하는 바에 따라 사고, 팔고, 빌려주고, 양도하고, 처분할 수 있는 자유를 요구하였다. 이는 농업경제 체제에서 파생되었던 무거운 통행세, 독점적 권한, 인신 노동의 의무 등으로부터의 해방이라는 특별한 혜택을 의미하였다. 끝으로 도시민은 시련재판 내지 사투재판과 같은 관행적 소송절차 대신 증언과 문서적 증거에 입각한 합리적·규칙적 법률체계를 요구하였다. 도시민들은 상업활동에 불가결한 이 같은 조건들을 자신들의 자유의 핵심적 여건으로 간주하였고, 13세기에 이르면 이 조건들은 모든 도시 거주민들의 일상적 권리로서 수용되기에 이르렀다. 볼로냐와 파리를 견주어 보더라도, 정부 형태와 정치적 자유의 정도에 있어서 도시들 사이에는 커다란 차이가 있다. 그러나 모든 도시민은 이 같은 사회적·법제적 자유를 자신들의 권리로서 요구하였다. 농촌지역과 비교해 본다면, 농노제의 약화에도 불구하고 농민들이 여전히 수많은 제약들에 묶여 있었던 데 비해, 도시는 장원제적 예속의 바다에서 사회적·법제적 자유를 가진 일종의 섬이 되었다. 도시민들의 이 같은 개인적 활동의 자유는 지적 삶에도 직접적인 영향을 미쳤다. 초기 중세에는 학자들이 수도원 내지 교회라는 자신들의 피난처 너머로 나서는 모험을 감히 하려고 하지 않았다. 그러나 도시의 새로운 지식인은 도시상인의 예를 따라 지식을 추구하기 위해 널리 여행을 하였다. 도시사회는 지식의 전파에 필요한 상당한 유동성을 제공하였던 것이다.

도시민 집단의 대규모적 출현은 중세사회의 구조 전체를 혁명적으로 변화시켰다. 초기 중세 이래로 사회는 전통적으로 세 집단으로 구분되었다. 성직자, 귀족, 농민이 그들이다. 이 세상은 단순한 노동 분화의 틀에 따라 기도하고, 싸우고, 노동하는 자들로 구성되었다. 기도하고 싸우는 자들이 특권적 자유민 집단이었고, 농민들은 여기에 속하지 않았다. 그러나 도시 인구는 전통적 체제에서는 일정한 지위를 점하지 않았던 새롭고 비중 있는 사회계층이었다. 비록 도시민들도 농민들과 마찬가지로 노동에 종사하였다 하더라도, 이들은 동시에 특권과 자유를 향유하였다. 그리하여 서유럽의 도시들은 유서 깊은 3 신분제의 사회관을 해체하고, 중세를 넘어서도 지속적으로 유지될 새로운 사회계층 즉 도시 거주자, 부르주아지, 도시민(*burgenses*) 등으로 불리는 계층을 출현시키게 되었다. 더욱이 도시인들은 중세적인 노동 분업의 체계를 보다 복잡하게 개편하였다. 수공업자들이 각각의 분화된 이해관계에 따라 자신의 길드들을 증가시켰던 것과 꼭 마찬가지로, 이제

도시인들은 사회를 단순한 3 신분제로서가 아니라 다양하게 분화된 직업이라는 맥락으로 파악하기 시작하였다. 이 같은 패턴에 따라 앞으로 고찰하고자 하는 바, 도시의 학자들은 스스로를 지식의 장인으로 그리고 학교를 자신의 작업장으로 간주하기 시작했던 것이다. 결과적으로 도시사회의 분화와 전문화는 지적 활동에 필요한 새로운 공간과 명분을 제공하였다.

부르주아지의 출현은 교육에서도 중요한 자극제가 되었다. 교회의 관점에서 보면 성직자(*clericus*)라는 용어는 글을 읽고 쓸 수 있는 능력을 함의하였다. 상투적으로 말한다면, 글을 깨치지 못한 성직자란 전투능력이 없는 기사와도 같은 존재였다. 이와는 대조적으로 평신도 (*laicus*)라는 용어는, 농민을 가리키든 귀족을 가리키든, 일반적으로 문맹을 의미하였다. 물론 도시민들도 농경적 상황의 산물인 문맹자 집단 즉 평신도의 일부로 간주된 것은 사실이지마는, 그러나 도시민들이 반드시 문맹이었던 것은 결코 아니었다. 상업의 성공적 운용은 글을 읽고, 기록을 남기고, 계산하는 능력을 요구하였다. 이에 도시는 교역의 중심지로서 이러한 훈련을 제공하지 않을 수 없었다. 지중해 도시들에서 고전기 이래로 유지되었던 세속적 도시 학교들이 초기 중세시에 완전히 사라졌던가 하는 점에는 의문의 여지가 있다. 그러나 이 점과는 별도로 13세기에 와서 많은 이탈리아 도시공동체들이 평신도들에게 교육을 제공하게 되었다는 사실은 분명하다. 이 도시 학교들에서 속인 교사들은 읽기, 쓰기, 약간의 문법, 외국어, 산수, 주판 이용법, 수사학 그리고 약간의 법률학 등을 가르쳤다. 요컨대 이들은 상업활동에 유용한 과목들이었다. 더욱이 지중해 도시들에서는 공증인이라는 전문직이 생겨났다. 이들은 문서를 이서하고, 기록을 보관하며, 계약을 보증하는 등 상업활동의 법률적 영역에 종사하였다. 13세기 말엽에 볼로냐에서 공증인의 지위는 도시 중심부에 있었던 이들의 사무실 즉 기록청에 의해서도 충분히 드러난다. 이즈음 공증학을 가르치기 위한 특수학교 및 교과과정 등도 등장했는데, 이 분야에서 볼로냐는 높은 명성을 얻고 있었다. 이 같은 도시 학교 및 공증 학교의 출현은 소수의 식자층 속인 집단의 숫자와 영향력을 모두 증대시켰다. 이러한 움직임은 처음 이탈리아에서 시작되었지마는, 13세기에 이르러서는 서유럽 전역에서 그와 같은 움직임의 영향이 느껴지게 되었다.

마지막으로 도시 인구의 팽창은 교회에도 새로운 문제들을 제기하였다. 그리스도교적 용어로는, 평신도들의 정신적 욕구를 우선적으로 보살피는 성직자를 재속성직자(secular)라 불렀다. 이들은 이 땅의 세속을 사는 성직자들이었다. 이들은 정신의 완전함을 추구하기 위해 세상으로부터 격리되어 규범에 따라 생활했던 수도승 내지 수도성직자(regular)와는 구별되는 자들이었다. 재속성직자는 초기 중세에 교구라고 불린 지역조직으로 편성되었다. 각 교구에는 주민들을 사목하는 한 사람의 사제가 있었다. 이 교구들은 원래 압도적으로 농촌적인 사회의 여기저기에 흩어져 있던 주민들을 위해 편성된 조직이었다. 그러나 11세기에 들어 도시생활이 부활함에 따라 이 같이 편성된 교구조직은 인구 밀도가 높은 도시들에는 부적절한 것이 되고 말았다. 이 새로운 상황에 대응하기 위해 종래의 교구들이 분할·재분할되었으며, 새로운 교회들도 도시 안에 생겨나게 되었다. 예를 들어, 파리의 작은 섬인 시떼에는 12세기에 14개의 교구가 생겨나게 되었다. 팽창하는 도시 인구들을 위한 또 다른 해결책은 합동교회를 설립하는 것이었다. 이 합동교회는 한 사람의 교구 사제가 아니라 인구가 조밀한 여러 교구들을 동시에 돌보는 참사원이라 불렸던 성직자들로 구성되는 참사회로 조직되었다. 초기부터 주교들의 주교좌 성당들은 이러한 참사회

**왼쪽**·성 프란시스(당시의 프란시스 모습에 가까운 초상화, 1220년)
**오른쪽**·성 도미닉(코스메 투라, 우피치 박물관, 1890년)

들로 이루어져 있었으나, 11세기에 들어와서는 여타의 도시 교회들 이를테면 파리의 생 제네비에브 교회와 생 빅토르 교회 등이 이 합동교 회의 유형을 택하게 되었다. 도시 교구가 수적으로 증가하고 합동교회 들이 등장하면서 보다 많은 재속성직자가 필요하였다. 우리는 도시에 집중된 재속성직자들의 이 같은 팽창이 12세기 특히 북부 프랑스에서 학교들을 지배하는 유력한 동인으로 기능했음을 보게 될 것이다.

그러나 재속성직자들의 이 같은 팽창조차 인구 증가를 따라가기에는 충분하지 못했다. 12세기 말엽에는 대중적인 이단운동이 도시에서 움트기 시작했는데, 이는 교회를 가지지 못한 도시 대중의 수가 점차 늘고 있었음을 의미하였다. 도시 대중들에 대한 전교를 위해서는 새로 운 수단이 요구되었던바, 이 같은 시도는 13세기 초엽에 새로운 유형의

성직자였던 도미닉회와 프
란시스회의 탁발수도사들
에 의해 추구되었다. 이들 두
수도회의 빛나는 창설자들
인 성 도미닉8)과 성 프란시
스9)는 이상과 개성이 각각
달랐다. 그러나 결과적으로
이들에 대해 하나의 전체로
서 일정한 운동 패턴을 부여
하는 데 성공했던 집단은 도
미닉과 그의 추종자들이었
다. 탁발수도사들은 규율에
따라 생활했고, 전통적 서약
들 특히 청빈 서약을 했기 때
문에 수도성직자의 한 유형
으로 간주되었다. 그러나 이
들은 이 세상으로부터 도피
하여 수도원에 머물러 있기
를 거부했기 때문에 초기의
수도원 이념으로부터는 이
탈하였다. 반면에 이들은 대
중이 있는 곳에는 어디나 가
서 그들을 섬기고 보살피는

성 프란시스와 가난과의 신비적인 결혼
(오타비아노 넬리, 1425년)

활동의 자유를 주장하였으며, 또한 이들은 개인적 청빈을 강조함으로
써 재속성직자들을 지역적 이해관계에 얽어매고 있었던 교회 수입의

교황 호노리우스 3세에게 프란시스 수도회의 인준을 얻기 위해
설교하는 성 프란시스(지오도, 1295~1300년)

문제로부터 이들을 해방시켰다. 탁발수도사들의 전형적인 모습은 누더기 옷을 걸치고 대중들을 따르며 일용 양식을 구걸하는 자들이었다. 한편 서유럽 그리스도교 사회 전역에 퍼져 있던 탁발수도사들은 종국적 충성을 오직 교황에게만 바쳤다. 그리하여 이들은 서유럽 전역에서 교황정책을 수행하는 대리인들이 되고 있었다.

도미닉회 및 프란시스회 수도사들의 강렬한 열망은 대중들에게 복음을 전파함으로써, 그리고 경건한 생활을 통해 청빈에 관한 자신들의 메시지를 실천함으로써, 그리스도를 모방하려는 데 있었다. 그러나 복음을 전파하기 위해서는 지식과 교육이 요구되었다. 도미닉 수도사들은 이를 왕왕 다음과 같이 표현하였다. 즉 활은 지식을 통해 팽팽하게 당겨지며 화살은 설교를 통해 쏘아진다. 도미닉회는 자신들의 수도회가 교황청에 의해 공식적으로 승인되자, 즉각 학문의 중심지들로 진출하였다. 예를 들어 이들은 볼로냐에서는 산 도미니꼬 수도원 그리고 파리에서는 생 자끄 수도원을 설립하였다. 프란시스회 수도사들도 그 뒤를 따라 볼로냐의 산 프란체스코 수도원을 그리고 파리에서는 코르델리에르 수도원을 설립하였다. 13세기가 경과하면서 탁발수도사들은 점점 더 해박한 성직자가 되어 갔다. 그리하여 몇몇 비판가들은 이들이 지식에 대한 지나친 욕구로 인해 본연의 목적을 망각하고 있다고 비난할 정도였다. 초기 단계의 대학운동과 결부되어 이들의 경쟁은 심각한 갈등을 초래한 적도 있었다. 그러나 13세기 중엽에 이르면 당대의 가장 뛰어난 지식들이 적어도 신학과 철학 분야에서 도미닉회 수도사 및 프란시스회 수도사들로부터 나왔다는 사실이 분명해지게 되었다.

# 제3장 학교와 대학들

중세적 의미에 있어서 대학이란 장소적 개념이 아니라 한 무리의 인간집단을 가리켰다.   앞의 사진·캠브리지 대학(Peterhouse  College)

## 1. 수도원의 준비

　학교는 법률과 질서 그리고 사회적 안정이 해체되는 경우, 맨 먼저 그리고 가장 심각하게 어려움을 겪는다. 로마 제국 말기의 도시적 제도들이 와해되면서 고대의 공적 도시적 교육체제가 전반적으로 해체되었다. 지중해 연안 지역에 몇몇 학교들이 남아 있었으나, 고올과 북부 유럽의 다른 지역에서는 고전적 교육제도들이 인멸되었다. 이에 초기 중세의 혼돈기에는 수도승들이 지적 책무를 떠맡게 되었다. 사실 수도원은 불안정한 시기에 문화를 보존하는 데 매우 적합한 곳이었다. 수도원은 전적으로 수도원장에 의해서 관리되었던 만큼 정치적 질서와는 무관한 곳이었다. 또한 수도원은 농촌지역에 위치해 있었으며 방대한 토지를 소유했으므로 경제적으로도 자급자족적이었다. 당대의 혼란에서 효율적으로 격리되어 있었던 수도승 공동체는 초기 중세라는 혹한의 엄동기 동안 연약한 지식체계를 보호하는 방어막이었던 것이다. 이에 역사가들은 6세기로부터 11세기에 이르는 기간을 흔히 수도원 교육기라고 부르고 있다.

　물론 수도승의 일차적 목표는 다른 이들을 가르치거나 문화를 보전하는 일이 아니라, 기도와 예배 그리고 정신적 완전함을 통해 신에게 봉사하는 데 있었다. 그럼에도 불구하고 6세기에 서구 수도원 운동의 기초를 닦은 베네딕트 수도원의 규칙[1]은 하루의 일정한 시간을 신성한 독서(*lectio divina*)에 할당하였다. 수도승은 성서, 교부 및 기타 성스러운 저술들을 읽음으로써 명상적인 생활에 필요한 영적 양식을 얻었다. 그러니까 '신성한 독서'가 제도화되면서 모든 수도원은 각각 도서관을 두었고, 수도승들에게 문자의 해독을 요구하였다. 고대 학교들이 더 이상 기능할 수 없게 되자, 수도원은 그들 자신의 공동체에 학교를 제공할 필요성을 느끼게 되었다. 이 같은 필요성은 부모들이 자녀를 수도 생활에 몸바치도록 하는 일이 점차 관행화하면서 더욱 강화되었다. 수도원 학교는 흔히 그 지역에서 유일한 교육기관이었던 만큼, 수도승들은 인근의 어린이들 역시 교육시켜 달라는 압력도 받게 되었다. 당연한 일이지마는 수도자들에게는 수도원적 이념에 전념하지 않는 국외자의 존재가 정신적 집중을 흩뜨리는 요소였으며, 또한 이는 격리된 수도원에 세속적인 것들을 유입시키는 요소였다. 이 문제에 대한 한 해결책이 수도원 교육을 내부 학교와 외부 학교로 분리하는 것이었다. 즉 수도자들을 위한 내부 학교와 더불어 모든 일반인들을 위한 수도원 부속의 외부 학교를 수도원 바깥에 세우게 되었던 것이다. 그러나 부유한 수도원들이 이러한 해결책을 감당할 수는 있었다 하더라도, 여전히 수도승들이 자신들의 교육적 직무의 당위성에 대해 확신을 가진 것은 아니었다. 신에 대한 사랑과 지식에 대한 열정은 명백히 상호 관련이 있는 것이었지만, 동시에 이들은 서로 갈등을 초래할 수도 있었다. 이 점에 관한 한 6세기 카씨도루스[2]는 비바리움 지역에 있던 자신의 수도원에 학교를 세우고 수도승들을 위한 교육용 지침서를 집필함으로써 한 모델을 제시하였다. 그러나 수도원 운동의 위대한

왼쪽 · 성 베네딕트(페루지노, 1450년경)　**오른쪽** · 교황 그레고리 1세(10세기 말엽)

영웅인 베네딕트 누르시아[3]와 교황 그레고리 1세[4]는 이 점에서 다소 애매한 태도를 취하였다. 이들은 초기에 수도원에서의 학문활동을 도입하였으나 후기에는 보다 높은 소명을 위해 이를 포기하고 말았다. 이러한 전례와 실제적인 어려움으로 인해, 수도승들은 교육자로서의 자신들의 역할에 대해 확립된 견해를 가지지 못하였던 것이다.

그렇기는 하지마는 초기 중세라는 여러 세기 동안 수도승들은 지식의 성격에 그들의 흔적을 뚜렷하게 남겼다. 수도승들이 극히 불완전한 현실로부터 분리되어 정신적 완전을 추구했던 것은 사실이다. 그러나 동시에 수도원은 엘리트 집단의 피난처였으며, 수도승들은 사회의 최상층 신분들로부터 선택되었다. 수도승은 애초부터 자유민 계층 출신들로 구성되는 것이 일반적이었는데 중세사회에서 귀족의 등급화가 진전되자 수도원은 이들 부유한 가문 출신들로 채워지게 되었던 것이다. 정신적으로든 사회적으로든 수도승은 성직자라는 귀족이었던 셈이다. 현세를 사는 천사의 후예로서 수도승은 신에 대한 자신의 헌신을 아름답게 하는 데 필요한 비용과 노력을 조금도 아끼지 않았다. 이들은 서한을 기초하거나, 강론을 준비하거나, 명상을 기록할 때, 언제나 그것이 제대로 작성되었는가에 관심을 기울였다. 이들은 자기 저술의 문학적 품위를 높이기 위해서 고전 고대의 저작들을 수집하고 해독하였다. 그리하여 이교도였던 버질, 키케로 심지어 오비디우스까지 신의 영광을 드러내고자 했던 수도승들의 저술에 활용되었다. 자신의 도서관에 소장할 책들을 필사하면서, 이들은 원본을 번역하고 수정하며 삽화를 넣는 등의 고된 작업을 마다하지 않았음은 물론 값비싼 양피지, 채색 잉크 그리고 금박장식 같은 것에도 아낌없이 비용을 지출하였다. 한 권의 책을 만드는 작업은 마치 기도하고 단식하는 것과 마찬가지로 신에 대한 진정한 봉사를 의미하였다. 수도원 필사본들의 위대한 아름다움은 수도승들의 인내와 헌신의 소산 바로 그것이었다. 시간의 흐름과 세속의 갈등을 등진 채, 농촌에 조용히 칩거했던 수도승들은 은둔 속에서도 나름의 학문을 함양하였던 것이다. 또한 수도승들은 자신의 인식의 지평을 넓히기 위해 여행지에서 서한을 보내곤 하였다. 수도승의 주거환경에 대해서는 4세기 그리스도교 수도원 운동의 아버지였던 안토니[5]가 다음과 같은 탁월한 묘사를 남기고 있다. "독방에 자리하고 계십시오. 그 독방이 당신에게 모든 것을 가르쳐 줄 것입니다. 자신의 독방을 벗어난 수도승은 물을 떠난 고기와 같습니다."

이 같은 이상에도 불구하고, 초기 중세사회의 혼돈스런 상황은 수도원적 은둔을 방해하고 있었다. 수도승들은 학교의 관리뿐만 아니라,

성 안토니, 은둔자 폴을 만나다(로렌조 모나코, 1426년 이전).

환자들을 위해서는 병원을, 빈민들을 위해서는 구호를, 죽은 자에게는
묘지를 제공해 줄 것을, 그리고 평신도들을 위해서는 성사를 집전해
줄 것을 요청 받았다. 그러나 11세기의 인구 증가와 도시의 부활에
힘입어 재속성직자가 그 영향력을 회복하게 되자, 이들은 수도승들의
평신도에 대한 설교 및 성사의 집전권에 대해 이의를 제기하기 시작하
였다. 특히 이들은 수입원이 되기도 했던 혼인과 장례 그리고 십일조에
대한 전통적 관리권을 재확보하고자 하였다. 이 같은 움직임의 일부가
수도승들의 수도원 밖 사목활동을 제한하는 조치였다. 또한 재속성직
자들은 학교를 운영하는 수도원의 권한에 대해서도 이의를 제기하였

클루니 분원의 수도원이었던 에크레 사원(영국 노폭 지방, 1089년)

우르반 2세가 클루니 수도원을 축성하는 모습(12세기 말엽)

다. 12세기 도시의 한 법령은 다음과 같이 기록하고 있다. "만약 당신이 수도승이라면, 당신은 일반 대중을 위해 무엇을 하고자 하시오? 나는 이들을 가르치기를 원합니다. 그것은 당신의 직무가 아니오, 당신의 직무는 우는 일입니다. 당신은 세속을 떠난 자이니 만큼 세상 것을 추구하기보다는 당신 자신을 가르치는데 더욱 힘쓰시오." 이제 수도승들은 점점 더 수도원적 은둔에로 되돌아가도록 종용받고 있었던 것이다. 1163년 교황 알렉산더 3세는 수도승들이 법학과 의학을 공부하기 위해 수도원을 떠나는 것을 공식적으로 금지하였다. 이러한 학문은

생 제르메르 드 플리 성당(1260~1265년)

수도승들로 하여금 세속사에 직접적으로 개입하도록 만들기 때문이었다. 특히 의학은 수도승들에게 여성과의 접촉을 빈번하게 만들어 수도승의 순결서약을 완화시키는 부작용까지 가지고 있었다.

재속성직자의 이러한 도전에 대한 수도원의 대응은 종래의 교육적 책무에서 손을 떼거나, 심지어 이를 부정하는 것이었다. 예를 들어, 당시 가장 명성이 높았던 클루니 수도원6)의 원장은 수도원의 외부 학교를 12세기에 폐교하였다. 기베르트 노젠트7)는 11세기 말엽의

**왼쪽 · 성 베르나르 끌레르보 부조**
**오른쪽 · 시토 수도원에서 가르치고 있는 성 베르나르(샹티히, 꽁데 박물관, 1450~1460년)**

귀중한 자서전적 저술에서 이 점에 관해 다음과 같이 전하고 있다. 생 제르메르 드 플리 수도원에 입회했을 때, 그는 자신의 연구를 단념하라는 강요를 받았다. 이는 그가 전직 교사였음에도 불구하고 수도회의 구성원이 되기 위해서는 불가피한 일이었다. 그가 학문적 관심을 유지하는 길은 한밤중에 덮개로 빛을 차단하고 책을 읽는 수밖에 없었다. 동료 수도승들이 그것을 달가워하지 않기 때문이었다. 학교에 대해 적대적이게 된 이 새로운 태도는 시토 수도회8)에서 가장 확실하게 확인된다. 시토파야말로 12세기에 가장 대중적이고 열정적인 수도원 개혁운동의 기수였던 것이다. 시토 수도승들은 거칠고 황량한 지역으로 은둔하여 세상을 등지고 살았다. 봉사의 다른 형태들에 비해 육체적인 노동의 의무를 강조하였던 이들은, 자신들의 규정집에서 외부 학교를 배제하였으며, 내부 학교들도 기초 교육을 습득하고 일정한 연령에 달한 자들에게만 허용함으로써 그 비중을 최소화하였다. 시토파는 자신들의 개혁을 정당화하기 위해 도시에 있는 재속성직자들의 새로운 학교까지 비판하였다. 12세기 전기에 시토파 수도회를 실제로 주도하였던 탁월한 지도자는 베르나르 끌레르보[9]였다. 그의 위업 가운데 하나는 파리의 학생들을 성스러운 생활로 전환시키고, 특히 새로운 입회자들을 시토 수도회로 불러모으기 위해 행한 복음주의적 선교활동이었다. 그는 청중들에게 "이 바빌론을 떠나 당신의 영혼을 구하시오. 황야의 수도원으로 도피하시오. 그곳의 묵묵한 바위와 산림이 세속의 교사들보다 더 큰 경건을 가르쳐 줄 것이오" 라고 설교하였다. 후대의 수도원 학자들을 고취시켰던 연설들에서, 그는 그리스도가 유일한 스승이었던 수도원 학교의 조화·평화·확실성을 오류투성이의 교사들이 강의를 담당했던 도시 학교의 불화·논쟁·회의와 대비시켰다. 의심할 여지없이 베르나르의 대응은 교육에 관해 베네딕트와 교황 그레고리 1세가 가졌던 유서 깊은 유보적 태도에로의 복고적 경향을 드러내는 것이었으며, 동시에 그것은 성장하던 도시들에 대한 새로운 적대감을 표출한 것이기도 하였다. 예를 들어, 당시 데우즈 수도원의 원장이었던 루퍼트는 도시에 대한 하느님의 분노가 언급된 성서의 페이지들을 일일이 열거하였다. 인류의 첫 번째 살인자인 카인이 도시 생활의 창시자였으며, 여리고 도성은 신의 사람들에 의해 제거되었고, 바벨·바빌론·아수르·니느웨 등은 모두가 신의 진노를 산 대상이었던바, 당대의 도시들이 바로 소돔과 고모라의 부활을 드러낸다는 것이었다.

수도원 교육시대의 위대한 지식인들 가운데 마지막 인물은 노르망디

성 안셀름 캔터베리와 마틸다 백작부인과의 만남(지오반니 프란체스코 로마넬리, 17세기)

지역 벡 수도원의 원장으로서 후일 마지못해 캔터베리 대주교까지 역임한 성 안셀름[10]이었다. 11세기 후엽 30여 년 동안 이 작은 수도원의 수도승, 분원장 그리고 수도원장으로 일했던 안셀름은 비교적 은둔해서 활동하고 명상했기 때문에 그 주변에는 단지 소수의 제자들만이 있었다. 그가 우정어린 편지를 쓰든, 경건한 기도문을 작성하든 혹은 신의 존재를 증명하기 위한 철학적 논증을 구상하든, 그는 언제나 수도원적 안정에 의해 숙성되었던 창조적 독창성을 발휘하였다. 50여 년 후 베르나르 끌레르보는 안셀름 벡의 지적 역할을 부인하였다. 베르나르 역시 천재적 재능을 가졌다는 점에서 동급 수준의 인물이기는 했지마는, 그러나 그의 이 같은 태도는 12세기 수도승들이 취했던 교육의 폐기를 단적으로 예시하는 것이었다. 안셀름 이후 스콜라 사상계에서 그의 대를 이은 뛰어난 학자는 피터 아베라르[11]였다. 그러나 안셀름과 아베라르 사이의 시기에 교육혁명이 일어났다. 이제 학문은 농촌의 수도원에서 도시의 학교로 이전되었던 것이다.

## 2. 개인주의 시대

피터 아베라르와 그의 제자였던 존 솔즈베리의 학문활동은 우리에게 12세기라는 새로운 상황의 분위기를 시사하고 있다. 브리턴 기사의 아들이었던 아베라르는 로쉬와 파리에서 철학을, 그리고 라옹에서는 신학을 열정적으로 공부하였다. 일단 그 자신이 교수가 되자, 그는 학교를 파리에서는 노트르담과 생 제네비에브, 일 드 프랑스 지역에서는 머룽과 코베이유, 샹빠뉴 지역에서도 이곳 저곳으로 쉴새없이 옮겨 다녔다. 그가 편력생활을 했던 이유는 부분적으로는 그에 대한 학문적 반대자들의 공격 그리고 부분적으로는 그의 다른 교수들에 대한 공격 때문이었지마는, 그러나 그는 일군의 학생들로부터 변함 없이 존경을 받았으며, 지적 논쟁을 통해서 학문적 영예를 추구하였던 대학의 귀족이었다. 그보다 젊은 영국인 동료 존 솔즈베리도 파리에서 약 12년 동안 다양한 학과를 적어도 8명 이상의 교수들로부터 강의를 듣는 등 학창시절에 대해 생생한 기록을 남겨 놓았다. 이들 두 학자는 열정,

제4차 라테란 공의회 소묘화(마리오라 매튜오 연대기)

탈형식, 재치 및 다양성에 의해 활력을 회복한 새로운 교육의 시대의
프론티어가 되었다. 이들 새로운 영웅들은 아베라르와 같이 강한 개성
을 가졌던 교수들이었다. 정신적 · 인격적 탁월성을 갖추었던 이들은
일군의 찬탄자들을 자신의 강의실로 불러들였다. 수도승의 은둔과
정주적 특성을 거부하였던, 이 새로운 유형의 교수와 학생들은 마치
떠돌이 상인들과도 같이 지식이라는 상품을 구하고 교환하기 위해
여러 곳을 떠돌아다니게 되었던 것이다.

  학교의 증가는 명백히 서유럽 지역에서 확산되었던 도시의 부활에
힘입은 바 컸다. 교수들은 더 많은 학생을 찾아 인구의 중심지로 끊임없
이 모여들었다. 앞으로 살펴볼 것이지마는, 적어도 북부 유럽에서는
대부분의 교사와 학생들이 재속성직자의 일원이었기 때문에, 왕왕
학교는 대성당의 수도원 내지 기타 도심의 교회에서 열리게 되었다.
물론 몇몇 성당 학교들은 초기 중세에 설립되었다. 그러나 교황청은
12세기에 들어와서 학교의 설립을 장려하는 새로운 조치를 취하게
되었다. 1179년의 라테란 공의회[12]에서 교황 알렉산더 3세는 모든
대성당 참사회가 가난한 학생들에게 무료로 문법을 가르칠 수 있는

교사들을 각각 지원해 주도록 요청하였다. 뒤이어 개최된 1215년의 라테란 공의회에서 교황 이노센트 3세는 앞서의 교황령이 광범위하게 실천되지 못한 데 대해 불만을 느끼고, 이를 개정하여 대도시의 참사회에 대해 신학부 교수를 추가로 한 사람씩 더 지원해 줄 것을 요청하였다. 물론 이러한 교황령들은 현실이 그러했다기보다는 희망 사항을 표현한 것이었다. 그러나 여전히 이들은 성당학교의 중요성을 드러내고 있다. 12세기 대부분의 도시 학교들과 마찬가지로, 이 성당학교들도 한 사람의 교수를 중심으로 하고 있었다. 12세기 말엽 파리의 신학자였던 스테판 랑톤(Stephen Langton)[13]은 당시 상황을 다음과 같이 묘사하였다. 그리스도가 자신의 제자들을 부르는 복음서의 기록을 주석하면서, 랑톤은 그것을 학교에 입학하려던 학생들에 비교하였다. 학생들은 먼저 수강을 원하는 교수의 이름을 찾아, 그가 맡은 강의에 참석해서, 한두 번 정도 그것을 들어보았다. 만약 강의가 마음에 들면 그의 학생으로 등록했으며, 만약 이것이 받아들여질 경우 학교 내에 한 장소가 그에게 배정되었고, 그렇게 함으로써 학생은 교수의 완전한 제자가 될 수 있었다.

개별 교수가 학교를 이루었던 만큼, 각 학교는 교수의 관심에 따라 특성화되었다. 서유럽의 여기저기에 흩어져 있는 20여 도시 학교가 있는 각각의 도시들은 특화된 학문적 영역으로 인해 명성을 얻게 되었다. 12세기 초엽 샤르뜨르는 자유학예로 인해 명성을 얻었으며, 오를레앙도 곧 이 같은 명성을 얻게 되었다. 그러나 중세를 통틀어 인문학에서 탁월한 명성을 누렸던 곳은 의심할 여지없이 파리였다. 더욱이 파리는 신학에서도 뛰어난 중심지가 되었다. 그러나 12세기 초엽에는 렝스와 라옹 역시 파리와 더불어 신학의 중심지로서 명성을 누리고 있었다. 톨레도 성당학교는 그리스어와 아랍어로 된 과학적

살레르노의 의학 편람서

저작들을 번역하는 중심지로 명성을 얻었으며, 지중해 연안의 도시들인 살레르노와 몽펠리에는 의학을 꽃피웠다. 법률학 교육은 파리, 오를레앙, 몽펠리에에서도 이루어지고 있었으나, 법률학의 중심지는 볼로냐였다. 이 같은 학문의 특성화 양상에 대해 13세기 초엽의 한 설교가는 다소 냉소적으로 이렇게 지적하였다. 즉 "파리의 학자들은 인문학을, 오를레앙에서는 고전적 저작들을, 볼로냐에서는 법률의 편찬 작업을, 살레르노에서는 약제단지를 그리고 톨레도에서는 악마를 연구하였다. 그러나 훌륭한 예의범절을 추구하는 곳은 어디에도 없었다"라고.

## 3. 대학의 출현

12세기 말엽까지는 복잡한 학자들의 무리 내부에서 약간의 조직화가 이루어졌다. 몇몇 곤혹스러운 상황들을 겪으면서 학생과 교수들은 모두 보다 효과적인 방식으로 자신들을 조직해 나갔다. 경제적 성장으로 인해 고무되어 학자들의 숫자도 기하급수적으로 증가하였다. 그리하여 13세기에 이르면 주요 대학 도시들에서 대학인 비율은 대략 전체 주민의 10퍼센트를 점할 정도였다. 이처럼 대학인의 숫자가 증가하자, 이들에 대한 규제의 필요성이 제기되었다. 특히 볼로냐와 파리에 소재한 학교들의 명성은 여타 대학의 명성을 압도하기 시작하였다. 이곳들은 학문의 중심지들로서 서유럽 전역에서 교수와 학생들이 모여들었다. 예를 들어 13세기에는 이탈리아, 영국 그리고 독일 출신의 뛰어난 학자들이 파리로 모여들었다. 그리하여 13세기 중엽에 이르러서는 파리 대학 교수단에서 손꼽을 만한 프랑스 출신 학자들을 거의 찾아보기 어려울 정도였다. 비록 교수들이 모국어를 달리하는 지역 출신이라 하더라도, 라틴어는 교육의 공통 언어였다. 만약 지식의 보편 공동체가 있을 수 있다면, 그것은 중세 대학들에서 발견될 수 있을 것이다. 그러나 지역민의 입장에서 볼 때, 이들은 법률적 권리를 가지지 못한 외국인들이었다. 따라서 이들은 영주, 상점주, 심지어 경찰에 의해 좌지우지될 수도 있었다. 결국 교수와 학생들은 스스로를 상호 보호하기 위해서 일종의 조직을 갖출 수밖에 없었다. 중세 도시에서는 이 같은 목적을 위해 가장 손쉽게 활용할 수 있는 모범이 길드였기 때문에, 학자들은 스스로를 일종의 교역 내지 제조업에 종사하고 있다고 간주하고 공통의 이익을 위한 조직을 구성하게 되었다.

13세기 대학의 출현은 이러한 길드 조직을 교육에 적용한 것이었다. 용어 자체가 그 기원을 선명하게 드러내고 있다. 대학이란 단순히 학생 또는 교수들이 자신들의 상호 보호를 위해 구성한 일종의 조합 내지 서약공동체였다. 중세적 의미에 있어서 대학이란 장소적 개념이 아니라 한 무리의 인간집단을 가리켰다. 결국 이들은 한 사람의 총장에 의해 대표되었는데, 총장(rector)이라는 명칭 역시 길드에서 차용해 온 것이었다. 이러한 조직들의 특정적인 한 직무가 회원 자격에 대한 허가를 규제하는 일로서, 이를 위해 대학들은 흔히 지역단(nation)이라 불린 단위조직으로 분화되었는데, 이는 또한 국제적인 학자집단의 필요성을 충족시키는 데에도 도움이 되었다. 공통의 권리를 보호하기 위해 학생 내지 교수들의 조합은 도시정치의 와중에서 강하고 효율적인 집단이 되었다. 이들이 가졌던 힘 가운데 하나는 물질적 소유라는 측면에서 볼 때 무소유의 힘이었다. 이들은 도시 당국에 의해 손쉽게 몰수될 수도 있었던 토지 내지 건물과 같은 부동산을 가지지 않았던 가난한 조합들이었다. 그러니까 학자들의 주된 무기는 강의 거부 혹은 파업이었다. 예를 들어 대학이 제기한 불만들이 해결되지 않을 경우, 물질적 조건에 묶여 있지 않았던 대학은 강의를 중단하고, 다른 도시로 퇴거해 버릴 수 있었다. 인구의 중요한 일부가 도시를 떠날 경우 심각한 경제적 타격을 피할 수 없을 것이므로, 도시 당국은 학자들의 요구에 대해 전반적으로 수용하는 태도를 취했다. 파업의 자유는 오늘날 노동조합에서 그러한 것만큼이나 중세 대학에서도 소중한 것이었다.

## 4. 볼로냐 대학

학자들의 공제조직은 12세기에서 13세기로의 전환기에 볼로냐와 파리에 처음 등장하였다. 이곳의 두 대학은 중세에 가장 우수한 대학으로서, 이후 다른 유럽 대학들의 모델이 되었다. 그러나 이들은 서로 다른 유형의 대학을 만들었는데 볼로냐가 학생들의 대학이었다면 파리는 교수들의 대학이었다.

12세기 말엽까지는 법학 연구 분야에서 볼로냐 대학은 가장 유명하였다. 공제조직은 법학부 학생들로부터 유래되었는데, 다수의 학생들이 외국인으로서 속인들이었다. 따라서 이들의 상호 보호에 대한 욕구는 절실한 것이었다. 법학부 교수들은 대부분 볼로냐의 시민 또는 성직자였으므로 이 문제로부터는 자유로웠다. 학생조합은 자신들의 대표로 평의원과 총장을 선출함으로써 점진적이고 자발적으로 조직화 과정을 진전시켰다. 이들의 잠재적 힘에 놀란 볼로냐 코뮌은 학생들이 독자적인 단체가 아니라 단지 법학부 교수들의 제자들임을 주장함으로써 이들 조직을 불법화하였다. 그러자 학생들은 일련의 파업과 인근 파두아로의 이주를 통해 이에 대응하였다. 학생들을 대신한 교황청의

법학자 롤란디노 파사게리(1300년 사망)의 영묘(볼로냐 대학)

압력과 사업상의 손실 위협에 마침내 굴복함으로써, 볼로냐 코뮌은
1245년 길드의 구성에 관한 기본 조건들을 대폭 양도하였으며, 특히
코뮌은 서약공동체를 조직하고 총장을 선출하는 학생들의 권리를 인정

하게 되었다. 일단 이 같은 파격적 조치가 취해지자, 코뮌은 다른 도시와의 경쟁에서 더 많은 학생들을 유치하기 위해 대학에 모든 종류의 특권과 이익을 허용하였다. 볼로냐 시민의 입장에서는 대학이 훌륭한 사업거리였던 것이다.

볼로냐 대학의 구조는 13세기 후반까지는 분명해지게 되었다. 법학부 학생들은 두 개의 조합으로 조직되었는데, 하나는 이탈리아 출신 학생들을 위한 것이고, 다른 하나는 알프스를 넘어온 학생들을 위한 것이었다. 이 조합들은 각각 지역단으로 세분되었는데, 예를 들어 알프스를 넘어온 학생들은 14개의 지역단으로까지 세분되기도 하였다. 종국적으로는 인문학부와 의학부 학생들도 각각의 조합을 결성하였는데, 이들은 중요 문제에 관해서는 수적으로 다수였던 법학부 학생들과 연대하였다. 13세기 초엽 법학부 교수들 역시 자신들의 길드를 조직하였다. 그러나 이것은 나중에 결성되었으며 또한 이들의 요구가 긴급한 것이 아니었기 때문에, 교수조합은 학생조합의 사법적 관리 하에 놓이게 되었다. 학생조합이 교수조합에 대해 우위에 서게 된 주요 원인은 경제적인 데 있었다. 다수의 교수들이 속인이었고 교회의 성직록을 가지고 있지 않았기 때문에, 교수들의 생계는 강사료에 의존할 수밖에 없었다. 13세기 말엽 도시정부가 석좌 교수직을 제정하여 교수들에게 급료를 지불하게 되었을 때도, 볼로냐에서는 학생투표를 통해 이것이 결정되었다. 그러니까 학생들은 교수들의 생활을 세밀하게 규제하였다. 만약 교수가 단 하루라도 휴강하려고 할 경우, 학생 대표로부터 결강 허가를 받아야 했다. 만약 교수가 도시를 떠나려 할 때는 반드시 허가서를 제시해야만 하였다. 또한 교수가 하루라도 확보한 수강생이 5명이 못 될 경우 그는 결강자로 간주되어 벌금을 물어야 했다. 교수는 엄격히 시간을 채워야 했으며, 강의는 강의계획서에 기록된 날짜를 반드시 지켜야 했다. 앞으로 살펴보겠지만, 볼로냐 대학에서 교수가 학생들에 대해 유일하게 가졌던 독점적 우위권이 있었다면 그것은 학위취득 후보자 명단을 인정하는 권한뿐이었다.

## 5. 파리 대학

볼로냐에 비해, 거의 같은 시기에 파리에서 형성되었던 조합은 교수들로 구성되었다. 이 같은 차별성을 설명해 주는 가장 뚜렷한 특징은 파리의 경우 교수와 학생의 대부분이 성직자였다는 점이다. 처음부터 교수는 물론 학생들도 사제적 신분에게 보장되는 기본적 피보호권을 가지고 있었다. 교회의 성직록으로부터 나오는 정규 수입이 교수들에게는 물론 학생들 사이에서도 일상화되어 있었다. 물론 몇몇 경우에는 교수들이 학생들로부터 정규적으로 수업료를 받았지만, 그러나 보다 많은 명성을 누렸던 상당수의 교수들은 교회에서 나온 생활비로 경제적 독립을 향유하고 있었다. 더욱이 파리의 교수들은 출신지역 면에서 볼로냐의 교수들에 비해 훨씬 더 국제적이었기 때문에, 이들 외국인 교수들에 대한 보호 역시 각별히 요구되었다고 하겠다. 인문학부의 학생과 교수들이 다른 학문 영역에 비해 수적으로 훨씬 많았으며, 인문학부 학생들이 당시 볼로냐의 법학도들에 비해 어렸고 교수들의 숫자는 많았기 때문에, 파리 대학은 교수들의 조합체로 출발하게 되었던 것이다. 학생들은 단지 교수들과의 관계를 통해서만 나름의 권리를 가질 수 있었다.

파리의 교수조합은 12세기 말엽으로까지 거슬러 올라간다. 그러나 조합의 권리와 조직에 관한 규정은 도시 당국과의 논쟁을 통해서

13세기에 출현하였다. 이제 검토하겠지마는, 교수조합에 대한 최대의 반대자는 노트르담의 총원장으로서 그는 교수자격증을 발급하는 한편, 시민 세력과의 갈등도 야기하고 있었다. 파리에서 정기적으로 촉발되었던 도시와 대학 간의 분쟁에 개입한 학자들을 어떻게 다룰 것인가 하는 문제를 놓고 끊임없이 마찰이 빚어지게 되었다. 기록으로 확인되는 첫 번째 소요가 1200년에 일어났는데, 이때 필립 존엄왕은 교수들이 도시를 떠날까 염려하여 교수들의 사제적 특권을 서둘러 승인하였다. 그런데 유명해진 한 사건이 1229년 사순절을 앞둔 시기에 다시 발생하였다. 이는 생 마르셀 파브르그의 학생과 도시민들 사이에 전반적으로 있어 온 적개심 때문에 발생된 사건으로서, 이 사건의 와중에 여러 명의 학자들이 경찰에 의해 피살되었다. 어느 편에 잘못이 있었는지를 가늠할 틈도 없이, 교수들은 성직자를 살해한 관계자들을 중벌에 처할 것을 요구하였다. 그러나 당시 어린 루이 9세를 대신하여 프랑스를 섭정하였던 모후는 왕실경찰의 입장을 두둔하였다. 이에 교수들은 강의를 중지하고 오래지 않아 파리를 떠나 버렸다. 파리 대학의 이 같은 강의중단과 이주 사태는 1231년까지 지속되었는데, 이 사태는 도시민과 교황청이 왕실 정부에 대해 교수들의 요구를 받아들이도록 설득함으로써 비로소 종식되었다. 이때 교황 그레고리 9세는 대학의 기본 권리들을 명확히 규정한 교황령을 반포하였다. 이제 교수단은 정관을 제정하고 집행하는 완전한 권위를 가진 단체로 인정받게 되었을 뿐만 아니라 강의를 거부할 권리 역시 보장받게 되었다. 교황들은 대학이 자율권을 확보하기 위해 13세기 내내 벌인 투쟁들에서 대학을 전반적으로 후원해 줄 만큼, 파리 대학은 교황청이 총애하는 기관이 되어 갔다.

대학 조직은 13세기 중엽 그 특권에 대한 최후의 위협을 경험하였다.

캠브리지 대학(코푸스 크리스티 칼리지, 1352년)

1253년 사순절을 앞둔 시기에 또 다른 분규가 발생하여, 교수 한 명이 살해되자 강의가 다시금 중단되었다. 이때 도미닉회와 프란시스회 소속 교수들은 파업 동참에 거부하였다. 이에 재속사제 출신 교수들은 대학인을 징계할 수 있다는 자신들의 권리에 따라 수도사제 출신 교수들을 대학에서 추방하였다. 수도사제 교수들은 대학 조직의 권위에는 복속하지 않으면서 그것의 특권들만 향유하려 한다는 이유 때문이었다. 더욱이 수도사제 교수들은 학문적 영역에서 재속사제 교수들과 강력한 라이벌 관계에 있었던 만큼 분쟁은 더욱 깊어졌다. 교황청도

옥스퍼드 대학 칼리지

한동안은 수도사제 교수와 재속사제 교수들 사이에서 지지 입장을 번갈아 가며 바꾸었기 때문에 혼란은 쉽게 끝나지 않았다. 그러나 결과적으로 재속사제 교수들이 주도하는 대학조직이 우위를 점하게 되었고, 수도사제 교수들도 이를 조용히 수용함으로써 마침내 분쟁은 일단락되었다. 이 같은 분쟁의 와중에서 두 사람의 걸출한 학자 즉 프란시스회의 보나벤쳐와 도미닉회의 토마스 아퀴나스가 파리 대학의 교수단에 발을 들여놓게 되었다는 사실은 흥미로운 일이 아닐 수 없다.

파리 대학은 활발하게 교육에 종사하는 교수들에 의해 4개 학부로 구성되었다. 3개의 상급 학부가 신학부, 교회법학부, 의학부로서, 이들은 각각 학장으로 대표되는 소수의 교수진으로 이루어졌다. 기초 학부인 인문학부에는 수백 명의 교수들이 있었으며, 4개의 지역단으로 세분되었고, 각 지역단은 학감에 의해 대표되었다. 그리고 전체 학부를 이끄는 관리권은 총장에게 있었다. 원래 인문학부 교수단의 대표로 피선되었

옥스퍼드 대학 교회

던 총장은 구성원들에 대한 지휘권과 재정에 관한 책임을 담당함으로써 결국 대학 전체를 대표하게 되었다. 가난한 조직이었던 대학은 학부 모임을 위한 장소로 교회를 빌렸는데, 가장 많이 빌려쓴 장소가 오늘날 노트르담 대성당의 맞은편 왼쪽 강안에 위치한 생 줄랭 르 파브르라는 작은 교회와 생 자끄 가에 위치한 도미닉회 수도원 등이었다. 이곳에서의 모임은 라틴 구 거리에서 학생들이 취했던 행동 못지않게 무질서하였다.

13세기에 설립되었던 대부분의 대학들은 파리 대학과 볼로냐 대학을 이러저러한 방식으로 모방하였다. 옥스퍼드와 캠브리지 같은 영국 대학들은 인문학과 신학이 강했으며 파리 대학을 따라 교수조합을 구성하였다. 파두아 대학과 같은 기타 이탈리아 대학들 그리고 법학을 특화하였던 프랑스의 오를레앙 대학 등은 볼로냐 대학의 학생조직을 모델로 하여 편성되었다. 이 같은 모방은 파리 대학과 볼로냐 대학에 대한 당대의 예찬을 적나라하게 드러낸다고 하겠다. 동시에 우리는 이 시기 독일에서는 여하한 대학도 설립되지 않았음을 기억할 필요가 있다. 이는 무엇보다도 신성로마제국 내의 독일 지역을 휘감은 혼란을 말없이 증언하고 있는 셈이다. 12·13세기에는 독일 학생들도 일반적으로 이탈리아와 프랑스에서 학문을 연마하였다. 중세 말엽에 이르러서야 비로소 독일인들은 그들 나름의 대학들을 가지게 되었다.


## 6. 대학의 학위

비록 복음서는 그리스도교도들에게 허영에 매달려 교수라는 지위를 좇지 말라고 경고하였지만, 이론상으로 보면 중세의 모든 학생들은 교수직을 학문 생활의 목표로 설정하였다. 13세기에는 교수와 박사라는 명칭이 아직 구별되지 않았다. 교수와 박사는 본질적으로 가르치는 권위를 가진 자들을 의미했던 만큼, 학위와 가르치는 직책이 동일시되었던 것이다. 학위 취득은 서로 다른 두 유형의 여건에 의해 규제되었다. 북부 유럽에서는 교육이 대체로 재속사제의 책무였기 때문에 가르칠 권리 내지 교수자격증이 교회 당국에 의해 관리되었다. 모든 주교좌성당 및 지역과 교구교회는 각각의 교구 사법권 내에서 교사 자격을 부여하는 권한을 가졌다. 12세기에는 이러한 규제가 일반적으로 지방화되어 있었는데, 이는 당시 학교가 여러 지역에 산재해 있었음을 반영한다. 교사 자격을 관장하는 교회 관리를 에꼴라트르(écolâtre)라 불렀는데, 이는 교회 학교의 주임 교사로서, 총원장 혹은 참사회의 다른 고위 사제가 담당하였다. 예를 들어 파리에서는 교사 자격이 시떼 섬 노트르담 대성당의 총원장 또는 왼쪽 강안의 생 제네비에브 수도원장에 의해 부여되었다. 아베라르의 불운은 많은 부분이 파리와 라옹에서 교수자격증을 얻는 데 겪었던 어려움으로부터 나온 것이었다. 12세기에 교황청이 교육 문제에 대해 특별한 관심을 쏟게 되면서, 교황청은 교사 자격을 한편으로는 규제하는 동시에 다른 한편으로는 권장하는 노력을 기울였다. 교황 알렉산더 3세는 모든 에꼴라트르 혹은 이에 준하는 교회 관리들에게 교수자격증을 수여할 권한을 부여하는 한편 과도한 비용으로 인해 교수 후보자들의 사기를 떨어뜨리는 일이 없도록 배려하였다. 13세기 초엽 교황 호노리우스 3세[14]는 볼로냐 수석사제의 동의 아래 볼로냐 대학의 학위를 수여할 수 있는 권한을 요구했는데, 이를 통해 교황은 파리 대학과 유사한 교회 당국의 규제체제를 남유럽 지역으로 확산시키고자 하였다.

이 같은 규제가 남유럽에도 알려졌던 것은 사실이다. 그러나 남유럽 특히 볼로냐에서는 학위 수여를 위한 경쟁체제가 지배적이었다. 법학부 교수조합은 자격을 갖춘 후보자를 교수단의 일원으로 받아들일 것인지의 여부를 결정하는 핵심적인 특권을 쥐고 있었다. 교수 자격을 부여하는 이 같은 특권은 기본적으로 회원 자격을 통제하는 길드적 성격의 권한이었다. 상당한 시간이 경과한 후에도 볼로냐의 수석사제는 그 자신이 법률가였음에도 불구하고 이 핵심적 특권을 건드리지 못하였다. 이 같은 남유럽 체제는 13세기 초엽 파리 대학에서도 교수조합의 성장과 함께 등장하였다. 그러나 이 체제는 시기적으로 늦게 도입되었기 때문에 기존의 보다 강력한 교회 당국의 규제체제와 마찰을 일으켰다. 교수조합은 노트르담 대성당의 총원장과 길고도 치열한 논쟁을 벌였고, 이 과정에서 노트르담 총원장의 입장이 대안적 권위였던 생 제네비에브 수도원장에 의해 완화되었다. 종국적으로 이 논쟁은 교황청이 대학의 입장을 지지함으로써 종식되었다. 타결책에 따르면 노트르담의 총원장은 교수조합이 제안하는 여하한 교수 자격 후보자도 거부할 수 없게 되었다. 그러나 학위 문제를 놓고 총원장과 대학이 벌인 초기의 분쟁은 잠재적 갈등 요인으로 잠복해 있었다. 예를 들면, 탁발수도사 출신 교수와 재속사제 출신 교수 간에 분쟁이 일어났을 때, 총원장은 보나벤쳐와 토마스 아퀴나스에게 교수자격증을 수여하였다. 그러자 교수들은 이들의 교수단 입회를 거부해 버렸다. 이 탁월한 학자들이 대학의 정식 교수로 받아들여진 것은 교황청으로부터 특별한 압력이 가해진 후였다. 13세기에 있어서 볼로냐 대학과 파리 대학의 명성은 그야말로 대단한 것이었고, 따라서 이 대학들의 학위는 서구 그리스도교 세계 전역에서 묵시적으로 인정되었다. 이들의 특권에 맞서기 위하여 교황과 황제들은 후일 소규모 대학들에도 어느 곳에서든 가르칠 수 있는 보편적 교수자격증(*ius ubique docendi*) 수여권을 부여하게 되었던 것이다.

대학과 길드의 유사성은 학문생활의 단계와 학위 등에 의해 충분히 입증된다. 소속 집단에의 정회원 자격은 교수에 의해 부여되었는데, 교수라는 명칭은 길드의 장인(master)과 같은 말이었다. 교수 자격을 얻는 과정을 가입식(inceptio)이라 불렀는데 여기에는 일련의 시험과 절차가 포함되었다. 물론 학문 영역과 장소에 따라 차이는 있었지만 일반적으로 여기에는 지식의 정도에 관한 시험, 강의와 토론의 역량에 대한 입증, 교수직 상징물들의 수여 의식, 그리고 교수직 후보자가 제공하는 연회 등이 포함되어 있었다. 이 같은 가입식은 본질적으로 전문기술의 성공적 발휘를 통해 조합에 가입하는 길드적 원리를 구현한 것이었다. 교수 신분으로 나아가는 중간 단계가 학사 학위였다. 이 학사 학위자는 마치 교수의 직인과도 같이 상당한 기술을 가지고 강의와 토론을 진행하였으나, 일정한 한계를 가지고 있었으며, 학문적 완성도와 독립성도 아직 부여받지 못하였다. 이 계서체제의 맨 아래에 위치했던 집단이 일반 학생들로서, 이는 길드의 도제에 해당하였다. 학위를 얻는 데 걸리는 시간은 극히 다양하였다. 예를 들어, 13세기 파리에서 인문학부 석사학위를 얻는 데는 4년 내지 5년이 걸렸으며, 신학부 석사가 되기 위해서는 인문학부를 마친 후에도 대략 12년이 더 걸렸다. 볼로냐에서 교회법학부 석사가 되는 데는 인문학부 수료 이후 6년이 더 걸렸고, 로마법학부 석사가 되는 데는 대략 8년이 더 걸렸다. 그런데 학위 취득에 걸리는 이러한 시간은 중세 말엽에 이르러 더욱 길어지는 경향이 있었다.

## 7. 학생 활동

수도원 미사에서 찬양하는 수도승 성가대(프랑스, 14세기 중엽)

13세기에 이르면 대학인도 하나의 신분으로서 학문하는 삶의 기본 조건들을 보호하는 구체적인 일련의 특권들을 누적시키는 데 커다란 성공을 거두었다. 대학인들의 집세가 규제되었으며, 이들이 사용하는 필사본 책의 가격과 정확성도 관리되었다. 흔히 이들이 소유한 서적을 의미하는 가재도구는 집세를 지불하지 못한 경우에도 압수 대상에서 면제되었다. 시끄러운 소음을 내거나 혹은 역겨운 냄새를 일으키는 직업은 이들의 주거지역에서 금지되었다. 이들은 도시민들이 고향에서 져야 했던 세금, 징집, 통관세 및 군사적 의무에서 일반적으로 면제되었으며, 한 학교에서 다른 학교로 여행할 때도 통행세와 관세를 면제 받았다. 가장 중요한 것은 대학인들에게 집단적 이익을 근본적으로 보장해주는 법제적 신분의 획득이었다. 북부 유럽에서는 교수와 학생이 모두 성직자였기 때문에 이들은 교회인으로서의 모든 권한을 향유하였다. 성직자들 내부에서도 이들은 왕왕 특권적 지위를 차지하였다. 학생들은 해당 지역의 교회 당국으로부터는 면책되었고, 그들은 교수들의 사법권에만 복속하였다. 특히 파리에서는 교수와 학생들이 교황의 특별한 보호를 받았기 때문에 이들은 교황의 인가 없이는 해당 지역 주교에 의해 집단적인 파문을 당할 수 없었다. 지중해 지역에서는 이들의 지위가 다소 달랐다. 이탈리아의 대학인들 가운데는 상당수가 성직자였으나, 보다 많은 사람들은 속인 신분을 유지하고 있었다. 도시의 속인 학교가 가졌던 불굴의 정신, 보다 높은 속인의 문자 해독률, 그리고 법학과 의학의 실용적인 성격 등과 같은 이탈리아 학문의 특징은 아마도 이 같은 차이에서부터 비롯되었을 것이다. 그러나 이탈리아의 교수와 학생들 역시 북부 유럽의 보다 성직자적 대학인들이 누렸던 것과 유사한 특권을 향유하였다. 독일 황제 프레데릭 바바로사는 1158년의 '정당한 관습'(*Authentica habita*)으로 북부 이탈리아에서 연구하는 학자들에게 제국 영토 내에서의 안전한 활동과 보복행위로부터의 면책권을 보장해 주었으며, 무엇보다도 교수 및 주교들의 사법적 관할권을 보호하기 위해 이들에게 도시의 사법권을 거부할 권리를 보장하였다. 성직자든 속인이든 대학인들은 중세 사회에서 귀족, 도시민 심지어 성직자 신분에 못지않은 특권적 지위를 향유하였다.

북부 유럽에서는 교수와 학생들이 거의 언제나 완전한 성직자적 신분을 요구하였다. 그렇기는 하지만 이 점이 반드시 대학인들은 사제, 부제, 부제보와 같은 성직자의 주요 위계에 속했다거나 또는 성가대, 성서 봉독자, 복사(acolytes)[15]와 같은 부수적 위계에 속했다는 것을 의미하지는 않는다. 그것은 단지 이들이 교회의 사법적 관할권과 보호하에 있었다는 것을 의미하였다. 성직자 신분의 외견상의 표식은 미사

아베라르와 엘로이즈(꽁시에르제리의 부조, 14세기)

중에 주교가 머리 정수리 부분을 자르는 삭발에 의해 구별되었다. 이 같은 삭발에 따른 규제와 의무는 놀랄 정도로 미미하였다. 독신은 사제와 부제들에게만 요구되었으며, 부제보에게도 독신이 요구된 것은 13세기 초엽에 이르러서야였다. 부수적 위계에 속한 성직자 및 계서체제에 속하지 않은 성직자들은 사제적 성직록을 포기하는 조건으로 혼인을 할 수 있었다. 따라서 교수와 학생들은 혼인할 수 있었다. 단 성직록을 보유하고자 한다든가 교회에서 승진을 원할 경우 혼인은 커다란 장애가 되었다.

성직자의 독신과 학문의 관계는 피터 아베라르의 개인적인 불운에서 극적으로 표출되었다. 아베라르 자신이 밝혔던 대로, 그는 학문활동이 절정에 달했을 때 그가 묵었던 참사원 풀베르의 어린 조카딸 엘로이즈와 무모한 사랑에 빠졌다. 두 사람의 이야기는 유혹, 연애, 탄로, 임신이라는 일상적인 과정을 겪었다. 비밀결혼을 통해 삼촌을 진정시키려했던 아베라르의 시도는 풀베르를 그야말로 격분시켰다. 배신감에 사로잡힌 풀베르는 이 불운한 학자를 무참히 성불구자로 만들었다.

연애와 뒤이은 일련의 서신 교환을 통해 엘로이즈는 일관된 이상주의를 고집하며 혼인을 거부하였다. 순수한 사랑의 열렬한 변론자였던 엘로이즈는 혼인과 가정이 그녀의 연인의 학문적 소명과 양립할 수 없다고 믿었던 것이다. 그리하여 그녀는 그의 충직한 연인으로 남는 데 만족하였다. 뜻밖에도 통찰력이 부족했던 아베라르는 빛나는 교회인으로서의 경력을 갈망하였으나, 여전히 엘로이즈가 제안한 무모한 부도덕성에는 동의할 수 없었다. 비밀결혼이라는 그의 만족스럽지 못한 타협은 결국 그에게 개인적 비극을 초래하였던 것이다. 그렇기는 하지만 이 연애사건 전체를 통해서 보더라도 혼인으로 인해 아베라르의 사제적 신분이 문제 되지는 않았으며, 그의 교수 경력이 위험에 처하지도 않았다. 공적인 혼인은 그에게서 단지 성직록과 교회인으로서의 앞으로의 승진 기회를 박탈했을 뿐이었다.

성직자적 신분은 교수와 학생들에게 중요한 두 법률적 보호를 제공하였다. 첫째 그것은 '교회법적 특권'(*Privilegium Canonis*)을 통해 성직자들에게 신성한 신분을 부여하였다. 성직자에게 폭력을 행사하는 것은 일종의 신성모독으로서 자동으로 파문에 처해지던바, 이는 교황에 대한 속죄적 알현을 통해서만 사면될 수 있었다. 교회법에 따르면 성직자는 인신적 불가침권을 향유하였다. 교양이 무엇인지를 잘 알지 못했던 중세인들조차 삭발한 성직자를 난폭하게 대하는 일에는 신중을 기할 수밖에 없었다. 만약 모든 성직자가 성숙하고 책임 있는 사람이었다면, 아마도 이 같은 완벽한 보호가 보다 바람직했을 것이다. 그러나 이러한 사제 신분에 대한 보호장치가 사춘기도 안 된 학생들에게 반드시 적절한 것은 아니었다. 그리하여 12세기 교회법 학자들은 교회법적 특권의 면책 조항을 수정하지 않을 수 없었다. 만약 교사가 사춘기 미만의 학생 내지 성직자를 체벌할 경우, 또한 만약 자기 방어를 위해서 내지 장난삼아 이 같은 행동을 할 경우, 그리고 만약 속인 관리가 자신의 정당한 의무를 수행하기 위한 경우에는, 설령 성직자에 대한 공격이 있었다 하더라도 이 모든 행위들이 파문으로부터 면제되거나 지역 주교에 의해 사면될 수 있었다. 그러나 이러한 제한에도 불구하고, 교회법적 특권은 대학인들에게 중요한 보호장치가 되었다. 1200년의 파리 폭동 이후, 군주 필립 존엄왕은 교수와 학생들에게 이 같은 성직자적 특권을 향유할 수 있도록 지원하겠다는 약속을 하였다. 도시민들은 성직자를 공격하는 사람을 체포하여 심문하겠다는 서약을 했으며, 파리 시정을 담당했던 왕실 관리 쁘레보(*prévôt*)는 이러한 규정들이 제대로 지켜지는지를 감독하는 책무를 지니게 되었다.

'교회법적 특권'과 밀접히 결부되어 있었던 두 번째 법률적 보호는 '사법적 특권'(*privilegium fori*)으로서, 이는 성직자를 전적으로 교회 법정의 사법적 관할 하에 두는 것이었다. '정당한 관습'으로 인해 북유럽의 성직자 학자는 물론 이탈리아의 속인 학자들도 모든 범죄, 심지어 살인, 강간, 방화, 무장한 강도와 같은 중죄에 대해서조차 왕실 내지 도시의 법정을 거부하고 교회 법정의 사법적 관리를 요구할 권리가 있었다. '교회법적 특권'은 교회 법정에 대해 인신적 징벌의 부과를 금지했던 만큼, 교회 법정의 재판관은 중죄에 대해서도 단지 파문령, 참회령 및 성직자 신분의 상실과 같은 직위해제만을 선고할 수 있을 따름이었다. 성직자의 수가 많았던 곳에서는 어디서든 이들이 가졌던 형사 소추 면제권이 공적 질서에 대한 심각한 위협이 되었다.

그러나 범죄를 저지른 성직자의 문제는 영국 군주 헨리 2세와 캔터베리의 대주교 토마스 베켓[16] 간의 유명한 논쟁으로 인해 더욱 복잡해지게 되었다. 성직자의 권리를 보호하는 동시에 성직자의 범죄들을 보다 효율적으로 처벌하기 위해서, 군주 헨리는 1164년의 클라렌돈 법률[17]

영국의 헨리 2세가 캔터베리 대주교 토마스 베켓의
묘지에서 속죄하는 모습

에서 정교한 사법절차를 제안하였다. 범죄를 저지른 성직자는 왕실 법정에 의해 체포·기소되었고, 그 다음 교회 법정에 양도되었으며, 교회 법정은 왕실 관리의 배석 하에 교회법에 따라 이를 심리하였다. 만일 교회 법정의 재판관이 성직자가 유죄임을 밝혀낼 경우에는, 그에게서 성직자 신분을 박탈하여 응분의 징벌을 받도록 왕실 법정으로 다시 이송하였다. 직위 해제된 성직자는 더 이상 성직자로서의 특권을 향유할 수 없었으므로 그는 한 사람의 속인으로서 처벌대상이 되었던 것이다. 이 같은 사법절차에 대해 부분적으로 견해를 달리하였던 대주교는 특히 성직자를 직위 해제한 다음 국왕 법정에 이송하는 것에 격렬히 반대하였다. 베켓의 견해에 따르면, 직위 해제가 이미 범죄에 대한 충분한 징벌이었다. 따라서 이에 대한 국왕 법정의 인신적 처벌은 이중 처벌 내지 이중 소추에 해당하였다. 물론 추가적 범죄에 대해서는 국왕 법정에 제소될 수 있다고 하였지마는, 결과적으로 그것은 모든 성직자에게 하나의 범죄에 관한 한 인신적 처벌로부터의 면책권을 보장하고 있었다. 이 점에 관한 국왕과 대주교의 갈등이 마침내 베켓의 순교를 초래하였으며, 다수 대중의 악화된 여론으로 인해 군주 헨리는 대주교의 입장을 받아들일 수밖에 없었다.

1200년의 파리 폭동 이후 프랑스의 필립 존엄왕 역시 이와 마찬가지로 범죄를 저지른 성직자에 대한 베켓의 사법적 처리방안을 받아들이도록 종용되었다. 비록 쁘레보가 기소된 성직자를 체포할 수는 있었다 하더라도, 그에 대한 예우를 최대한으로 배려해야 했으며, 그를 즉시 교회 법정에 이송하여야 했다. 만약 사건이 밤에 발생하여 교회 법정의 재판관에게 즉각 인도할 수 없을 경우에도 성직자가 일반 범죄자들과 함께 투옥될 수는 없으므로, 교회 당국이 인도해 갈 때까지 학생기숙사에 격리·수용되었다. 쁘레보는 기소된 성직자를 교회 법정에 인도하는 것으로 그 책임을 다하는 것이었다. 그러나 젊은 성직자 신분의 대학인들이 주민의 상당한 부분을 차지하였던 파리에서는 이 같은 절차가 성직자의 범죄 문제를 해결하는 데 별다른 도움이 되지 않았다. 마침내 5년이 지난 후 군주는 교회 측과 보다 만족스러운 타협책을 이끌어 냈다. 교회법정의 재판관은 직위 해제된 성직자를 직접적으로 왕실 관리에게 인도하지 않아도 됨과 동시에, 범죄 성직자가 종교적 피난처로 주장할 수도 있었던 교회 내지 묘역에서 그를 풀어주는 것도 금지되었다. 오히려 교회 법정은 기소되어 직위 해제된 성직자를 왕실 법정이 체포할 수 있는 장소에서 풀어줌으로써, 왕실 법정으로 하여금 '교회법적 특권'을 심각하게 위배하지 않고서 그를 처벌할 수 있도록 배려하였다. 헨리 2세가 영국에서 실패했던 것을 필립 존엄왕은 프랑스에서 성직자의 범죄를 효율적으로 다루는 사법 절차를 확립함으로써 해결하였던 것이다.

　이 문제의 해결은 교수와 학생들이 많았던 파리에서는 특히 의미 있는 일이었다. 의심할 여지 없이 교수들의 특권적 신분은 학생들의 행동에 현저한 영향을 미쳤다. 성직자적 삭발 및 독자적이고 보다 관대한 사법체제 등에 의해 보호되었던 학생들은 관할하기가 힘든

삭발한 성직자들

대상이었다. 사순절 이전 왼쪽 강안 지역의 난동은 사건의 원인을 따질 수 없을 정도로 너무나도 관례적으로 발생하였다. 이 점에서는 선량한 파리 시민의 불평, 즉 그들의 부인과 딸의 안전 그리고 그들의 가정의 평화가 난폭한 학생 무리에 의해 끊임없이 위협받고 있다는 불평에 대해 충분히 공감할 수 있었다. 실제로 필립 존엄왕은 한때 성직자의 공격적인 본능이 기사들의 그것을 능가한다는 데 대해 놀라워한 적이 있었다. 왜냐하면 기사들은 갑옷과 투구를 갖추었을 때만 전투를 하는 데 비해, 성직자들은 말끔히 삭발한 그들의 정수리를 보호할 헬멧도 쓰지 않은 채 곧장 난투극을 벌이곤 했기 때문이다. 그러나 실제로 군주가 놀라워할 까닭은 거의 없었다. 모든 사람들이 그러하듯이, 그 역시 성직자 신분의 외형적 표식이었던 삭발이야말로 그 어떤 투구보다 강력한 보호장치임을 잘 알고 있었기 때문이다.

　파리의 대학인들 가운데 미성숙한 자들의 무절제한 행위는 더욱

예수를 데리고 이집트로 피신하는 마리아와 요셉(사노 디 피에트로, 1448~51년)

심각해졌다. 당대의 목격자와 도덕론자들의 공통된 불만 가운데 하나는 교수가 충분한 지식을 습득하기도 전에 가르치기 시작한다는 것이었다. 소년티가 채 가시지도 않은 젊은이들이 교수직을 차지하여 자신의 얼빠진 무지함을 드러낸다는 것이었다. 이 같은 비판에는 노트르담의 총원장과 생 제네비에브의 수도원장이 교수자격증을 발급하는 데 그리 엄하지 않다는 점도 포함되어 있었다. "단지 턱수염을 기른 교수들만 신뢰하라"는 것이 비평가들의 슬로건이 되었다. 이에 1215년 교황 특사는 인문학부의 교수직은 6년의 연구기간이 지난 다음 21세가 되어야 획득할 수 있으며, 신학부 교수직은 8년의 연구기간이 지난 다음 적어도 35세가 되어야 획득할 수 있다고 규정하였던 것이다.

젊은이들의 왕성한 열정이 파리에서 가장 확실하게 표출되었던 시기는 연말의 축제기간이었다. 일련의 축제는 젊은 사제들에게 탈인습적 행동을 할 수 있는 기회를 제공하였다. 성 니콜라스 축일인 12월 6일에

한 젊은 사제가 다른 축제들을 주관하게 될 소년-주교로 선출되었다. 무죄한 어린이의 순교 축일인 12월 28일에는 소년합창단이 그를 도와 떠들썩한 축제를 개최하였다. 한 해의 절정은 할례제인 1월 1일의 축제였는데, 이는 부제보가 주관하였다. 일명 바보들의 축제로도 알려진 이 축제는 젊은 사제가 집전하는 특별 예배와 도시를 통과하는

성 니콜라스의 생애 중 한 장면
(산타 산토룸 채플, 13세기)

행렬로 구성되었다. 이 의식은 이집트로의 피난과 관계가 있었기 때문에, 성직자들은 요셉과 마리아로 분장하고, 실제로 살아 있는 당나귀를 교회 안에까지 등장시켰다. 이 예배가 후일 당나귀(바보)의 축제로 알려지게 된 이유도 여기에 있었다. 축제의 표현들은 매우 사실적이어서 실제로 칼이 사용되고 피도 뿌려지곤 하였다. 이 같은 축제의식은 왁자지껄한 연회였던 동시에 신성한 의식에 대한 신랄한 풍자의 기회로도 충분히 활용되었는데, 이때 구경꾼들은 종종 바람을 넣은 공기 주머니로 이들을 두들겨 주기도 하였다. 학생과 젊은 교수들이 이러한 장난거리에서 제외될 수 없었다는 것은 의심의 여지가 없다. 무엇보다도 성 니콜라스가 이들의 수호성자였던 것이다.

넘치는 젊은 패기에, 지역 경찰의 보호를 받으며, 어느 곳에서든 자유로이 자신들의 학문을 추구할 수 있었던 젊은 대학인들은 왕왕 도시의 지하세계와 교양사회의 변경지역에서 생활하였다. 12세기 즈음 유명한 교수를 찾아 도시에서 도시로 떠돌아다녔던 학생들은 방랑단(ordo vagorum)을 조직하여 당시의 수도원과 사제조직에 대해 불경스러운 풍자를 서슴지 않았다. 이들 뒤를 늘 따라다닌 범죄는 도박, 포도주, 매춘이라는 익히 알려진 세 가지였다. 연예인, 음유시인, 단순 유랑자 등으로 생활하였던 이들은 자신의 쾌락을 찬미하는 구절 문학 즉 골리아 시[18]를 창작하였다. 이 방랑자 조직의 신화적 지도자였던 골리아(Golias)로부터 이름을 땄던 골리아 시는 서정적 연애시로부터 외설적인 구절 문학까지를 망라하고 있었다. 수많은 외설적 묘사에는 미숙한 과장들이 다분히 포함되어 있었다. 그러나 이러한 중세 학생들은 오늘날에도 추종자들이 없지 않은 보헤미안적 삶의 전통을 만들었다. 이같이 탈인습적인 행동이 점차 악명을 떨치게 되자, 교회 당국도 이 골리아파를 더 이상 무시할 수 없게 되었다. 13세기 중엽에 이르러 일련의 프랑스 공의회는 이러한 움직임을 정죄하였고, 직위해제 조치로써 위협을 가하였다. 성직자 신분을 가지지 못한 대학인들의 방랑 조직은 위험스러운 존재가 되었고, 그리하여 마침내 이 골리아파도 사라지게 되었다.

## 8. 학문의 비용

언제나 그러하듯이 중세에도 학생들은 가족의 재정지원 또는 개인적 재능과 노동으로 자신들의 연구생활을 위한 비용을 충당하였다. 공부에 필요한 기부금과 대부금은 매우 소중했기 때문에 학생들은 아버지, 삼촌, 부유한 성직자 및 기타 잠재적 후견인들에게 돈을 요구하는 서신들의 모델을 묶은 편람을 발간하였다. 장래의 후원자를 글쓴이의 지식으로 감동시켜 본래의 의도를 달성하고자 했던 서신의 한 모델은 다음과 같은 테렌스(Terence)의 유명한 구절을 인용하였다. 즉 "빵(세 레스)과 포도주(바쿠스) 없이는 학문(아폴로)이 추위에 떨 수밖에 없다 는 사실을 당신께서 꼭 알아주셨으면 합니다." 그러나 만약 이 서신을 받는 사람이 원래의 본문 구절을 잘 알고 있을 경우에는, 그가 학생의 진지함에 대해 의문을 가질 수도 있었기 때문에, 이 같은 인용문은 위험할 수 있었다. 이를테면 그것은 아폴로(학문)보다는 오히려 비너스 (사람과 여자)를 언급하는 것이 되기 때문이다. 부유한 후원자를 가질 만큼 운이 좋지 못한 학생들은 돈을 벌기 위해 가정교사, 개인교습, 소년 합창단, 예능인 등으로 자신의 재능을 발휘하곤 하였다. 그러나 북부 유럽에서는 대부분의 학생들이 성직자여서, 남유럽의 속인 학생 들에 비해 현저한 특권을 향유하였다. 성직자 신분은 대학인들에게 상당한 경제적 혜택을 제공하는 것이었다.

이러한 특혜들 가운데는 기숙사의 무료 제공도 포함되어 있었다. 학생들이 성직자의 신분을 가지고 있었던 만큼, 12세기 초엽 노트르담 의 성당학교 학생들은 부속 수도원에서 기숙하였다. 학교의 명성이 높아지고 학생들의 숫자가 증가함에 따라, 학생들이 방을 구하기는 점점 더 어려워졌다. 1127년에는 파리 교구 출신 이외의 학생들에 대한 부속 수도원 기숙이 금지되었다. 1160년에 들어와서는 노트르담 성당의 참사회조차 그들의 숙소를 풀베르가 아베라르에게 했던 바와 같이, 대학인들에게 빌려주는 것이 금지되었다. 이처럼 기회가 제한됨 에 따라 학생들은 사설 주거지, 교수들의 집, 시떼 섬의 숙박시설,

그리고 마침내는 왼쪽 강안의 공동기숙사 등에서 숙소를 구하게 되었다. 시떼 섬의 숙소 상황은 매우 혼잡하여서, 한 설교가의 기록에 따르면, 학자와 매춘부가 왕왕 같은 집에서 기거할 정도였다. 교수가 위층에서 수업을 하고 있을 때, 아래층에서는 매춘부가 자신의 뚜쟁이와 언쟁을 벌이며 매춘업도 계속했다는 것이다. 파리 중심지역에서 벌어진 이 같은 숙소의 부족으로 학생들은 집주인의 횡포를 견뎌내야 했다. 교수와 학생들은 1215년 스스로를 보호하기 위해 공동 숙박시설의 집세를 합의에 따라 책정하게 함으로써 이를 감독하였다. 집세를 규제하는 대학의 이 같은 정책이 13세기를 경과하면서 보다 강화되기는 했지마는, 가난한 학생들을 위해서는 노트르담의 부속 수도원 시설을 대체하는 다른 보완책들도 필요하게 되었다.

1180년 한 부유한 런던인이 노트르담 광장 맞은편의 디우 호텔(Hôtel-Dieu)에 방 하나를 기증하여 18명의 가난한 대학인들에게 사용하도록 하였다. 이 대학인들이 마침내 그들 소유의 건물을 가지게 된 것인데, 이것이 파리 최초의 칼리지인 디즈위 칼리지(College des Dix-huit)로 알려지게 되었다. 칼리지란 기본적으로 가난한 학생들에게 식사와 숙소를 제공하는 교회기관 내지 자선단체였다. 왕왕 도미닉회와 프란시스회 수도회도 이러한 칼리지를 운용하였는데, 이 경우는 탁발수도사들을 위한 칼리지로 간주되었다. 파리의 칼리지들 가운데 가장 유명했던 소르본은 신학 학위를 얻기 위해 장기간 학업에 종사하는 16명의 가난한 학생들을 위해 세워진 것이었다. 영국의 옥스퍼드와 캠브리지 대학의 칼리지 체제는 파리의 칼리지 체제의 영향을 다분히 반영하고 있었다. 학생들 가운데 상당한 비율이 칼리지에 들어가는 혜택을 누리게 되자, 대학으로서는 학생들의 행동을 규제할 다른 하나의 수단을 손에 넣게 되었다. 무절제한 행동을 할 경우 칼리지에서

퇴출시키겠다고 위협할 수 있었고, 그 결과 중세 말엽에는 학생들의 기강이 현저하게 개선될 수 있었다.

성직자의 신분은 또한 학생들에게 교회 성직록을 받을 수 있는 자격을 주었다. 교회의 성직록이란 특정한 직책으로 교회를 섬기는 성직자를 지원하기 위해서 교회에 할당된 정규적 수입이었다. 간혹 성직록이 큰 교회에서 행정적 책무를 담당하는 자 또는 성당 학교의 교사들에게도 지원되는 경우가 있기는 했으나, 앞서 살펴보았듯이, 대부분의 성직록은 사목자로서 평신도들에게 봉사하는 사제들을 지원하기 위한 것이었다. 이른바 '영혼의 치유'를 위한 성직록은 당연히 성직록 보유자가 교구에 머물며 신도들을 위해 성사를 집전해야 한다는 것을 함의하였다. 그러나 만약 사제가 자신의 직무를 대신해 줄 대리자를 물색한 경우에는 교회를 떠나 출타하는 이유들도 정당한 것으로 간주되었다. 이 같은 이유들로는 교회 업무의 수행, 성지순례, 학교에서의 학업 등이 있었다. 12세기 교회법 학자와 교황청은, 만약 어떤 사제가 보다 나은 교육을 통해 자신의 사목활동을 향상시킬 수 있다면, 그가 학업을 위해 교구를 떠나는 것이 정당화되어야 한다고 주장하였다. 13세기 말엽에 이르러 교황 보니파키우스 8세는 모든 사제들에게 5년 동안 학교에서 지내도록 권장함으로써 이 프로그램을 정례화하였다. 사제가 학업에 종사할 동안에는 자신의 성직록으로 지원을 받았다. 그러나 이 같은 지원책에도 불구하고, 서유럽의 학교와 대학에 몰려든 수천 명의 학생들에게 충분한 성직록이 있었던 것은 아니다. 또한 많은 학생들이 사목활동에 종사할 생각이 없었기 때문에, 이들은 '영혼의 치유' 업무를 요구받지 않는 매우 적은 수의 성직록에 기대할 수밖에 없었다. 그리하여 수많은 학생들은 사적 후견인, 자선단체 내지 개인적 재능 등에 의존할 수밖에 없었다. 그러나 성직자로서 이들이 가졌던 종국적 재원은 다른 사람들에게 도움을 요청하는 권리였는데, 많은 가난한 학생들은 이웃의 자선으로 간신히 연명하고 있었다.

학생과 마찬가지로 성직자 신분을 향유하였던 교수들 역시 북부 유럽에서는 교회의 성직록 제도의 혜택을 받을 수 있었다. 1179년 교황 알렉산더 3세는 모든 대성당 참사회로 하여금 자유학에 과목들을 가난한 학생들에게 무상으로 가르치고자 하는 교수에게 성직록을 하나씩 할당하도록 명하였다. 앞서 살펴보았듯이 이 같은 교황령은 대체로 성공적이지 못하였으며, 이를 교황청도 알고 있었다. 그럼에도 불구하고 교황 이노센트 3세는 이를 모든 주요 교회들에게 확대했을 뿐만 아니라, 모든 대도시 참사회로 하여금 신학부 교수 한 사람을 반드시 지원하도록 하는 규정을 추가하였다. 파리에서 시도되었던 교황의 이 프로그램은 완전한 실패로 끝났다. 노트르담, 생 제네비에브, 생 빅토르에 거주하는 독신 교수들이 수천 명의 인문학부 학생들을 대하는 것은 우스꽝스러울 정도로 부적절한 일이었으며, 노트르담 참사회에게 조차 한 사람의 신학자를 지원하도록 강제할 수 없었다. 왜냐하면 노트르담 참사회는 대도시 수준의 성당 참사회에 속하는 것이 아니기 때문이었다. 학생들의 경우와 마찬가지로 이들에게도 다른 성직록의 할당이 보다 현실적인 해결책이 되었다. 흥미로운 논리이기는 하지만, '연구를 위한 출타'의 경우에는 물론 교수들도 영혼의 치유 업무에 할당된 성직록을 받는 것이 허용되었다. 더욱이 12·13세기를 경과하면서 교황들이 보다 많은 성직록을 배당할 권리를 확보함에 따라, 교황들은 보다 많은 수의 탁월한 교수들에게 성직록을 직접 수여하였다. 그런데 이미 우리가 알고 있듯이, 물가의 앙등은 13세기에 인플레이션을 유발하였다. 따라서 성직록 수입이란 일반적으로 고정되어 있었던 만큼, 이러한 수입은 성직록 보유자들에게 불충분한 것이 되었으므로, 이 같은 상황은 교회인들로 하여금 하나 이상의 성직록을 확보하도록 조장하였다. 성직겸임제라고 불린 이 관행은 부재 성직자 제도라는 종래의 폐해를 악화시키는 것으로서, 교회법에서는 이를 일반적으로 금지하고 있었다. 이 점에서 교수들의 경제적 어려움을 완화시키기 위한 예외조항이 만들어졌던 것이다. 1215년의 라테란 공의회에서 교황 이노센트 3세는 대성당의 성직록을 받기에 손색이 없는 학자의 경우, 그것이 필요하다고 판단할 만한 충분한 이유가 있을 때, 교황은 그에 대해 성직겸임 제한조치를 해제할 수 있다고 선언하였다. 그러나 교황청이 교수들에 대한 성직록 증대를 위해서 취했던 이 같은 조치에도 불구하고, 공급 가용한 성직록이 새로운 교수들의 증대된 수요를 따라갈 수는 결코 없었다. 아마도 파리에서는 신학부와 교회법학부와 같은 상급과정의 뛰어난 교수들이 교회가 주는 재정적 지원을 누렸던 것 같다. 그러나 수백 명의 인문학부 교수들은 그 같은 지원을 기대할 수 없었으며, 로마법과 의학이 발전했던 이탈리아의 경우 대다수가 속인 교수들이었던 만큼 교회의 성직록을 받을 자격조차 없었다. 명백히 팽창하는 교육을 재정적으로 지원하기 위한 성직록 이외의 타결책이 요구되고 있었다.

불운한 사건을 겪은 이후, 아베라르는 샹빠뉴의 초야에 은둔하여 그곳에서 학생들을 지속적으로 가르쳤다. 그는 스스로도 밝혔듯이 손으로 하는 노동은 할 수 없었기 때문에, 학생들을 가르쳤으며 학생들은 강의료를 지불하였다. 학생이 교수에게 직접 비용을 지불하는 이러한 예가 수업료의 초기 형태였다. 13세기에는 이러한 관행이 공통적으로 행해졌는데, 바로 이 시기가 파리 대학과 볼로냐 대학이 활기로 가득 찬 때였다. 이 같은 수업료가 바로 학문의 경제적 기반을 확대하였던 것이다. 볼로냐 대학에서는 교수가 학생 한 명을 지명하여, 그로

하여금 자신의 강의료를 학생들과 흥정하도록 하였다. 그러나 교황 알렉산더 3세는 12세기에 학업에 대한 보수를 원칙으로 공포하였다. 교수자격증에 대해서는 어떤 비용도 부과할 수 없었으며, 교수들에게는 반드시 성직록을 수여하여 무상으로 가난한 학생들을 가르치게 하였다. 따라서 교수들이 수업료 제도를 수용한다는 것은 양심상 껄끄러운 일이었다. 수업료가 징수되기 전에 두 가지 조건이 검토되었다. 즉 교수가 성직록을 보유하고 있는가, 그리고 그가 어떤 과목을 가르치는가 하는 점이었다. 만약 교수가, 마치 성당 학교의 교수들처럼 교수직에 할당된 성직록을 보유하는 경우에는 수업료를 받을 수 없었다. 이때에도 그의 성직록이 교수직을 위한 것이 아닌 경우에는 논란의 여지가 없지 않았다. 그러나 만약 교수가 성직록을 보유하지 않을 경우에는, 그가 가난한 만큼 수업료를 받을 수 있었다. 만약 교수가 성직록을 가지고 신학을 가르칠 경우 수업료를 받을 수 없었다. 그러나 성직록을 보유하지 않았을 경우에는, 교수가 사전에 계약을 맺지 않은 한 자신의 신학 강의에 대해 학생들로부터 사례금을 받을 수 있었다. 인문학 및 법학과 같은 세속적 학문의 교육에 대해서는 보수 규정이 더욱 정교해졌는데, 대체로 보아 성직록을 가지지 않았을 경우 교수들은 양심상 아무 거리낌 없이 수업료를 받을 수 있었다. 그리하여 파리의 인문학부 및 볼로냐의 법학부 교수들 가운데 대부분이 이러한 형태의 보수를 보장받게 되었다. 이제 수업료는 대학들에서 성직록을 대신하여 학문의 주요한 경제적 기초가 되고 있었던 것이다. 여기서 한 가지 기억해 두어야 할 점은 수업료가 교수에게 대항하는 학생들의 한 수단이 되었다는 사실이다. 이 점은 학생조합이 잘 조직되어 있던 이탈리아에서 특히 두드러졌다. 파두아 도시공동체는 탁월한 교수를 확보하기 위해 공공 재원으로 급여를 지급하는 석좌교수제를 만들었는데, 교수들은 이러한 제도를 통해 학생의 지배로부터 벗어날 기회를 가졌다. 그러나 이 같은 유형의 재정지원책은 북유럽에서 채택되지 않았으며, 볼로냐에서조차도 매년 학생집단들이 석좌교수제의 수혜자를 선출함으로써 이 제도도 학생들의 영향을 받게 되었다.

## 9. 새로운 형태의 장학금

성직록에서 수업료로의 이행은 서유럽 대학인들의 모습에 중대한 변화를 초래하였다. 고전 고대기에 있었던 노예와 자유민간의 현저한 구분은 기계공학과 자유학예 간에도 그에 상응하는 현저한 차이를 초래하였다. 노예들의 몫이었던 기계공학은 농업, 수공업, 소상업을 포함하는 것으로서, 여기서는 육체노동이 주된 비중을 차지하였다. 장인의 노동은 계약에 의해 고용되거나, 임금에 의해 보수가 지불되었다. 이와는 대조적으로 자유학예는 교수직, 의료직, 법률직을 포함하는 것으로서, 기본적으로 지적 노동을 근간으로 했다. 따라서 그것은 자유민에게 보다 적합한 학문이었다. 고전적 자유민은 독립된 생계수단을 가진 교양인으로 간주되었던 만큼, 자유민이 자신의 노동을 매개로 타인에게 고용되거나 혹은 임금을 받는 것은 적절하지 못한 일이었다. 오히려 자유민은 자신의 기술을 보상과는 아무런 직접적 관련이 없는 우애의 한 표식으로 베풀게 되어 있었다. 고대적 자유학예직의 최고 형태가 철학자였으며, 소크라테스가 그 이상형이었다. 널리 알려져 있다시피, 소크라테스는 주변의 친구들에게 무상으로 철학을 가르쳤으며, 지식을 일반 상품처럼 파는 행위를 들어 소피스트들을 공격하였다. 소크라테스는 자신의 제자들이 감사의 표식으로 제공하는 사례만 받을 따름이었다. 후대의 고대 로마법에서는 철학자도 제자로부터 수업료를 받을 수 있게 되었다. 그러나 이 경우에도 그가 수업료를 결코 요구할 수는 없었다. 물론 지식인에 대한 고대의 견해는 복합적이고 모순이 많아서 명확하지는 않았다. 그러나 소크라테스에 의해 예시되었던 것처럼 학자는 직접적 보상을 기대하지 않은 채 그 친구들에게 지혜를 나누어주는 자유민이었다.

이 같은 고대적 이상은 초기 중세의 성직자에 의해서도 유지되었다. 특히 이는 교수직과 의료직을 담당한 수도승들에 의해 실천되었다. 엘리트 성직자로서 수도승들은, 수도원 제도를 통해 인신적으로 자유로웠고 경제적으로 보장되어 있었던 만큼, 고대의 자유학예직을 훌륭하게 계승하고 있었다. 예를 들어, 가르치는 일은 신성한 소명으로서 이에 대해 임금을 지불한다는 것은 적절한 일이 아니었다. 지식은 반드시 무상으로 보급되어야 한다는 원칙은 12세기 교황청에 의해 더욱 확산되었다. 교황 알렉산더 3세가 교수자격증에 대한 비용의 부과를 금지하고, 성당 학교의 교수들로 하여금 무상으로 가난한 학생들을 가르치도록 한 것은, 다름이 아니라 지식은 신의 선물로서 매매해서는 안 된다는 유서 깊은 원리를 재확인한 것이었다. 13세기에도 신학자들은 이 같은 이상을 여전히 고수하였다. 앞서 지적했듯이, 고전 철학자의 후예였던 신학자로서 성직록을 보유하지 못한 경우에도, 학생들로부터 사례를 받는 것이 허용되기는 했지만 학생들에게 결코 수업료를 요구할 수는 없었던 것이다.

11세기 들어 서유럽에서 도시생활이 부활하자, 새로운 유형의 지식인이 등장하였다. 이들은 도시민으로서 나름의 전문적 학예를 습득하고, 폭넓게 여행하며, 자신의 상품을 파는 자들이었다. 앞서 살펴보았듯이, 교수와 학생들은 도시의 길드체제를 본받아 자신들의 조합을 조직하였다. 뿐만 아니라 교수들은 고래의 성직록 제도가 부적합하게 되자, 학생들로부터 수업료도 받기 시작하였다. 이 새로운 형태의 수입을 정당화하기 위해서 교수는 자신의 직업을 기계공학직과 동일시하기 시작하였다. 예를 들어, 13세기 초엽 한 신학자는 언어, 기하, 산수 등의 자유학예 과목을 가르치는 것과 농부, 장인, 목수 등의 기계공학적 기술을 동등하게 생각하였다. 장인이 계약에 의해 정해진 임금을 받고 자신의 제조기술을 발휘한다면, 왜 인문학 교수가 그렇게 해서는 안된다는 말인가? 기초 과목을 가르치는 일 역시 토지를 경작하는 것과 다를 바 없었다. 농부와 마찬가지로 교수의 보수도 그의 노동에 의해 정당화되었다. 성서의 가르침에 따르면 노동하는 자는 자신의 보수를 받을 자격이 있기 때문이었다. 이 같은 주장은 교육이 경험하고 있던 변화를 드러내고 있다. 이제 학문은 격리된 농촌지역의 성직자였던 수도승의 전유물이 아니라 세속 도시민이었던 교수의 소유물이 되었다. 또한 교수는 자신의 학교라는 작업장에서 나름의 지식 상품을 만들어, 자신의 노동과 기술에 대한 보수를 받고, 이를 학생들에게 팔게 되었다. 장인이 수도승을 대체해 나간 양상을 교수도 따랐던 것이다.

학문의 이 같은 탈성직화는 12세기 책의 변화를 통해 극히 생생하게 드러나고 있다. 속죄와 헌신의 표식이었던 중세 초기의 수도원 서적은 값비싼 양피지, 금박장식, 넓은 여백, 극히 힘든 필사체, 예술적 삽화 등을 담고 있었다. 이처럼 아름다운 명품 서적이 12세기의 학교들을 메웠던 수천 명의 교수와 학생들에게 너무 비싸고 희귀했다는 사실은 자명하였다. 이들의 수요를 채우기 위해서 서적상들(*stationarii*)이라 불린 출판업자들이 책을 대량으로 생산하기 시작하였으며, 서적상들은 작업속도가 매우 빠른 수십 명의 필사가들을 고용하였다. 삽화들이

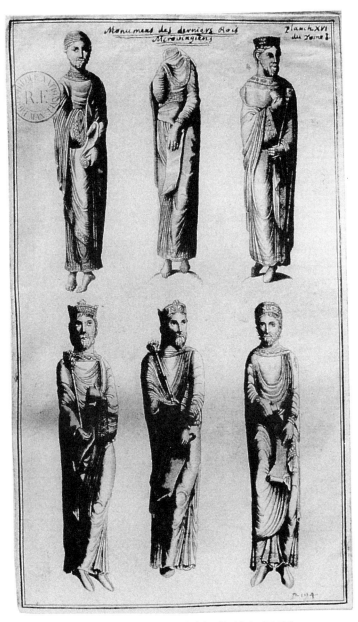

생 드니의 소묘화(프랑스 군주정의 고문서에서, 1729년)

제거되었고, 여백이 줄어들었으며, 싸구려 양피지가 사용되었고, 약어의 활용이 증대되었다. 글자 모양도 곡선미를 강조했던 카로링 시대의 소문자체로부터 새로운 형태인 고딕체로 바뀌게 되었는데, 이는 짧고 곧은 필기를 통해 필사 속도를 더욱 빠르게 할 수 있기 때문이었다. 책은 더 이상 신앙적 경건의 소산 내지 대상이 아니었다. 이제 책은 도시 학교의 장인이기도 했던 교수의 수단 내지 도구로 바뀌게 되었던 것이다.

서유럽에서 대학들이 성장을 더해 감에 따라, 교수와 학생들은 중세 사회에 미친 자신의 기여들을 평가하기 시작하였다. 당당한 자부심을 갖추게 된 이들은 외경스러운 제도들인 교황청 내지 제국들에 견주어도 자신들이 크게 떨어지지 않는다고 생각하게 되었으며, 이를 인정 받고자 하는 열망에 의해 몇몇 요소들을 모방하는 현상도 낳았다. 이를 나위 없이 교황청은 그리스도로부터 당대의 교황에 이르는 사도직의 승계를 통해 끊임없이 유지되어 온 신적 제도로서의 신성한 전통을 가지고 있었다. 제국도 역시 로마 황제로부터 카로링 왕조의 군주들을 거쳐 당대의 신성 로마제국을 지배하는 게르만 황제들에 이르는 제국적 위엄의 승계 즉 제권의 이전(*translatio imperii*) 전통을 주장하였다. 이 같은 제국적 전통에 의해 고무되었던 대학인들은 학문의 이전(*translatio studii*)이라는 그들 나름의 전설을 만들기 시작하였다. 13세기에 이르러 이 전설은 다른 형태를 띠게 되었다. 그러나 이 시기 변화의 핵심은 프랑스와 파리 대학을 전설의 초점에 두는 것이었다. 일설에 따르면, 유대인들로부터 유래된 학문은 이집트로 옮겨갔다가, 아테네와 로마를 거쳐, 마침내 파리에 머무르게 되었다는 것이다. 또 다른 설명은 그 이름과 유물이 파리 북쪽의 왕실 수도원에 간직되고 있었던 생 드니를 중심으로 하였다. 프랑스의 수호 성인이었던 생 드니는 데니 또는 디오니시우스로 표기되었는데, 고대 그리스의 유명한 철학자였던 그가 사도 바울에 의해 그리스도교 신앙으로 개종하고, 복음과 학문 모두를 프랑스에 전달했다는 것이었다. 따라서 파리 대학은 새로운 아테네로서 고대의 지혜를 승계하게 되었다고 주장하였다. 13세기 말엽에 이르러 프랑스인들은 높은 자부심을 가지게 되었다. 이탈리아가 교황청을 가지고, 독일이 제국을 가졌다면, 프랑스는 대학을 가지고 있기 때문이었다.

# 제4장 세속학문 : 인문학, 의학, 법학

만약 현재의 지식이 과거의 지혜 위에 세워진 것이라면, 모든 학문은 마땅히 고대의 전거로부터 출발해야 할 것이었다.　앞의 그림·7자유학예의 3과 문법

## 1. 강의와 토론

존 솔즈베리[1]는 자신의 저서 『초논리학』(*Metalogicon*)에서 자유학예를 다음과 같이 유창하게 변론하였다.

우리 세대는 이전 세대가 남겨준 유산을 향유하고 있다. 우리는 왕왕
보다 많은 지식을 소유하게 되는데, 이는 우리의 타고난 능력이 남달리
우수해서가 아니라, 다른 사람들의 정신적 능력으로부터 도움을 받기
때문이다. 물질적으로도 우리는 부를 선조들이 물려준 바로부터 소유하
게 되는 것이다. 베르나르 샤르뜨르[2]는 우리를 거인들의 어깨에 매달린
보잘것없는 난쟁이에 곧잘 비유하였다. 그의 지적에 따르면, 우리가
우리네 선조들보다도 더 많이 그리고 멀리 볼 수 있는 것은 우리가
보다 예리한 시력이나 보다 높은 신장을 가졌기 때문이 아니라, 거인의
키에 의해 높이 떠받쳐져 있기 때문이다.[3]

고대 문법학자였던 프리시안(Priscian)[4]의 유명한 귀절을 인용한
베르나르의 이 거인들 어깨 위의 난쟁이 비유는 12세기에 들어 상투적
표현이 되었는데, 이는 과거의 업적에 대한 중세적 외경의 토대를

명확히 드러내는 것이었다. 만약 현재의 지식이 과거의 지혜 위에 세워진 것이라면, 모든 학문은 마땅히 고대의 전거로부터 출발해야 할 것이었다. 앞으로 우리는 모든 학문 영역이 각각의 고전적 전거들을 가지고 있었음을 살펴보게 될 것이다. 이를테면 논리학의 아리스토텔레스, 로마법의 유스티니아누스, 신학의 성서 등이 그 예다. 전거라는 학술 용어는 원래 제안자(*auctor*)라는 라틴어에서 유래되었는데, 이는 법정의 소송사건에서 제소자를 의미하였다. 이 같은 법률적 함의에 비추어 볼 때 제안자가 소송을 제기하거나, 논쟁을 시작할 수 있었다는 점은 분명하였으나, 그렇다고 해서 그것이 반드시 결론을 도출하는 것은 아니었다. "전거들이란 시키는 대로 따른다. 이들은 서로 다른 방향으로 휘어질 수 있다"는 것이 12세기에 널리 유포되었던 경구였던 것이다. 다시 말해서, 전거란 토론의 첫 단서를 제공하기는 하지만 해석에 따라서 그것은 서로 다른 의미로 해석될 수도 있었다. 고전적 전거들의 이 같은 독특한 역할은 중세의 교육 과정을 형성하는데 커다란 영향을 미치고 있었다.

앞서 지적했듯이, 교사 지망생은 가르치는 기술을 성공적으로 입증함으로써 교사 자격을 얻을 수 있었다. 12세기 말엽 파리의 신학자 피터 샹뜨르(Peter the Chanter)[5]는 이를 다음과 같이 묘사하였다.

독서, 토론, 설교, 가운데 … 독서는 앞으로의 작업을 위한 토대 내지 기초이며, … 토론은 학문의 벽 내지 구조이고 … 설교는 독서와 토론 위에 세워지는 지붕에 해당한다.

그런데 설교의 기술이 신학자들에게 고유한 것이었다면, 독서와 토론은 모든 학문영역에 공통된 교수 방법이었다고 하겠다.

모든 학문이 과거의 전거로부터 시작되었기 때문에 고전적 전거를 읽고 이해하는 것은 불가결한 작업이었다. 학술적 의미에서 독서 (*lectio*)란 강의를 듣는 학생들 앞에서 공개적으로 전거를 읽고 이를 설명하는 것을 의미하였다. 이 같은 중세적 관행이 근대적 강의 방식의 선례가 되었다. 일반적으로 이러한 강의들은 매일의 일정표에 의해 구분되었다. '정규' 강의는 각 분야의 기본 텍스트에 관한 것으로서 가장 중요한 것이 수업시간이었는데, 이는 충분한 자격을 갖춘 교수들이 오전에 행하였다. 그 밖에도 '특강' 내지 속강이 있었는데, 이는 중요도가 조금 덜한 교재를 빠르게 진행하는 강의들로서 흔히 학사학위 소지자들이 오후에 행하였다. 실제로 특별수업은 정규 수업을 보충하기 위해 마련된 것이었다. 13세기 볼로냐 대학에서 저명한 로마법 교수였던 오도프레두스(Odofredus)는 자신의 강의를 다음과 같이 소개하였다.

첫째, 본인은 교재를 강의하기에 앞서 각 주제의 요약문을 여러분들에게 나누어줄 것입니다. 둘째, 각각의 주제에 속한 법률의 조문별 내용에 대해 본인은 최선을 다해 분명하고 명확하게 설명할 것입니다. 셋째, 본인은 교재를 읽을 때 그것의 오류를 수정하는 시각을 가지도록 할 것입니다. 넷째, 본인은 개별 법률의 내용을 간략히 다시 한 번 반복할 것입니다. 다섯째, 명백한 모순에 대해서는 흔히 '브로카르디카 (Brocardica)'라 불리는 방법 즉 법률 조항 그 자체로부터 추출된 일반적 법 원리를 적용하여 해결할 것입니다. 그리고 법률들로부터 야기되는 약간의 차이점 내지 미묘하고 유용한 문제점에 대해서는 신의 섭리에 따라 이를 해결해 나가도록 할 것입니다. 또한 어떤 법률 조항이 유명하고 어려워서 이를 반복할 필요가 있는 경우에는, 이를 저녁 복습시간에 다시 다루도록 할 것입니다.[6]

물론 강의는 기본적으로 구두로 이루어졌지만, 그러나 교수들은 자신들의 강의를 문자로 출판하기를 바랬다. 이 경우 출판은 기록자라 불린 학생을 공식적으로 지명하여, 그로 하여금 강의 내용을 받아 적게 하고, 이를 교수가 다시 검토한 다음 필사가에게 넘겨, 이를 복사하여 배포케 하는 것이었다. 보고서(*reportationes*)라 불린 이 강의록은 속기사에 의한 정확한 받아쓰기와 학생들의 비공식적 강의 노트의 중간 쯤에 해당되었다. 방대한 양의 보고서들이 지금도 기본 교재에 대한 해설집 형태로 남아 있다. 대표적인 세 가지를 든다면 아리스토텔레스의 저작 및 유스티니아누스 대제의 법전 그리고 성서 등을 들 수 있는데, 이들에 관해서는 중세 대학에서 수천 종류의 해설집이 만들어지게 되었다. 이것들은 흔히 지면의 한가운데 전거의 원문을 두고 그 여백에 교수의 해설을 써넣는 주석서 형식을 취하곤 하였다. 고전적 강의가 전거들에 대한 충분한 이해를 필수 조건으로 하였기 때문에, 이를 위한 독특한 방식으로서 해설집 내지 주석서가 양산되었던 것이다.

그러나 앞으로 살펴보고자 하는 바, 전거의 내용들은 서로 견해를 달리하는 고질적인 경향을 가지고 있었다. 그리하여 이로 인해 촉발된 토론은 교수들 사이에 다양한 형태의 공적 논쟁들을 낳게 되었다. 때로는 두 교수가 토론을 벌였으며, 때로는 한 교수가 전체를 대상으로 자신의 논지를 변론하기도 하였다. 대부분의 교수들이 '쟁점토론'(*questiones disputatae*)이라 불린 이 같은 토론을 정규 학기 동안 수차례씩 가지게 되어 있었다. 성탄절과 부활절 휴가기간에는 '자유토론'(*disputatio de quolibet*)이라 불린 또 다른 형태의 토론이 이루어졌다. 이는 교수가 주제를 미리 정하지 않고 누구하고든 토론을 벌이는 형태였다. 자유토론은 모든 대학인에게 개방되었는데, 그것의 우발성과 비예측성으로 인해 대규모 청중이 모여들곤 하였다. 자유토론은 학자들 사이에 경쟁을 유발시키는 좋은 기회가 되었으며, 또한 이는 중세 교수들이 호전적인 충동을 마음껏 발휘할 수 있게 하는 학문의 경연장이 되었다. 13세기에 접어들어 토론의 절차는 보다 표준화되었으며, 그 기간도 일반적으로 이틀 동안 지속되었다. 첫째 날에는 교수 내지 학사학위 소지자가 문제에 대한 반론을 수집하여 가능한 한 최선의 답변을 모색하였다. 이 날 종반에 이르러서는 특정한 문제에 대한 다양한 주장과 이의제기 및 반론들이 복합적으로 표출되고 또한 수집되었다. 이 문제는 다음날 정규 강의시간에 다시 상정되었는데, 이때 교수는 긍정과 부정의 논지들을 조정하고, 해결책을 제시하여, 이들 모두를 하나의 체계적인 설명으로 재구성하는 기회를 가질 수 있었다. 그리하여 둘째 날이 교수에 의한 문제해결의 날로 불리게 되었으며, 토론도 이 같은 형식에 따라 기록으로 남기게 되었다.

피터 샹뜨르가 지적했던 것처럼, 중세 교수들은 독서, 논쟁, 설교라는 세 요소를 통해서 자신의 학문적 구조를 세우는 것으로 인식하였다. 그리하여 이에 관한 기법들이 학교에서 널리 보급되고 있었으므로, 이를 스콜라적 방법론이라 부르게 되었던 것이다. 따라서 스콜라주의라는 용어는 근본적으로 중세 학교들에서 행해진 사고하고, 가르치고, 서술하는 체계를 단순히 의미하는 말이었다. 이제 이러한 스콜라적 기법들이 다른 학문분야를 연구하는 데는 어떠한 영향을 미쳤던가를 검토해 보기로 하자.

## 2. 인문학

13세기 대학의 교과과정은 4개 학부로 구성되었다. 인문학부가 기초 학부였으며, 의학부와 법학부 그리고 신학부가 상급학부였다. 공학 및 건축학 등의 다른 과목들도 개설되기는 했지만, 이들은 거의 언제나 4개 학부 체제에 포함되어 있었다. 이 학문들 가운데 3 분야 즉 인문학, 의학, 법학은 세속 학문들로 분류될 수 있겠다. 성스러운 학문이었던 신학은 중세에서 점했던 독특한 비중을 감안하여 따로 떼어서 다음 장에서 다루도록 하겠다.

인문학의 일부 기초 과목들은 도시학교나 교회학교를 막론하고 모든 지방 학교에서 가르쳐졌다. 교황청은 모든 대성당들에 대해, 후기에는 주요 지역 교회들에 대해서도, 배우기를 원하는 모든 학생들에게 문법을 무상으로 가르치도록 명한 바 있는데, 이는 교황청이 기초 학문들을 얼마나 장려하였던가를 잘 드러내고 있다. 그러나 12세기에 와서는 일부 학교들이 개별 교수들의 관심에 따라 고급 수준의 인문학 연구를 특화시키게 되었다. 거의 한 세기나 유지된 전통을 계승하여 베르나르 교수는 샤르뜨르 학교를 12세기 초엽에 일약 인문학의 중심지로 만들어 놓았다.[7] 12세기 말엽에는 오를레앙 역시 고전 문학에 대한 관심으로 인해 널리 이름을 떨치게 되었다. 그러나 12세기의 전 시기를 통해서 고급 수준의 인문학의 명백한 중심지는 파리였다. 12세기의 40년대에 존 솔즈베리가 인문학을 연구하기 위해 프랑스에 왔을 때, 일군의 저명한 교수들에게 매료되었던 그는 파리에 머무를 수밖에 없었다. 이곳에서 솔즈베리는 아베라르와 알베릭 그리고 로버트 머룬[8]에게 논리학을 배우고, 윌리암 꽁쉬에게서 문법을 사사했으며, 리샤르 레베 끄로부터 4 과에 대한 자신의 지식을 완성시키게 되었다. 존 솔즈베리의 생각으로는 파리야말로 의심할 여지없이 최고급 교수들이 어느 곳보다도 많이 모여 있는 장소였던 것이다. 13세기에 들어 파리 대학이

위 · 7 자유학예 4 과 음악  아래 · 기하학 (핀투리크치오, 15세기경)

위·7자유학예 3과 문법  **아래**·수사학(핀투리크치오, 15세기경)

7 자유학예 4과 산수

12천계도 중 5월(림부르그 형제들, 1415년)

조르쥬 뮐러의
사료와 고고학적 자료를 통해서
복원한 중세도시 모습

12 · 13세기 도시지역의 망루들(이탈리아 산 지미냐노)

탁발수도사들의 식사 광경 (알렉산드르 마라스코, 1736~37년)

렝스 대성당

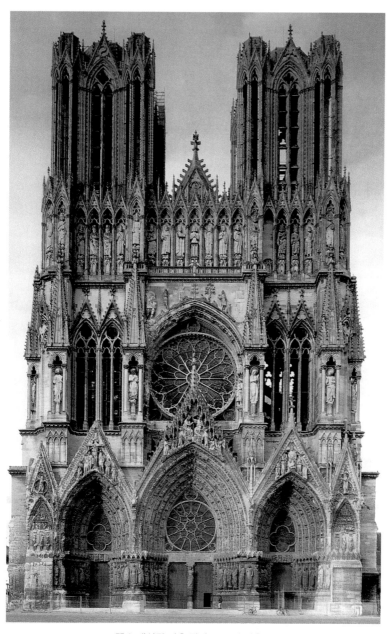

렝스 대성당 서측 정면(1254년 이후)

파리의 노트르담 대성당(13세기 중엽)

렝스 대성당 서측 현관의 중앙문(1252년 이후)

보베 대성당(1225년 건축 시작)

상트 샤페(채플)

**왼쪽** · 보베 대성당 내부(1225년 건축 시작), **오른쪽** · 생 제르맹 데 프레 내부(파리, 1163)

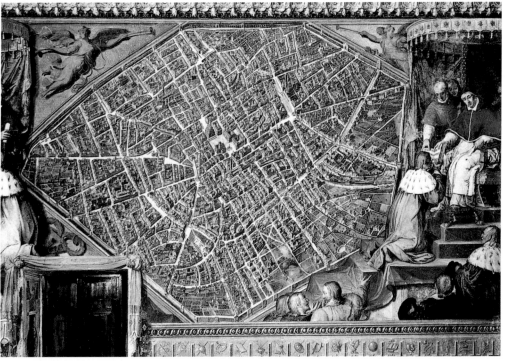

위 · 까마돌리 수도원(파울 브릴, 16세기)
아래 · 볼로냐 도시계획(로렌조 사바티니, 1615년)

비올을 연주하는 천사(메로쪼 다 포르리, 15세기)

위 · 성 아우구스틴(보티첼리, 1480)
아래 · 위의 그림의 세부

성 쿠니베르트 성당(콜로냐, 1230년)

조직되자, 인문학부의 이러한 탁월성은 더욱 견실해졌다.

고전 문명기의 인문학 즉 자유학예란 자유민을 훈련하는 데 적합한 기본 교과목을 의미하였다. '자유'라는 용어도 이 점에서 비롯된 것이었다. 고대 말엽에 이르러 자유학예는 7 과목을 가리키게 되었고, 이는 다시 두 그룹 즉 3 과와 4 과로 구분되었다. 3 과는 문법,

7 자유학예 4 과 천문학(루카 델라 로비아, 1437년)

논리학, 수사학으로 구성되었으며, 4 과는 산수, 기하학, 천문학, 음악 (또는 음악적 이론)으로 이루어졌다. 이 같은 초등교육 체제는 초기 중세기에 교회 교부들과 수도원에 의해 수용되었다. 물론 이 수용과정에서 상당한 정도의 망설임이 있었던 것은 사실이다. 이 점에 관해서는 앞으로 살펴보겠다. 띠에리 샤르뜨르⁹⁾는 파리에서의 교수 경험을 토대로 7 개 자유학예에 대한 지침서를 집필하였다. 적절하게도『7학과』 (Heptateuchon)라는 표제를 가졌던 이 지침서는 각각의 학문영역에 요구되었던 중요한 전거들을 추천하였다. 예를 들어, 문법을 위한 예비 교재로는 도나투스¹⁰⁾와 프리시안 그리고 라틴어 산문과 시들 가운데 명작들이 추천되었다. 아리스토텔레스는 논리학 내지 변증법을 위한 가장 중요한 전거였고, 키케로¹¹⁾와 퀸틸리안¹²⁾은 수사학에 필요한 기본적 가르침을 제공하였다. 4 과들 역시 나름의 전거를 가지고 있었다. 띠에리에 따르면 4 과와 3 과의 구분은 정신과 그것의 표현 간의 기본 차이를 드러내는 것이었다. 4 과는 지식의 내용을 가리키는 것인 데 비해, 3 과는 이를 정확하고 합리적이고 설득력 있게 표현한

천측구를 들고 학생들을 가르치고 있는
아리스토텔레스(14세기 중반)

것들이었다. "따라서 『7학과』
는 모든 철학의 적절하고 유니
크한 수단임이 분명하다. 그러
나 철학은 지혜에 대한 사랑이
며, 지혜는 진리에 대한 온전한
이해다"는 것이 띠에리의 결론
이었다.

12세기 초엽 3과를 공부하는
자들이 가장 많이 주목한 과목
은 문법이었다. 존 솔즈베리가
밝혔듯이, 문법은 정확히 말하
기와 글쓰기를 위한 과학으로
서 모든 자유학예의 출발점이
었다. 문법은 모든 철학의 요람
으로서, 말하자면 모든 인문학

연구의 으뜸 가는 간호사였다. 그리스어로 문자를 의미하는 그라마
(gramma)에서 유래된, 문법에 대한 지식은 일차적으로 문자 해독력을
의미하였다. 또한 문법적 규칙을 배움으로써 연설, 운율, 어원 등의
구성에 관한 지식뿐만 아니라, 어휘와 발음상의 오류 즉 무지와 문장구
조상의 오류 즉 비문을 피할 수 있을 것이었다. 초보자는 도나투스의
『주요 원리』(Ars maior)를 배우기 전에, 요즈음 책의 10쪽 정도 분량인
『부차적 원리』(Ars minor)를 먼저 암기하였다. 또한 고전 라틴 문헌들로
부터 예문을 발췌하였던 프리시안의 『교육론』(Institutio)도 공부하였
다. 이러한 전통에 따라 베르나르 샤르뜨르는 학교에서 라틴 저작들을
읽고 이를 문법적 관점에서 설명하는 방식으로 문법을 가르치곤 하였

다. 결과적으로 12세기 초엽 베르나르는 학문의 강독기법을 문법 학습에 적용한 셈이었다. 이 방식은 윌리암 꽁쉬에 의해서도 유지되었다. 그러나 존 솔즈베리는 이 방식이 그의 시대에 와서는 이미 낡은 방식이되었다고 불만을 표시하였다. 베르나르가 라틴어 산문 저술가와 시인들을 강조한 것은 존 솔즈베리도 인정하였듯이 문법학도에게 문헌적인이해를 갖도록 하기 위함이었다. 교수들은 고전 문헌들을 읽고 이에대한 주석을 집필하였다. 예를 들어 베르나르 실베스터[13]는 버질[14]의『아에네이드』(Aeneid)의 첫 여섯 책에 대한 해석집을 집필했는데, 이는버질의 위대한 이교적 명저에 대한 비유적 해석을 제공하였다. 존솔즈베리 역시 자신의 저작을 통해 폭넓은 고전적 라틴 저자들에대한 깊이 있는 이해를 과시하였다.

프랑스의 성직자 교수들은 수도원에 속했던 그들의 선학들이 그랬던것처럼 이교도 문헌을 연구하는 것이 타당한지에 대해 애매한 견해를가지고 있었다. 물론 라틴 고전들이 문체상의 모델이라는 점은 명백했지만, 기껏해야 그것은 근본적으로 자기중심주의를 표현한 것이었으며, 최악의 경우 노골적으로 외설적인 이야기를 표현한 것에 지나지않았다. 요컨대 이들 모두는 그리스도교적 정서를 저해하는 것들이었다. 이 점에 관한 망설임은 4세기 교부였던 제롬[15]의 그것만큼이나오래되었다. 물론 제롬은 고전 문헌에 정통하였고, 그로서는 고전의아름다운 문장을 잊어버리는 것이 사실상 불가능하다는 점도 깨닫고있었다. 그럼에도 불구하고 그는 한때 자신의 이교적 학식 때문에천국에 들어가지 못하는 꿈을 꿀 정도였다. 꿈 속에서 제롬은 이에대해 자신이 그리스도교도라고 항변하자, 최고 재판관은 엄중한 어조로 "당신은 거짓말장이로군, 당신은 키케로주의자지 그리스도교도가아니야"라고 대답했다는 것이다. 양심의 가책을 덜고 고전 문헌을

성 제롬(카라바기오, 로마, 1606년)

정당화하기 위해 교부들은 이집트인들을 약탈한 유대인들에 관한 성서 기록을 인용하였다. 마치 유대인들이 이집트를 탈출할 때 값진 의복과 귀금속들을 지니고 출발한 것과 마찬가지로, 그리스도교도들 역시 모든 것이 전적으로 신에 대한 봉사를 위한 것이기만 하다면 이교적 문헌들도 소중한 재화로 이용할 수 있다는 것이었다. 표현을 바꾸어 말한다면, 고전 저작들은 이제 학문의 여왕인 신학의 시녀가 되고 있었다. 이 같은 정당화에도 불구하고 모호함은 여전히 남아 있었다. 교수들은 고전을 강의할 때 그 저작의 머리말에 많은 비중을 두었다. 「추록」(accessus)이라 불렸던 이 서문은 저작의 주제, 작가의 의도, 종국적 목표, 지식체계상의 좌표 등을 설명하였다. 12세기를 경과하면서, 이 서문에 대한 강독이 길어졌기 때문에, 교수는 고전 저작에 대한 공격적 비판으로부터 빗겨 설 수 있었으며 또한 그것의 내용을 그리스도교의 진리와 결부시킬 수 있었다. 특히 마치 베르나르 실베스터가 『아에네이드』에 적용했던 것 같은 비유적 해석은 고전 저작들을 신학의 시녀로 만드는 좋은 수단이 되었다.

중세 인문학 교수는 고대 거인들의 어깨에 자리잡음으로써 고전적 과거와의 급속한 단절을 체감하지는 않고 있었다. 그럼에도 불구하고 오늘날의 역사가들은 12세기에 고전 문헌들에 대한 관심이 현저히 증가했음을 발견하게 되었다. 이 같은 '르네상스'의 원인에 대해서는 다양한 추론이 나와 있다. 아마도 도시의 부활이 커다란 영향을 미쳤던 것처럼 보인다. 도시 생활의 분화는 고대에 대한 특정한 기술을 필요로 하게 만들었다. 즉 통치와 상업을 위해서는 로마법이 필요하였으며, 의학을 위해서는 그리스 과학이 필요하였고, 신학을 위해서는 아리스 토텔레스의 논리학이 필요하였다. 도시 문명의 산물이었던 고전 문헌 들은 비슷한 상황에 처했던 중세 도시민에게서 새로운 영감을 고취시켰 던 것이다. 비록 이 주제가 아직 충분히 규명되지는 않았지마는, 아마도 중세 도시의 시민적 휴머니즘이 15세기 때와 마찬가지로 12세기 '르네 상스'의 토양이 되었던 것 같다.

문법과 문학이 12세기 전기의 자유학예들 가운데 독보적 비중을 차지하고 있었다면, 12세기 후기에는 그 비중이 3 과 가운데 논리학으 로 옮겨갔다. 이미 1140년대에 존 솔즈베리는 파리에서 불었던 변증법 에 대한 열기에 놀라, 다른 학문 분야는 배제하고 오직 변증법에만 매달리는 자들을 반박하기도 하였다. 파리에서 논리학 연구를 대중화 시켰던 인물은 누구보다도 아베라르였다. 젊은 교수였던 그는 정통한 변증법학자로서의 우수성을 처음으로 인정받았으며, 그의 명성을 듣고 멀리 떨어진 곳으로부터 학생들이 몰려들었다. 고대 이래로『오르가 논』16)이라 불린 아리스토텔레스17)의 논리학 저술 전집은 고전적 전거 로 널리 수용되었다. 12세기 초엽 아베라르가 파리에서 변증법을 가르 칠 때는 단지 두 권의 입문서 즉『범주론』과『명제론』만을 라틴어로 접할 수 있었다. 그러나 12세기의 이사분기 동안 『오르가논』의 나머지 논저들도 유포되기 시작하였다. 이들 가운데 『분석학 전편』은 삼단논법과 추론의 공통 형식을 다루었고, 『소피스트에 대한 반박론』에서는 보편적인 오류들을 지적하였으며, 『변증론』은 잠재적 전제들의 문제를 다루었고, 『분석학 후편』에서는 과학적 추론의 문제를 논하였다. 이들을 『범주론』 및 『명제론』과는 구별하여 '신 논리학'이라 불렀는데, 이 같은 논저들은 고대의 핵심적 추론기법들을 중세인들에게 제공해 주었다. 이 새로 발견된 아리스토텔레스의 논저들에 대한 중세인의 외경은 실로 대단하였다. 그리하여 변증법은 문법과 문학에 대한 인문학부 교수들의 종래의 관심을 대체하고 변화시키기 시작하였다. 여전히 도나투스와 프리시안은 기본적으로 묘사적이었고, 문헌상의 용례를 그들의 종국적 준거로 삼고 있었지마는, 새로운 문법학자들은 논리학적 요소들을 도입하고자 시도하였다. 12세기 중엽 피터 엘리아(Peter Helias)는 그 관심을 언어적 사실들로부터 그것의 원인들에로 전환하였다. 12세기 말엽에 이르러 알렉산더 빌레디유(Alexander of Villedieu)는 연설의 합리적 특성을 주장하고, 논리학적 규칙에 기초하여 문법을 재구성해 보고자 하였다. 변증법학자들이 마침내 확실한 근거를 마련하였다는 사실은 1215년 처음 등장한 파리 대학 인문학부의 공식 교과과정에 의해서도 확인된다. 라틴 문학을 대신하여, 문법의 교재가 프리시안의 전문적 논저로 제한되었던 반면, 아리스토텔레스의 『오르가논』은 그것의 고대 주석집들과 더불어 정규 교재의 대부분을 차지하게 되었다. 이제 변증법을 가르치는 일이 인문학부 교수의 일차적 의무가 되었던 것이다.

문법에서 논리학에로의 이 같은 전환은 13세기 초엽의 시인이었던 헨리 안델리의 「자유학예들의 논쟁」이라는 비유적인 시에서도 잘 묘사되어 있다. 낡은 문법적 전통의 대변자로 선정되었던 오를레앙은 바야 흐로 새로운 논리학을 대표하는 파리의 강력한 도전에 직면해 있었다.

파리와 오를레앙이 서로 다투고 있다.
이들이 합의를 이루지 못하는 것은
엄청난 손실이고 커다란 슬픔이다.
당신은 이 불화의 원인을 알고 있는가?
이는 학문에 대한 견해의 차이 때문이다.
끊임없이 논쟁을 일으키는 논리학은
저술가들을 글쟁이라고 부르고 있다.
그리고 오를레앙의 학생들은 문법밖에 모르는 소년들이다.
오를레앙은 모든 학생들이 호머의 시를 4개나 알고 있다고 한다.
이들은 술고래들로서
시를 짓는 데 매우 뛰어나다.
한 잎의 무화과나무 잎사귀에 관해서도
이들은 50편의 시를 지을 수 있다.
그러나 변증법이라 불린 것에 대해서
이들은 격렬하게 반대하며,
악의를 가지고 소리치고 있다.
이들은 파리의 학생들, 플라톤[18])의 연구자들에 대해,
한푼의 가치도 없다고 생각한다.
그러나 논리학에는 학생들이 몰린다.
반면에 문법은 학생들을 잃고 있다.[19])

오를레앙의 필독 도서목록에는 호머,[20)] 버질, 클라우디안, 도나투스, 프리시안 등의 고대 저술가들이 포함되어 있었으며, 문법이 으뜸 가는 비중을 차지하였다. 오비디우스[21)]도 다소 늦게 여기에 포함되었다.

반면 파리에서는 논리학이 선두 주자였다. 그리고 그 옆에서 "시민법이 찬란하게 그리고 교회법은 거만하게 보조를 나란히 맞추었다." 플라톤과 아리스토텔레스를 연구하는 학자들이 이들의 핵심적 기수들이었다. 전투가 시작되자, 도나투스는 시로 플라톤을 공격하였고, 플라톤은 이에 궤변으로 응수하였다. 아리스토텔레스와 프리시안도 치고 받는 난타전을 치루고 있었다. 오비디우스의 후미 대열에 베르나르 실베스터까지 포함됨으로써, 문법이 초기에 우세를 점하게 되었다. 그러나 종국에 가서는 논리학이 압도적인 힘으로 전황을 승리로 이끌었다. 마침내 전장의 흙먼지가 가라앉자, 오를레앙과 문법의 전통은 마침내 소멸되었다.

> 문법은 퇴각하여
> 자신이 태어났던 이집트로 물러갔다.
> 그러나 논리학은 바야흐로 선풍적 인기를 누리게 되었다.
> 모든 소년들이 논리학 과목에 몰려들어
> 15세가 되기 전에 그것을 이수하였다.
> 이제는 어린이들조차 논리학을 배우고 있다![22]

파리와 논리학이 승리했던 것이다!

12세기 전기에는 소수의 교수들이 4과를 연구하였는데, 이에 따라 자연철학 문제에 관심을 기울였다. 당시에는 우주의 기원과 본성에 관한 최고의 권위가 플라톤이었다. 플라톤의 『티마에우스』의 경우 일부는 불완전한 라틴어 번역본으로, 그리고 일부는 또 다른 라틴어 축약본으로 남아 있었다. 윌리암 꽁쉬는 『티마에우스』에 대한 주석서를 집필하였으며, 그는 베르나르 실베스터, 띠에리 샤르뜨르와 더불어 성서상의 창조론을 플라톤의 우주론과 조화시키고자 노력하였다. 플라톤은 우주가 체계적이고 조화로우며, 최상의 모델을 따라 만들어졌고, 또한 그것은 내적 원리에 따라 독자적으로 운행된다고 가르침으로써, 12세기의 학자들로 하여금 자연을 탐구에 적합한 대상으로 간주하도록 고취하였다.

이 같은 플라톤의 우주관이 라틴 학자들의 주목을 끌었던 반면, 아리스토텔레스의 자연 인식은 서유럽에서 자취를 감추게 되었다. 단지 아리스토텔레스의 논리학 저술들만이 1150년경까지 라틴어로 옮겨졌기 때문에, 서유럽의 학자들로서는 자연과학, 형이상학, 윤리학 등에 관한 그의 중요한 연구들을 접할 수 없었다. 그러나 근동, 아프리카, 스페인 등지의 이슬람학자들까지 아리스토텔레스의 완전한 업적에 관해 이처럼 불완전한 이해를 가졌던 것은 결코 아니었다. 이들 이슬람 학자들은 초기 중세 때부터 아리스토텔레스 저작의 대부분을 알고 있었으며, 그것을 아랍어로 옮겼고, 또한 그것을 부지런히 연구하였다. 12세기 후엽에 이르러 서유럽의 라틴인들은 십자군운동과 교역활동을 통해 이슬람과 접촉하게 되면서, 이들도 아리스토텔레스 저작의 다른 여러 부분들을 점점 더 알게 되었다. 그리스도교 세계와 이슬람 세계의 경계지역이었던 스페인과 시실리에서는 남아있던 아랍어 저작들에 대한 번역작업도 진행되었다. 1160년과 1200년 사이에 서유럽 학자들도 조야한 라틴어 번역본으로나마 아리스토텔레스 저작 전체에 대해 지식을 가질 수 있게 되었다. 13세기에는 이들 초기 번역본의 대부분을 그리스어 원전과 직접 대조함으로써 그 정확도도 높이게 되었다. 이 새로운 번역사본들에는 그동안 아리스토텔레스를 연구하고 그의 사상을 해석해 온 이슬람 철학자들의 주석들도 수록되었다. 이 같은 이슬람 철학자들 가운데 핵심 인물이 이븐 로쉬드(Ibn Roshd)였다. 서유럽인들에게 아베로이스[23]로 알려진 그는 스페인의 이슬람지역에서 활동한 학자였다. 아베로이스의 아리스토텔레스에 대한 외경은 무한한 것이었다. 그리하여 그는 아리스토텔레스의 사상체계를 플라톤의 영향이 배제된 원래의 순수한 형태로 복원하고자 하였다. 비록 아베로이스의 노력이 완벽하게 성공을 거둔 것은 아니었지마는, 그러나 그의 아리스토텔레스 주석집들은 라틴어로 옮겨지게 되었고, 서유럽의 다수 학자들은 이를 아리스토텔레스에 대한 가장 믿을 만한 해석으로 간주하였다.

13세기 초엽에 이르러서는 라틴 학자들도 지극히 박학한 저술가였던 아리스토텔레스를 완전한 형태로 접하게 되었다. 그의 다양한 저작들은 그리스의 과학과 철학의 전 영역을 망라하였다. 가장 두드러진 분야만 언급한다 하더라도, 여기에는 물리학, 식물학, 동물학, 천문학, 논리학, 형이상학, 인식론, 윤리학, 정치학 등이 포함될 것이다. 이 모든 영역에서 그는 조직적 탐구, 엄밀한 정의, 체계적 분류 등의 탁월한 재능을 발휘하였다. 아리스토텔레스는 무엇보다도 고전학의 전 영역을 체계적으로 조직하고 분류한 인물이었다. 특히 그는 고대 그리스 철학의 사조를 자연주의와 합리주의에 비추어 분석하고 그 중요성을 강조하였다. 아리스토텔레스는 이 세상을 그 자신의 고유한 원리에 따라 독자적으로 운용되는 하나의 거대한 자연적 유기체로 간주하였다. 이성의 자유로운 활동에 의해 인간정신은 우주에 침투해 들어가서, 그것의 본원적 기능들을 파악할 수 있다는 것이었다. 아베로이스와 그의 열성적 추종자들에 따르면, 아리스토텔레스의 철학은 자연이성의 자유로운 활동의 모든 잠재력을 보여주고 있었다. 아리스토텔레스의 사상이 완전한 형태로 재발견됨에 따라, 그는 이교적 그리스 지성의 진정한 힘을 가지고 라틴 그리스도교 세계와 대립하게

도미닉 수도회(안드레아 다 피렌체, 1366~1368년)

되었으며, 그리하여 일종의 위기적 상황이 조성되었다.

새롭고 완전한 아리스토텔레스가 대두한 시점은 중세 대학들이 형성되고 있던 바로 그 시기였다. 이에 아리스토텔레스를 어떻게 대할 것인가 하는 문제가 대학 교수들 사이에 중대한 화두가 되었다. 아리스토텔레스의 『윤리학』은 파리 대학 인문학부의 교과과목으로 재빨리 채택되었다. 그러나 그의 형이상학 및 자연과학적 저작들은 첨예한 반론을 불러일으켰다. 1210년 교회의 공의회는 아리스토텔레스의 자연철학과 그 주석서들에 대해 파문령을 내려 공적으로든 사적으로든 파리에서 읽는 것을 금지하였다. 이 금지령은 5년 후 재공포되었는데, 이때는 제한조치가 공식적 독서와 강의에만 적용되었다. 다시 말해서 자연과학적 및 형이상학적 논저들이 공교육의 교재로는 부적절한 것이었지마는, 이들을 사적으로 읽는 것은 사실상 허용되기에 이르렀다. 파리의 유력한 신학자들은 아리스토텔레스 사상의 자연주의적·합리주의적 속성이 외견상으로는 그리스도교 신앙의 초자연적 속성과 양립되기 어렵다고 판단하였던 것이다. 물론 교황청이 13세기 초엽 아리스토텔레스에 대한 정죄를 재확인한 것은 사실이다. 그러나 1231년 교황청은 학문위원회에 당시까지 의혹을 받아온 저술들의 수정을 허락하였다. 그리하여 13세기 중엽에 이르자 앞서의 금지령은 사실상 실효를 상실하게 되고, 파문 당한 저작들도 공개적으로 인문학부 교과과정에 포함되기에 이르렀다. 교황청과 대학 당국이 아리스토텔레스의 저작 전체를 마침내 완전히 받아들이게 되는 반전의 과정은, 파리 대학의 수많은 교수들 및 일부 도미닉 수도회 학자들의 집중적인 노력의 결과였다. 이들에 관해서는 앞으로 고찰해 보도록 하겠다. 아리스토텔레스가 새로운 과학의 근간으로 간주되었던 만큼, 많은 사람들은 그것에 대한 적대감 내지 무시가 몽매주의를 초래할지도 모른다는 우려를 가지고 있었다. 또한 일부 학자들은 아리스토텔레스를 인문학부의 교과과정에 새로운 활력을 불어넣게 될 획기적인 원천으로까지 환영하고 있었다. 일단 아리스토텔레스의 저작들이 기본 교재로 채택되자, 인문학부 교수들은 그들의 강의를 통해 이들을 열성적으로 주석하기 시작하였다. 13세기에 들어 아리스토텔레스는 인문학부의 위대한 전거가 되었던 것이다.

파리 대학에서 가르쳤던 수백 명의 교수들 가운데 특별히 주목을 끄는 인물은 13세기 후엽 인문학부에서 영웅 겸 지도자로 활동한 시제르 브라방이다. 그가 겪었던 역경의 삶과 그의 비극적 종말은 결코 전형적인 것이 아니었다. 그럼에도 불구하고 우리는 그의 생애를 통해 인문학부 교수단을 대표하는 다양한 요소들을 확인할 수 있다.

그의 이름이 가리키듯이, 인구밀도가 높은 저지대 지방 출신이었던 시제르 브라방은 1250년대에 파리로 와서 인문학을 공부하였으며, 리에지 성당으로부터 성직록을 받았다. 그로부터 약 6년 후 그는 교수자격을 받았는데, 그가 역사문서에 처음으로 언급된 것은 인문학부의 폭력적 난동에 개입했다는 기록으로서, 이 점은 시제르의 교수생활의 특징이 되어버렸다. 시제르는 세느 주변의 왼쪽 강안 포레(볏짚)가에서 강의를 하였는데, 이 거리의 이름은 학생들이 강의실 마루에 뿌려진 볏짚에 앉아 강의를 들은 데서 유래되었다. 그의 강의는 동료 교수들에게 감동을 주었고, 그를 따르는 많은 수의 학생들로부터 열렬한 지지를 받았다. 그의 저작은 거의 전부 인문학의 기본 교재들에 대한 강의와 토론을 기초로 하여 작성된 보고서들로 이루어졌다. 시제르 브라방은 아리스토텔레스와 그의 이슬람 주석가 아베로이스를 정신적 영감을 주는 홍미진진한 지적 원천으로 새롭게 재발견했던 파리 대학의 교수들 가운데 한 사람이었다. 아리스토텔레스가 자연이성의 완전한 지적 잠재력을 대변하였고, 그는 이 그리스 철학자에게 너무나 매료되었기 때문에 그리스도교 교의와 모순되는 철학적 원리들까지 기꺼이 수용하게 되었다. 라틴 아베로이스주의로 알려져 있는 시제르의 견해에 관해서는 앞으로 살펴보겠지마는, 그의 입장은 신앙과 이성의 관계에 관한 논의와 깊이 결부되어 있었다. 그는 완강하게 일관된 논지를 굽히지 않음으로써 파리 대학 내에 격렬한 논쟁을 일으켰으며, 그 자신이 논쟁의 주된 희생자가 되었다. 그의 학문활동은 1277년 파리 주교의 공식적 정죄로 종식되었으며, 이후 그는 정신이상자였던 비서에게 살해되었다. 그러나 그에 대한 기억은 다음 세기에 시인 단테[24]가 「천국편」에서 시제르 브라방을 토마스 아퀴나스 옆에 그리고 위대한 그리스도교 사상가의 무리 가운데 그려 넣음으로서 되살아났다. 그는

단테(플로렌스 듀오모 대성당, 1465년)
단테는 시제르 브라방을 위대한 그리스도교 사상가로 되살려 냈다.

이렇게 묘사하고 있다,

> 이것이 시제르의 영원한 빛이다.
> 그가 포레 거리에서 강의했을 때
> 그는 환영받지 못했던 진리들을 추론하였다. (「천국편」, 10곡)

### 3. 의학

고대 이래로 환자들을 전문적으로 치료하였던 다수의 사람들은 공식적·이론적 의학 훈련을 받은 자들이 아니라 단순히 기존 개업의의 도제로서 나름의 기술을 익혔던 의료 직인들이었다. 의학박사라는 자격을 부여하는 학교교육을 받았던 자들은 상대적으로 소수의 사람들에 불과하였다. 전문 의료인 이외에도 일부 사람들은 의학을 인문학의 일부로 간주하여 공부하기도 하였다. 대체로 보아 이 같은 고대적 유산은 중세에도 유지되었다. 그러나 거기에는 한 가지 새로운 요소가 도입되었다. 중세 초기에는 의료 시술 및 의학 교육 모두가 점차 수도승의 전유물이 되어 갔다. 수도원이 대부분의 병원과 학교를 소유하였기 때문에 수도승들이 의술활동을 주도하게 되었던 것이다. 그러나 12세기에 접어들어 수도승들이 교육에 대한 그들의 주도권을 포기하게 됨으로써, 의학에 대한 그들의 독점 역시 단념될 수밖에 없었다.

13세기 즈음 의학 교육의 두 탁월한 센터는 나폴리 남부의 살레르노와 마르세이유 서부의 몽펠리에였다. 몇몇 역사가들은 지중해 연안이라는 공통의 지리적 여건으로부터 이를 설명하고 있다. 온화한 기후를 가진 살레르노에서는 건강휴양소가 발전했으며, 몽펠리에는 이슬람권에 가까이 위치해 있었기 때문에 의학이론에 관해 많은 영향을 받았다

의술의 시연(12세기)
왼쪽부터 시계방향으로 약초 빻는 것을 지시하는 의사, 간질환자를 치료하는 의사,
백내장을 시술하는 외과의, 인체의 중요 부위를 표시하는 의사

는 것이다. 의학 중심지로서의 살레르노의 명성은 10세기까지 거슬러 올라가는 유서 깊은 것이었다. 그러나 그 같은 명성은 주로 이곳의 개업의사들 때문이었다. 의학 교육에 관해서는 12세기까지 그 증거를 찾아보기 어려운 것이 사실이다. 그러나 13세기 중엽에는 대학 내에 의학부 조직이 등장하게 되었다. 반면 몽펠리에는 유럽 최초의 의과대학을 자부할 수 있었다. 일찍이 1220년부터 이에 관한 기록을 확인할 수 있다. 아랍 저작들로부터 영향을 받았던 몽펠리에의 교수들은 의학에 대해 보다 이론적인 접근을 선호하였다. 이 밖의 다른 대학에서도 낮은 수준이나마 의학부를 육성하였다. 예를 들어, 볼로냐 대학은 외과와 해부학을 특화시켰고, 13세기 말엽에 이르러서는 파리 대학에서도 소규모 의학 관련 학부들이 아리스토텔레스의 재발견에 힘입어 상당히 고무되어 있었다. 그러나 대부분의 의료 시술자들은 고대 시기와 마찬가지로 이 같은 이론적 교육의 혜택을 거의 받지 못하였다.

13세기의 의학 교육은 대학에서 발전한 스콜라적 기법을 분명하게 따랐다. 그리스의 의사였던 히포크라테스[25]와 갈렌[26]이 이들의 표준적 전거들이었으며, 라틴 세계에 아비세나[27]로 알려진 페르시아 사람 이븐 시나의 의학 저술들이 여기에 추가되었다. 아비세나는 그 자신이 아리스토텔레스에 관한 뛰어난 주석가 중 한 사람이었다. 살레르노와 몽펠리에의 교수들도 주로 이러한 기본 교재들을 강의하였기 때문에, 이 저술들도 대체로 주석집의 형식으로 남게 되었다. 우리는 12세기에 들어 의학 교육이 발전했음을 말해주는 몇몇 증거들을 찾아볼 수 있다. 이 즈음 일부 의학박사들은 스스로를 다수의 의료 시술인들과 구별하여 내과의사라고 부르기 시작하였다. 이 호칭은 그리스어로부터 유래되었으며, 물리학 및 자연과학의 어원과도 관련이 있었다. 내과의사라는 호칭을 사용함으로써 의학박사는 자신의 지식을 과학에 결부시키고 있었으며, 이러한 의학과 과학의 유대는 13세기 들어 아리스토텔레스의 기여로 인해 더욱 강화되기에 이르렀다. 예를 들어, 우르소 칼라브리아(Urso of Calabria : † 1225)는 살레르노에서 두각을 나타낸 교수 중 한 사람이었는데, 자신의 주석서들을 집필하면서 아리스토텔레스의 과학적 저술들을 활용하였다. 그러나 이 같은 진보에도 불구하고, 의학의 발전은 다른 학문영역의 발전을 따라가지 못했으며, 중세 서유럽의 의학적 성과는 이슬람의 그것을 결코 능가하지 못했다.

## 4. 법학

13세기의 몇몇 대학들은 그들의 로마법학부와 교회법학부에 대해 나름의 자부심을 가지고 있었다. 그러나 법률학 분야의 주도권은 의심할 나위 없이 볼로냐 대학에 속해 있었다. 예를 들어, 파리의 교회법 교수들은 동료 로마법학자들의 부재로 인해 어려움을 겪었는데, 이는 세기 초엽 교황청이 로마법학자들의 파리 진출을 금지했기 때문이다. 로마법은 몽펠리에와 오를레앙 등에서도 교육되고 있었다. 그러나 13세기 말엽 볼로냐의 진정하고 유일한 경쟁상대는 오직 오를레앙뿐이었다. 볼로냐의 법률학 전통은 11세기 말엽까지 거슬러 올라간다. 비록 먼 과거의 아련한 전설들로 인해 희미해지기는 했지마는, 로마법과 교회법의 기원은 두 인물과 관련이 있다. 한 사람은 전직 인문학부 교수 겸 재판관이었던 이르네리우스로서, 그는 산 스테파노 주변지역에서 로마법을 가르쳤으며, 몇 편의 소 논술집과 수많은 법률 주석서들을 집필하였다. 얼마 후 도시의 맞은편 끝에 까마돌리파의 수도승이었던 그라티안이 나타났는데, 그는 산 펠리스와 산 나보르에서 교회법을

그라티안의 『교회법령집』 첫 페이지(12세기)

가르쳤고, 『교회법령집』(*Decretum*)으로 알려진 획기적인 교회법 모음집을 편찬하였다. 이들은 로마법과 교회법이라는 각각의 영역에서 학생들을 고취시켰는데, 학생들은 스승과 그 가르침에 관한 기억을 외경하였으며, 교육을 통해 이를 다음 세대에 전달하였다. 예를 들어, 이르네리우스의 걸출한 4명의 제자 즉 불가루스,[28] 마르티아누스, 휴고,[29] 야코부스[30] 등은 '4 박사들'로 불리게 되었다. 제 3세대에 가서는 요하네스 바시아누스가 불가루스를 승계하였고, 플라켄티누스는 마르티아누스를 승계하였다. 그라티안의 직계 제자들 가운데는 아마 로란두스 반디넬리도 포함되어야 할 것이다. 그러나 12세기 후엽에는 루피누스[31]와 휴그치오[32]가 가장 저명한 교회법 학자들이었다. 대체로 보아 로마법 학자는 본래 이탈리아 출신으로서 속인이었으며,

혼히 이들은 아들들에게 자신의 지위를 물려주었다. 반면에 교회법학자는 대부분이 성직자로서 유럽의 전 지역으로부터 볼로냐를 찾아온 사람들이었다. 알라누스 앙글리쿠스, 요하네스 튜토니쿠스, 로렌티우스 히스파누스 등은 그 이름으로 각자의 출신지를 드러내고 있는 셈이다. 영국 사람, 독일 사람, 스페인 사람, 웨일즈 사람, 헝가리 사람, 이탈리아 사람 등이 국제적인 팀을 이루어 보편적인 교회법적 사법체계를 만들기 위해 노력하였다. 학생 신분으로 시작했던 이들은 교회법학 교수로 성장했을 뿐만 아니라, 혼히 고위 성직자로 임명됨으로써 보상을 받았으며, 심지어 때로는 교황직에까지 오르기도 하였다. 예를 들어, 루피누스와 휴그치오는 각각 아씨시와 피사의 주교가 되었으며, 로란두스 반디넬리는 교황직에 피선되어 교황 알렉산더 3세가 되었다. 교회인들은 법률 훈련을 받은 행정가의 이점을 충분히 알고 있었던 것이다. 초기에는 로마법과 교회법 교육이 대개 분리되어 있었으나, 오래지 않아 호환적 교육의 이점이 분명해지게 되었다. 결과적으로 학생들은 두 영역의 과목들을 모두 이수하게 되었다. 그리하여 요하네스 파벤티우스는 '로마법 및 교회법 박사'라는 학위를 취득한 최초의 인물이 될 수 있었다.

　법률학의 형성에 요구되었던 초기의 문제는 고전적 법률 전거들을 수합하는 일이었다. 그러나 로마법 학자들은 이 작업을 이미 오래 전부터 해오고 있었다. 6세기에 콘스탄티노플의 황제 유스티니아누스는 모든 로마법을 4권의 주요 책들로 편찬하도록 하였다. 이에 기본적인 법률 편람이었던『입문서』(*Institutes*), 위대한 고전 법률가들의 법률적 해석을 수록한『학설 개요집』(*Digest*), 제정된 법률들을 선택적으로 모아놓은 『법령집』(*Code*), 새로운 법령들을 수록한 『신법집』(*Novellae*) 등이 편찬되었다. 법전 전체는『시민법 대전』(*Corpus iuris civilis*)으로 불리게 되었는데, 이는 수세기에 걸친 로마 법률가들의 천재적 업적을 가장 잘 드러낸 것이었다. 그러나 로마제국의 몰락과 초기 중세의 야만화로 인해 서유럽에서는 로마 법률학의 실제적 적용과 교육이 현저하게 쇠퇴하였다. 전반적으로 보아 유스티니아누스의 법전은 망각되었으며, 특히 『학설 개요집』은 난해한 법률이론이어서 야만화된 이 시기에는 거의 필사도 되지 않았다. 『학설 개요집』을 재발견해 내고 『시민법 대전』을 복원함으로써, 11세기 말엽 이르네리우스는 로마법의 회복이라는 의미 깊은 작업을 하였던 것이다. 이 때부터 로마법 학자들은 연구하고 가르치는 데 필요한 주요한 전거들을 충분히 활용할 수 있게 되었다.

반면 교회법 학자들은 기존의 전거들에 대해 로마법 학자들이 가지고 있었던 정도의 호의를 가지고 있지 않았다. 교회법의 기본 요소들 즉 공의회의 종규들, 교황령, 교부들의 견해, 세속 제후에 관한 법령 등은 4세기에서 11세기에 이르는 기간에 편찬된 수많은 법령집들의 여기 저기에 흩어져 있었다. 불규칙적이고 왕왕 불완전한 형태이기는 했지만, 초기에 편찬된 이 법령집들은 교회법의 기본 요소들을 보존하였고 또한 전달하였다. 그러나 당시까지는 누구도 이 모든 것을 하나로 묶으려는 시도를 하지는 않았다. 그러니까 그라티안은 가장 방대하게 교회법령들을 모아 편찬함으로써, 사실상 교회법체계의 구축에서 황제 유스티니아누스에 견줄 만한 위업을 이룩한 셈이다. 1140년경 편찬된 흔히 『교회법령집』으로 알려진 그의 교회법 모음집은 그 이후의 교회법 학자들에게 소송절차 및 교육 모두를 위한 고전적 전거를 마련해 준 것이었다. 그러나 교회법 조항들은 로마법의 그것만큼 고정 불변하는 것이 아니었다. 살아 있는 조직이었던 중세 교회는 공의회와 교황들을 통해 끊임없이 법령을 제정하였다. 12·13세기에 들어, 교황 알렉산더 3세와 교황 이노센트 3세 등은 새로운 법령의 제정에 특별히 적극적이었다. 교회의 최고 재판관으로서 교황은 법률 전문가들의 조언에 따라 송사를 심리하고, 교황령이라 불린 판결을 제정할 책임을 지고 있었는데, 바로 이들이 교회법의 선례가 되었다. 12세기 말엽과 13세기 초엽에는 이런 것들을 모은 새로운 교회법령집이 편찬되었으며, 1234년에는 마침내 이 모든 것이 한 권의 책으로 편찬되기에 이르렀다. 교황 그레고리 9세는 이를 공식 승인하여 『교황령 전집』(*Decretales*)이라 불렀는데, 여기에 교황 보니파키우스 8세가 13세기 말엽에 다시 추록을 첨부하였다. 그러니까 『교황령 전집』은 『교회법령집』에 뒤이어 교회법의 고전적 전거를 이루게 되었다.

일단 전거들이 확정되자, 다음 단계는 이들을 일관성 있는 법률 체계로 파악하고 조정하는 작업이었다. 학문적으로 볼 때 이 작업은 전거에 대한 강의의 형태로 수행되었으며, 이것이 주석의 형식으로 필사되었다. 로마법 학자들은 왕왕 주석학파로 불리곤 하였는데, 이는 그들이 유스티니아누스에 대한 방대한 주석집들을 만들어 냈기 때문이다. 초기 이르네리우스의 주석들은 전거에 대한 간결하고 짤막한 설명들로서, 이는 이르네리우스 자신이 인문학부 교수로서 잘 알고 있었던 초기의 문법 주석집을 연상시키는 것이었다. 그러다가 시간이 경과하면서, 로마법 학자의 주석은 길이도 길어지고 논리도 더욱 정교해지게 되었다. 그라티안의 『교회법령집』을 강의하였던 교회법학자 루피누스와 휴그치오도 비슷한 주석들을 집필하였다. 결과적으로 이 같은 주석들은 전거를 위한 보조 수단으로 한데 묶이게 되었는데, 여기서 각각의 필자들은 선학 내지 동학들의 업적에 크게 의존하기 마련이었다. 사실상 이 같은 법률 주석서들은 철저하게 공동 협업의 결과물이었으며, 이 가운데 몇몇은 학교들에서 광범위하게 채택되었다. 『일반 주석집』

으로 불린 이 책들은 공식적 주석서로서, 교수가 일상 내지 정규강의 때 전거를 든 다음 곧바로 읽히는 것이 되었다. 예를 들어 13세기 이사분기에 로마법 학자 아꾸르시우스는 9만 6천 조항이 넘는 종래의 주석들을 수집하였다. 유스티니아누스의 『시민법 대전』 전체에 대한 그의 방대한 보조적 주석들은 중세 내내 『일반 주석전집』(*Glossa ordinaria*)으로 간주되었다. 마찬가지로 요하네스 튜토니쿠스와 후대의 바르톨로메오 브레시아도 그라티안에 대한 『일반 주석집』을 편찬하였으며, 교황 그레고리 9세의 『교황령 전집』에 대한 베르나르 파르마의 주석집도 이에 버금 가는 명성을 얻게 되었다.

고전적 전거와 그 주석집들의 편찬은 강의와 밀접한 관련이 있었다. 그러나 이 같은 작업은 법률학의 단지 초기 단계의 일일 뿐 완성 단계의 것은 아니었다. 법률 전거들을 수집한 다음에는 이들을 체계적이고 질서정연하게 조직해야 했다. 학자들이 서로 다른 시대와 상황하에서 나온 법령들을 비교해 보게 되자, 당시에는 어깨를 나란히하고 있었던 법령들 사이에 상당한 불일치가 존재하며 심지어 명백히 모순되기조차 한다는 사실을 발견하게 되었다. 상충하는 전거들은 해결되어야 할 문제들을 제기했기 때문에, 이들을 조정하고 조화를 이루는 기술은 '문제의 제기'라고 불리게 되었다. 어떤 의미에서 보면, 문제의 제기로서 하고자 했던 작업은 로마법 주석학자들이 이미 수행했던 것이었다. 유스티니아누스의 편찬자들은 법률을 체계적으로 조직하고자 했을 뿐 아니라, 가필, 용어 변경, 삽입 등을 통해 전거상의 상충 문제도 해소하고자 하였다.

신생 학문이었던 교회법의 경우에는 문제 제기의 요건이 아직 충분히 마련되지 않았다. 11세기 말엽 몇몇 초기 교회법 학자들은 교회법 내부의 불일치를 조사하고 조화시켜야 할 필요성을 느끼게 되었다.

그리하여 이들은 신학자들 역시 동의하였던 원칙들을 제안하게 되었다. 그라티안의『교회법령집』은 교회법학자와 신학자 모두가 동의하였던 이 과정을 완성시킨 것이었다. 그라티안은 사료상의 견해차와는 무관하게 이를 오직 주제에 따라 체계적으로 정리하였다. 고대 로마의 법률가들과는 달리 가필을 해서 법률의 전거들을 변경시키려 하지 않았던 것이다. 전거의 차이들을 조정하는 그의 주된 방법은 변증법 내지 논리학의 규칙을 따르는 것이었다. 그는 전거의 진실성, 법령이 나온 맥락, 그리고 견해차를 설명하는 데 도움이 될 수 있는 다양한 시기, 장소 및 인적 상황들을 조사하였다. 그는 법령의 완성도를 높이기 위해서 일반적 표준과 특정의 경우들을 구별했으며 또한 예외적 조항, 엄정한 규칙, 조언들을 구분하였다. 특히 그가 용어의 다양한 의미들을 세밀히 검토한 것은 매우 중요한 작업이었다. 특정한 모든 문제들에 대해 찬성과 반대를 각각 수록한 다음,「그라티안의 견해」라는 명칭의 해결책을 그는 제안하였다. 그의 위대한 법전의 원 제목이 '일치하지 않는 교회법들의 조화'였다는 점은 의미 깊은 사실이다.

그라티안의『교회법령집』은 교회 내의 여러 가지 사건들을 다루었다. 스콜라 문화라는 맥락에 비추어 볼 때 다음과 같은 흥미로운 질문은 그의 방법을 해명하는 데 도움이 될 것 같다. 즉 사제들 역시 이교도 문헌을 공부해야 하는가 또는 말아야 하는가(1편, 37부)[33] 하는 문제가 그것이다. 먼저 부정적인 견해로서, 주교란 이교도의 서적을 읽어서는 안 된다고 한 카타링기아 공의회의 오랜 종규를 들었으며, 변증법이 그리스도교도들에게 미칠 위험에 대해 각별한 경각심을 촉구한 교부 제롬의 주장을 4군데서 인용하였다. 그리고 마지막 전거로서, 제롬의 유명한 꿈이야기 즉 제롬 자신이 키케로주의자가 되었다는 질책을 비유적으로 제시하였다. 이에 그라티안은 "이 모든 예들을 고려해

볼 때, 성직자는 이교도 문헌에 관한 지식을 추구해서는 안 된다고 보인다"라고 매듭지었다. 그러나 그는 여기서 멈추지 않고 계속해서 다음과 같이 밝혔다. 반면에 "우리는 모세와 다니엘이 이집트 인과 칼데아 인들의 모든 지혜를 배웠다는 것을 안다. 또한 우리는 신이 이스라엘의 아들들에게 명하여 이집트인들의 금과 은을 강탈케 했음을 알고 있다. 이러한 예들에 대한 도덕적 해석은 시인들로부터 지혜의 금 및 수사학의 은을 발견하여야 하며, 이를 유용한 지식으로 활용하여야 한다는 것을 우리에게 가르쳐 준다"고 그는 지적하였다. '이집트 인들에 대한 강탈'이라는 널리 알려진 주장과 관련하여, 그라티안은 5개의 전거를 제롬 등의 교부들로부터 그리고 2개의 전거를 교황들로부터 수집하였다. '이교도 지식이 성서를 정확히 이해하는 데 유용하다'는 점을 강조한 사람들 가운데는 교황 클레멘트도 들어 있는데 그는 "사람들이 성서로부터 건전하고 확실한 진리의 규범을 배우고자 할 때, 그가 아마도 젊은 시절에 접했던 보편 문화 내지 인문학으로부터 진정한 교리를 입증해 줄 무엇인가를 얻고자 하는 것은 조금도 이상한 일이 아니다"라고 지적하였다. 또한 그라티안은 다음과 같은 견해도 불쑥 던져 놓았다. 즉 "이제 이교적 저술들 역시 읽어야 한다는 점이 극히 이성적으로 밝혀진 만큼, 이들에 대한 독서를 금해야 할 이유가 어디에 있을까? 어떤 이들은 세속문학을 자신의 기쁨을 위해 읽었지만, … 어떤 이들은 자신들의 지식을 보완하기 위해 이들을 배웠다. … 이들은 세속 문학에서 발견한 유용한 것들을 신성하고 경건한 학문을 위해 활용하였다. 세속문학으로 자신의 지식을 보완하는 이 같은 행위는 바람직한 것이다"라고 밝혔던 것이다. 이 문제에 대한 논의의 끝부분에서 그라티안은 이러한 입장을 재천명하였다. "따라서 이미 전거들을 통해서 명백히 드러났듯이, 사제들은 이교도 문헌들에 대한 무지를 극복해야만 한다"는 것이 그의 결론이었다. 상호 모순되는 전거들의 변증법적 조화를 통해서, 그라티안은 인문학을 변론하였다. 사실상 인문학이 바로 이 같은 조정안을 만드는 기법을 그에게 제공하였던 것이다.

더욱이 로마법학자들은 문제 제기의 방법을 『대전』이라 불린 법률학 문헌에도 적용하였다. 유스티니아누스 법령집의 주제별 구상에 따라 편성되었던 『대전』은 단순한 주석집이 아니라, 전거의 자구적 순서에 비해 법학 원리의 논리적 순서를 보다 충실히 따랐던 체계적이고 방대한 논술집이었다. 이 『대전』들에서 우리는 주요 법률 주제들에 대한 세밀하고 합리적인 논의를 발견할 수 있는 것이다. 휴그치오와 같은 교회법 학자 역시 이 『대전』 기법을 『교회법령집』과 『교황령 전집』에 대한 자신의 주석들에서 활용했던바, 경우에 따라서 그는 자구적 접근방법도 함께 병용하였다. 변증법을 법률에 적용함으로써 만들어진 이 『대전』들을 통해 사법체계의 합리적 종합이 가능해지게 되었다.

문제의 제기란 진실을 규명하기 위한 변증법적 토론에서 한 전거를 다른 전거에 견주어 보는 방법이다. 토론은 소송 업무를 수행하는 데 있어서도 기본적인 요소였다. 송사에 대한 모든 판결은 상쟁하는 양측의 서로 반대되는 주장들로부터 나오는 것이었다. 따라서 볼로냐의 로마법학자들이 처음으로 논쟁 절차를 발전시켰다는 것은 놀라운 일이 아니다. 12세기 초엽 이르네리우스의 주요 제자들이었던 불가루스와 마르티아누스는 법률이론을 둘러싸고 경쟁적인 두 학파를 형성하였다. 이들은 법률적 관점을 논함으로써 교수들 사이의 서로 다른 의견들을 수록한 『교수들의 견해의 불일치』를 펴내게 되었다. 그 이후 그들 각각의 학생들은 교수들이 내린 판결을 놓고 가상의 법리논쟁도

벌이게 되었다. 이 같은 모의법정에 대해 불가루스의 강의실에서는 공식적으로 보고관을 지명하여 기록들을 남기게 하였는데, 이것이 오늘날 우리가 가지고 있는 최초의『문제의 제기와 논쟁집』이다. 법률학의 논쟁적 본성에서 비롯된 이 같은 토론은 볼로냐의 로마법 학자들로부터 교회법 학자 및 신학자들에게로 전달되었다. 중세의 법률학 연구는 다른 학문들과 마찬가지로 고전적 전거들에 대한 강독에서 출발하여, 그로부터 문제를 제기하게 되었으며, 논쟁을 통해서 이에 대한 해결책이 다듬어지게 되었다.

12세기 중엽에 이르기까지는 볼로냐의 법률학자들이 그들의 기본적인 학문적 수단을 마련하게 되었다. 그러니까 13세기에는 법률학이 눈부신 발전을 이룬 시기였다기보다는 기존의 기법들이 완성도를 높였던 시기였던 셈이다. 여기서는 두 명의 탁월한 법학 교수를 통해 당대의 학문적 분위기를 살펴보기로 하자. 물론 이들을 당시 법률학자의 전형으로 간주하기는 어렵다. 오히려 이들은 자신들의 특별한 업적 때문에 우리에게 알려지게 된 인물들이다. 그렇기는 하지마는 우리는 이들의 삶을 통해서 법률학도의 특징적 성격들을 다시 한 번 파악할 수 있을 것이다. 13세기 중엽 볼로냐에서 가장 성공적이었던 로마법 교수는 아꾸르시우스[34]였다. 플로렌스에서 태어난 그는 볼로냐에서 수학하고, 이르네리우스로부터 불가루스와 요하네스 바시아누스에 이르는 학문적 계보에 속하였다. 그는 대략 40년 동안 볼로냐 대학의 교수로 활동하면서 풍부한 학문적 결실을 낳았으며, 앞서 지적했듯이,『일반 주석 전집』은 지금도 그의 주저로 남아 있다. 아꾸르시우스 이전의 대부분의 주석가들은 그 관심이『법령집』에 한정되어 있었다. 아꾸르시우스의 중요한 기여는 유스티니아누스의『시민법 대전』전체에 대해 포괄적인 학문적 수단을 제공한 데 있었다. 물론 그의 저술 가운데 독창적인 것이 많지는 않았다. 그럼에도 불구하고 그는 로마의 법률학이라는 풍요로운 학문적 유산을 다른 사람들도 접할 수 있도록 편리한 형태로 재조직하였다. 이 같은 업적으로 인해 아꾸르시우스는 후대의 로마법학자들에게 '주석가들의 우상'으로 불리게 되었던 것이다. 이밖에도 그의 성공적 삶은 다른 구체적 표식들에 의해서도 확인된다. 그에게는 아들이 많았는데, 이들 역시 아버지 뒤를 이어 법률 전문직을 승계하였다. 그 가운데 가장 유명한 아들이 프란체스코로서 그 역시 볼로냐에서 저명한 법학 교수가 되었다. 그러나 그의 명성은 단테가 그를 지옥에 있는 남색자의 하나로 묘사한 다음 급속히 훼손되었다(「지옥편」, 15곡). 볼로냐의 걸출한 시민이었던 부친 아꾸르시우스는 공화제 정부에 적극적이었고, 아들 프란체스코는 영국의 군주 에드워드 1세에 봉사하였다. 더욱이 법률을 가르치는 일과 정치적 봉사에는 물질적인 보상이 뒤따랐는데, 이 점에서도 그는 성공적이었다. 아꾸르시우스는 중앙 시민 광장에 대저택을 소유하고 있었고, 시골에도 훌륭한 별장을 갖고 있었다. 이 로마법 교수의 웅장한 무덤은 볼로냐에서 그가 누렸던 사회적 지위와 부를 지금도 극히 상징적으로 보여주고 있다. 이 무덤은 오늘날도 산 프란체스코 교회 뒤뜰에 아들 프란체스코의 무덤과 함께 자리잡고 있다. 사실 산 프란체스코 교회와 산 도미니코 교회의 내부와 주변 지역에는 당대 주석학자들의 화려한 무덤들이 상당수 흩어져 있다. 13세기에는 법학자들의 지위가 실로 높았기 때문에, 이들은 자신의 교수라는 신분을 '법률들의 주군'이라는 칭호와 맞바꾸기도 하였다.

13세기 교회법학자들 가운데 아꾸르시우스에 견줄 만한 인물이 헨리 수사[35]로서, 그는 후대에 호스티엔시스로 알려지게 되었다. 토리노 인근 지역 태생이었던 헨리는 볼로냐 대학에서 로마법과 교회법

단테의 『신곡』 중 지옥(플로렌스 학파, 1405년)

모두를 연구하여, 그곳에서 이들 두 영역 즉 로마법과 교회법에서 각각 박사 학위를 받았다. 헨리 수사 역시 볼로냐에서 짧은 기간 가르쳤던 것 같기는 하지만, 그의 주된 교수 경력은 파리에서 교회법을 강의하면서 쌓게 되었다. 이처럼 오랫동안 프랑스에 체류했음에도 불구하고, 마음은 언제나 볼로냐 사람이었다. 그가 유언장에서 자신의 책들을 그가 교육받은 볼로냐 대학에 기증하도록 했던 것도 이 때문이었다. 헨리 수사는 그레고리 9세의 『교황령 전집』에 근거하여 두 개의 주요 저작을 저술하였다. 그 하나가 『강의록』으로서, 파리 대학에서 강의한 것들을 묶은 이 책은 방대한 분량의 해설서였다. 다른 하나는 그의 가장 중요하고 기념비적인 저작인 『대전』이었다. 비록 그의 『대전』이 『교황령 전집』 체제를 따른 것은 사실이지만 그것은 분량 면에서 『강의록』의 주석들 보다 많았으며, 교회법을 로마법적 전통에 따라 포괄적 논리적 방식으로 토론한 것이었다. 특히 헨리는 교회법에 관한 그의 논의에서 필요한 곳에서는 어디서든 로마법의 기여를 소개하였다. 그리하여 그의 『대전』은 로마법과 교회법 모두의 발전에 동일한 중요성을 가지게 되었다. 헨리의 저작 『대전』은 로마법체계와 교회법체계를 종합한 것으로서 충실한 의미에서 그것은 양자를 망라한 전집이었다. 이는 당대의 신학적 『대전』들에 견줄 만한 것이었던바, 이에 관해서는 다음 장에서 검토해 보도록 하겠다. 위대한 교회법 학자로서의 헨리의 명성은 후대에 이 책이 『황금 대전』(*Golden Summa*)으로 알려지게 됨으로써 여실히 확인되었다. 법률학자로서의 명성은 그에게 정치적 봉사와 보상의 기회들도 가져다 주었다. 교황청과 영국의 군주 헨리 3세를 위한 임무들을 수행한 다음, 헨리는 곧장 시스테론의 주교로 임명되었으며, 얼마 후에는 엠브론의 대주교로 전보 되었다가, 최종적으로는 오스티아 교구의 추기경 주교로 승진하였다. 그의 이름이 나중에 호스티엔시스라 불린 이유도 여기에 있다. 아꾸르시우스가 부와 사회적 명성을 동시에 거머쥔 것처럼, 헨리 수사 역시 법학 교수직을 통해 교회 내에서 승진을 거듭하였다. 오늘날도 그렇지만, 중세기에도 대체로 전문 법률직은 왕왕 허영과 탐욕을 부추긴다고 비난받았다. 뛰어난 인물이라 해서 이로부터 예외는 아니어서, 그 역시 이 같은 악덕들을 시사하는 비판에 직면하곤 하였다. 시인 단테가 위대한 교회법 학자 호스티엔시스를 「천국편」 12곡에서 언급하였다는 사실에서, 이 같은 냉소적 태도의 잔향을 발견할 수 있는 것이다.

# 제5장 신학 : 학문의 여왕

"나는 믿기 위해서 알고자 하는 것이 아닙니다. 나는 단지 믿음으로써 알고자 할 따름입니다. 내가 믿지 않고는 결코 이해하지 못하리라는 것을 나는 또한 믿기 때문입니다." 앞의 그림 · 성 토마스 아퀴나스의 승리(필리피노리피, 1488년 이후)

**헨리 안델리**의 『자유학예들의 논쟁』에는 학문적 갈등이 묘사되고 있는데, 여기에는 인문학 교수들은 물론 로마법 학자와 교회법 학자 그리고 의학박사들도 포함되어 있다. 그러나

> 학문의 여왕인 신학은
> 그들의 논쟁에 대해 전혀 개의치 않고,
> 논쟁에 몰두하고 있던 인문학을 떠나버렸다.
> 아마 그녀는 파리로 갔으리라,
> 그곳 지하 저장소의 포도주를 마시기 위해서.[1]

라고 묘사한 이 같은 결별은 신학자들이 가졌던 자신의 학문에 대한 높은 자부심으로부터 비롯되었다. 초대 교부들의 권위에 입각해서, 신학자들은 인문학을 신학의 하녀 내지 예비적 훈련 정도로 간주하였으며, 법학과 의학도 이윤추구적 학문으로 경멸하였다. 신학자들만이 인간이 도달할 수 있는 최상의 지혜, 즉 다른 모든 학문들을 포괄하고 이들에게 통찰력을 제공하는 신에 관한 지식을 추구한다고 자부하였던

학생들을 가르치고 있는 휴 생 빅토르
(영국 필사본, 13세기 초엽)

것이다. 중세에 신학은 학문의 여왕이었다. 비록 법학자들이 이들의 우월적 태도에 이의를 제기하기는 했으나, 다른 대부분의 학자들은 신학자의 이런 높은 자긍심에 동의하고 있던 터였다. 신학은 영리추구와는 무관한 학문으로 부와 영향력에 관한 한 의학과 법학에 비해 덜 직접적이었다. 신학은 지식을 자체의 가치에 따라 추구했으며, 당대 최고의 지식인들을 불러모았다. 중세의 천재들이 신학 분야에서 두각을 나타냈다는 사실은 의심할 여지가 없다.

12세기 초엽 아베라르는 변증법과 철학에서 자신의 지적 호기심을 충족시킨 다음, 신학이라는 새로운 영역을 정복하고자 하였다. 파리 북동부에 위치한 도시 라옹은 가장 뛰어난 신학의 중심지로서 명성이 자자했다. 아베라르는 이 라옹으로 가서 저명한 신학자 안셀름 라옹의 강의를 수강하였다. 다시 파리로 돌아온 그는 안셀름의 명성이 크게 과장되었음을 소리 높여 주장하였다. "안셀름이 학문의 빛을 밝혔을 때, 연기가 가득한 방에는 그만이 있었다"는 것이었다. 라옹과 경쟁하기 위해 아베라르는 파리에서 신학을 가르치기 시작하였다. 부분적으로는 청중을 매료시키는 그의 재능과 본원적으로는 우리가 앞서 살펴보았던 강점들로 인해서, 12세기 중엽에 이르면 파리는 신학의 중심지로서 라옹을 능가하게 되었다. 이 즈음부터는 파리의 신학부가 서유럽에서 탁월한 곳으로 꼽히게 되었다. 라옹이 안셀름 때문에 널리 알려지게 되었다면, 오래지 않아 파리는 국제적인 명성의 교수집단을 자랑하게 되었고, 교수들은 자신들을 추종하는 학생들을 가지고 있었다. 브리따뉴 출신이었던 아베라르는 노트르담과 생 제네비에브의 학교는 물론 샹빠뉴의 시골에서부터도 제자들을 끌어모았으며, 독일인이었던 휴[2]는 좌측 강안의 생 빅토르 수도원으로 학생들을 불러들였다. 원래 프와뚜 지방 출신인 길베르 드 라 포레(Gilbert de la Porrée)는 샤르뜨르의 학감직을 사임하고 파리에서 신학을 가르쳤으며, 그 후 자신의 고향으로 돌아가 그곳의 주교가 되었다. 말년에 파리 주교가 되었던 피터 롬바르드는 12세기 말엽 노트르담의 강의실을 자신의 제자들로 가득 메웠다. 교수들이 독자적으로 활동하였던 시기의 신학자들은 제자들에게 각자의 고유한 사상을 각인할 수 있었다. 그리하여 사상의 학파들(schools of thought)로 불릴 수도 있을 신학자 집단들을 형성하였다. 교수들의 저작은 흔히 '보고서들'로 구성되었기 때문에, 한 학파 내에서 교수와 학생들의 작업을 구별하기는 점점 더 어려워지게 되었다. 예를 들어, 많은 신학적 논술들은 아베라르 학파 혹은 길베르 학파의 것이라는 정도로밖에는 확인하기 어렵다. 사상의 학파들이 가졌던 본원적 중요성은 그것이 점차 제도화되었던 13세기에도 그대로 유지되었다. 코르델리에르(the Cordeliers)에서 진행된 교수와 학생들 간의 이 같은 사상적 승계를 통해서 우리는 신학사상의 역사에서 점하는 프란시스회 학파의 위치를 파악할 수 있는바, 여기에는 영국 출신의 알렉산더 헤일즈와 이탈리아인이었던 보나벤쳐 등도 포함되어 있었다. 마찬가지로 생 자끄의 도미닉회도 결속력 있는 학파를 창출하였다. 여기에는 독일 출신의 알버트 마그누스와 이탈리아 사람 토마스 아퀴나스와 같은 걸출한 학자들이 포함되어 있었다. 파리의 인문학부 교수들도 재속사제 교수들로 구성된 학파를 형성하였다. 시제르 브라방이 여기에 속한 인물로서, 그의 논의는 신학적 난제들에도 유용한 것이었다. 13세기의 다양한 지적 논쟁은 이 학파들에 의해 창출되었던 것이다.

## 1. 신학에 있어서 전거의 문제

신학자들의 우월적 태도에도 불구하고, 이들은 타학문들의 발전으로부터 많은 도움을 받았다. 신학자들은 특히 인문학 교수 및 법학자들과 더불어 학파를 이루어 문제와 해결책을 이들과 함께 공유하였다. 그리하여 신학의 역사도 스콜라적 방법론을 신학에 적용하는 데 있어 다른 분야와 유사한 변화의 단계를 밟게 되었다. 모든 지식이 그렇듯이 신학적 탐구도 전거로부터 출발했던바, 신학의 경우 그것은 성서였다. 구약성서와 신약성서는 그리스도교 신앙에 관한 유니크한 사상들의 본원적 원천이었다. 예를 들어, 성서로부터 신학자는 신이 유일자이나 세 위격으로 존재한다는 개념 즉 삼위일체설을 도출하였다. 또한 신은 특정 시점을 택해 당신 자신의 자유로운 행위로서 무로부터 이 세상을 창조했다는 창조론 및 순전히 신에 의해 피조된 인간은 조물주에 대해 모반을 일으켰고, 그리하여 죄악에 떨어지게 되었다는 원죄론, 신은 죄악에 빠진 인간을 은총으로 구원하기 위해 당신의 아들 예수 그리스도를 이 세상에 보냈다는 성육신론, 그리스도는 이 같은 은총을 이 세상에 베푸는 수단으로서 교회와 성사들을 제정하였다는 교회론, 그리스도는 종말의 때에 재림하여 이 세상을 심판하고 당신의 왕국을 건설할 것이라는 최후 심판론 등도 만들어지게 되었다. 비록 일부 신학자들은 고대 그리스 철학자들이 자연이성을 통해 이 같은 교리들을 모호한 형태로나마 인식하고 있었다고 주장했지마는, 모든 신학자들은 이 유니크한 그리스도교적 인식들의 가장 명확한 근거가 성서라는 사실에 동의하고 있었다. 다시 말해서 신학자들은 성서를 통해서 신이 자신을 가장 완전하게 계시하였으며, 이 성서적 지식은 신앙에 의해서 반드시 받아들여져야 한다고 주장하였다. 신 자신이 저자이기 때문에, 성서는 다른 학문분야의 오류가 있는 전거들과는 달리 절대적인 의미에서 신학적 전거가 된다는 것이었다.

신학은 성서 연구로부터 출발하는 것이었기 때문에, 12세기 초엽 신학자들은 스스로를 성서에 대한 전문가로 인식하였다. 이즈음 파리에서 가장 으뜸 가는 성서 연구의 중심지는 생 빅토르 수도원으로서 이는 분원장 휴에 의해 지도되고 있었다. 교부들의 전례를 따라 생 빅토르의 수도승들3)은 성서 해석의 중세적 방법론을 완성하였다. 이는 역사적, 비유적 및 도덕적 해석방법이었다. 먼저 이들은 역사적 사건들을 발견하기 위해서 성서의 자구적 의미를 파악하였다. 그리고는 이 같은 자구적 사실들 너머의 상징적 의미를 추적하였다. 상징적 해석이 신학적인 교리를 낳을 때, 그 같은 해석은 비유로 불렸으며, 이것이 윤리적인 교훈을 낳을 때, 그것은 도덕률이 되었다. 예들 들어, 역사적으로 해석해 볼 때, 구약성서의 인물 욥(Job)은 성서를 서술했던 고대 히브리 부족의 족장이었다. 비유적으로 볼 때 그는 그리스도를 상징하였는데, 그는 자신의 원래의 영광을 떠나서 이 세상의 고난에 동참하였으며, 도덕적으로 볼 때 그는 모든 유형의 공의 내지 정신적 속죄를 의미하였다. 이 같은 성서 연구의 세 가지 방법은 또한 다른 학문 분야에서도 활용되었다. 자구적 방법은 문법과 연대기의 기술들로 활용되어 역사가들을 도왔으며, 나머지 두 방법은 논리학에 활용되어 비유적으로는 신학자들에게 올바른 신앙의 모범을 제시하도록 하였고, 도덕적으로는 설교자들에게 선한 행위의 실례를 제시하도록 하였다. 물론 생 빅토르의 수도승들은 성서 해석의 3단계 방법 모두를 이용하였다. 그러나 이들이 특히 강조한 것은 자구적 내지 역사적 접근방법이었다. 이들에게 그리스도교는 논리에 근거를 두었다기보다는 다분히 역사에 기록된 사실들에 입각한 종교였다. 따라서 신학은 근본에 있어서 하나의 역사학적 주제로 탐구되어야 했다. 생 빅토르의 수도승들은 3단계의 해석을 통해 방대한 양의 성서 주석서들을 집필함으로써 후대의 신학자들에게 한 모델이 되었다. 성서에 대한 이 같은 주석작업은 신학 박사학위를 받으려는 자들을 훈련시키는 표준 과정이 되었다. 13세기 중엽에는 신학 과정의 한 필수 단계가 성서학 학사였는데, 이는 고급 과정의 학생으로서 구약과 신약 성서에 대해 2년에 걸쳐 강의를 담당하는 자들이었다.

중세 성서학자는 자신의 상상력으로 성서의 주제들을 임의로 해석해서는 안 되었다. 이들은 이미 제시되어 있던 해석들 특히 교부로 외경되었던 이들의 해석들을 반드시 참고하여야 했다. 암브로스,[4] 제롬, 아우구스틴[5]과 교황 그레고리 1세 등이 이 범주에 속하는 교회 교부들로서 이들은 그리스도교도의 신앙과 삶의 모든 측면에 관해 방대한 저술을 집필하였다. 이들은 공인된 종교성과 높은 수준의 지식을 가지고 있었기 때문에, 비록 교부들의 저작이 성서의 권위에 버금 갈 정도는 아니었다 하더라도 적어도 보완적인 권위는 가지고 있었다. 그리하여 성서를

성 암브로스에게서 세례를 받는 성 아우구스틴과
그의 어머니 성 모니카(니콜로 디 피에트로, 15세기)

올바르게 해석하려는 경우, 학자들은 교부들의 견해를 참고할 수밖에 없었고, 실제로 12세기의 신학자들은 당면한 몇몇 쟁점들을 해결하기 위하여 이들의 저술을 활용하였다. 그런데 그것이 양적으로 방대한데다 워낙 여러 곳에 흩어져 있었기 때문에, 학자들은 다양한 근거들로부터 이를 수집하여 체계적으로 재구성할 필요가 있었다. 이 작업의 초기 단계에서는 신학자들도 교회법 학자들과 유사한 문제에 봉착하였다. 물론 이러한 작업은 중세 초기에도 간헐적으로 있었다. 그러나 이 작업을 집단적인 노력을 통해 진지하게 시도한 최초의 학자들은 12세기 초엽의 라옹 학파였다. 안셀름 라옹의 주도하에 일군의 신학자들이 성서 체제에 따라 교부의 저술들을 체계화하였다. 이를 위해서 신학자들은 교부들의 부분적인 견해를 모아 성서 전체에 대한 간략한 주석서를 만들어 냈다. 이것이 『일반 주해서』로서, 이는 많은 학교에서 교재로 채택되었다. 이후 13세기의 성서 강의들은 일반적으로 이 주해서를 신성한 성서 원전과 함께 읽고 연구하게 되었다. 더욱이 라옹 학파는 교리적 주제에 따라 교부들의 저술을 논리적·체계적으로 정리하기 시작하였다. 이같이 편찬된 것이 『명제집 전서』로서, 이때의 명제(sentence)란 단순히 교부들의 견해를 의미하는 용어였다. 안셀름과 그의 제자들은 신학 연구에 필수적 작업이었던 교부들의 전거들을 수집하고 분류하는 기본적이고 불가결한 작업을 수행함으로써 강의실에서 사용될 교재들을 준비하였던 것이다.

일단 신학적 전거들이 수집되고 읽혀지고 분류되자, 교회법의 그것과 꽤나 유사한 난제들이 불거지기 시작하였다. 일관성의 결여가 성서 그 자체로부터 돌출되었던 것이다. 어떤 교부의 구절은 다른 교부들의 그것과 모순되어 보이거나, 심지어 자신의 다른 견해들과도 일치하지 않는 경우가 있었다. 때로는 교부들도 성서를 해석하는 데 있어서 차이를 보였다. 이제 신학자들의 다음 과제는 문제점들을 찾아내 전거들의 조화를 이루는 일이었다. 앞서 살펴보았듯이, 교회법 학자들이 11세기 말엽에 이 같은 문제점을 처음으로 인식하였다. 그리고 오래지 않아서 아베라르와 같은 신학자들도 이 문제를 깨닫게 되었다. 이를테면 이 점에 대한 아베라르의 기여가 그라티안에 의해 수용된 셈이었다. 그리하여 결과적으로 교회법 학자와 신학자들은 이 문제에 대한 공통의 방법론을 발전시켰다. 아베라르는 자신이 발견한 전거상의 상이한 견해들을 168개의 쟁점 목록으로 작성하여 이 문제에 직접적으로 접근하였다. 이 쟁점들은 "우리는 신을 믿어야만 하는가?"와 같은 관건적인 것으로부터 "거짓말도 용서될 수 있는가?"에 이르는 광범위한 것이었다. 그리고 그는 자신이 찾을 수 있었던 모든 전거들로부터 각각의 질문에 대한 찬반양론을 수집하여, 자신의 책에 『예 그리고 아니오』(찬성과 반대)라는 제목을 붙였다.

아베라르로서는 자신이 인용한 모든 전거들을 철저하게 읽을 수가 없었기 때문에 라옹 학파의 『명제집 전서』에 의존할 수밖에 없었는데, 그는 이 책을 공개적으로 경멸해 온 터였다. 아베라르의 목적은, 몇몇 학자들이 지적한 바와 같이, 회의주의자의 방식으로 상충하는 전거들에 의문을 제기하고 이를 웃음거리로 삼으려 한 것이 아니었다. 오히려 아베라르의 목적은 이를 있는 그대로 서술함으로써 자신의 독자들로 하여금 변증법적 추론을 통해 전거들의 조화를 모색해 보도록 하려는 데 있었다. 이를 위해서 그는 책 서문에 다양한 상충적 쟁점들을 조화시키는 규칙들을 제시하였다. 교회법 학자들과 마찬가지로 그 역시 전거들의 진위 여부 및 상황적 맥락을 규명하여, 이로부터 다양한 유형의 교훈들을 구별해 냈다. 이 가운데 가장 중요한 것은 그가 상충적인 용어들의 다양한 의미들을 세밀히 검토하도록 제안하였다는 점이다.

용어들에 대한 이 같은 면밀한 분석작업은 문법과 논리학의 도움을 필요로 하게 마련이었다.

아베라르는 자신이 제기한 문제들의 해결책을 제시하지는 못했고 단지 그것에 도달하는 방법론을 제시했기 때문에, 그의 저작을 신학부 학생들을 위한 문제집 내지 훈련용 책자로 간주할 수 있을 것이다. 명백히 다음 단계의 작업은 이 문제들에 대한 답변을 제시하는 것이었고, 이것은 피터 롬바르드의 4권의 『명제집』에서 성취되었다. 피터는 문제들을 제기하고, 이에 관한 찬성과 반대의 전거들을 수합하여, 하나의 해결책을 시도하였다. 비록 롬바르드의 결론들이 항상 설득력을 가지는 것은 아니었으나, 삼위일체론, 창조론, 성육신론, 성사론 등과 같은 주제들에 관한 모든 문제들을 재구성하고 논리적으로 체계화함으로써 커다란 기여를 하였다. 피터 롬바르드가 자신의 저작에서 입증하였듯이, 결과적으로 신학은 성서 연구로부터 분리되어 신학적 교리의 논리를 독자적으로 추구하게 되었다. 성서적 계시는 여전히 사실들을 담고 있었으나 더 이상 그것이 유일한 형성적 틀로는 기능하지 않게 되었다. 이제 피터 롬바르드의 『명제집』이 학교 교육을 위한 새로운 전거적 교재가 되었던 것이다. 다른 많은 교과서들과 마찬가지로 『명제집』도 천재적인 저작은 아니었다. 그러나 이는 유용하게 편성된 기본적 지식들을 제공하였기 때문에 인기 있는 저작이 되었다. 신학 교수들이 곧 『명제집』을 강의하고 이에 대한 주석서를 만들기 시작하였으며, 13세기 중엽에 이르러서는 파리의 신학부 과정이 명제집 학사를 받아들이게 되었다. 명제집 학사란 성서학 학사 이후 곧바로 신학을 공부하는 고급반 학생으로서, 이들은 1년 동안 롬바르드에 관한 강의를 하였다.

12세기 후엽의 신학자들은 법률학자들의 영향을 받아 그들 역시 토론을 행하게 되었는데, 이는 단순히 학교에서 질문하는 기술을 제도화한 것이었다. 13세기 즈음 파리의 신학부 교수들과 학생들은 '쟁점토론' 및 '자유토론'을 정규적으로 훈련하였는데, 이를 통해서 수많은 결론들이 검증되었다. 더욱이 12세기 중엽에 아리스토텔레스의 『범주론』과 『소피스트들에 대한 반박』의 재발견은 다른 학자들은 물론 신학자들에게도 학문적 주장과 토론에 필요한 엄밀한 규정들을 제공하였다. 그러니까 아리스토텔레스의 완성된 논리학 저술들은 토론을 위한 기본 규칙들을 확립한 셈이었다. 13세기에는 토론이 매우 중요해져, 이것이 신학적 문헌의 표현양식에도 영향을 미치게 되었다. 토마스 아퀴나스의 『신학 대전』 및 보나벤처의 『명제집 주석서』와 같은 거작들도 장별로 구분된 것이 아니라 항별로 구분되었는데, 여기서는 단일한 교리적 쟁점을 다루며 일정한 서술 양식을 따르고 있었다. 항별 주제는 토론에 이르는 하나의 문제제기로서 서술되었다. 그리고 저자는 이 문제를 반박하는 전거들을 제시하였고, 그 다음에는 앞서의 전거들에 대한 대안을 담은 다른 전거들을 제시하였으며, 이를 통해서 저자의 해결책을 밝히고자 하였다. 자신의 결론을 밝힌 다음 최종적으로 저자는 앞서의 반박적 주장들에 대한 답변을 도출하였다. 찬성과 반대라는 변증법을 통해서 스콜라 신학자는 전거들 간의 모순을 해결하고자 하였으며, 이를 통해서 진리를 발견해 내었던 것이다. 결과적으로 항이란 신학적 논쟁에 관한 저자의 결론을 단순히 정형화한 서술양식이 되었다.

그러나 이 같은 논쟁은 순전히 제한된 하나의 문제만을 다룬 것으로서, 그것의 구체적 해답이 신학상의 다른 문제들과 결부될 수는 없었다. 13세기 중엽에 이르러 학자들은 성서학 강론과 신학적 논쟁으로는 신성한 학문에 필요한 포괄적인 체계를 제공하기 어렵다는 사실을 깨닫게 되었다. 보나벤쳐는 『개요집』(*Breviloquium*) 서문에서 "(신성한 학문의) 진리들은 성인과 박사들의 저작들 전반에 매우 폭넓게 산재하고 있어서 오랜 기간 동안 성서를 연구한 학자라 하더라도 이들을 모두 읽거나 이해할 수는 없다. 실제로 신학 연구를 처음 시작하는 이들은 성서가 마치 통과할 수 없는 산림이나 되는 것처럼 혼란스럽고, 뒤죽박죽이고, 헤쳐나갈 길이 없다고 느낌으로써 성서 그 자체를 왕왕 두려워하였다"[6]고 지적하였다. 토마스 아퀴나스는 『신학 대전』 서문에서 이 문제를 다음과 같이 상세히 설명하였다. "우리는 성서의 교리를 처음 연구하는 초보자들이 다양한 저술가들에 의해 집필된 저작들에 많은 당혹스러움을 느낀다는 사실을 알고 있다. 이들의 당혹감은 부분적으로는 수없이 많은 무익한 질문, 논술 그리고 논증들로 인한 것이며, 또한 부분적으로 이들이 알아야 할 필요가 있는 것들이 각 주제의 체계에 따라 가르쳐지지 않고, 오히려 각 저작의 서술체계가 요구하는 바에 따라서 혹은 논쟁의 상황에 따라서 가르쳐지기 때문이다. 그리고 부분적으로는 지나친 반복이 초보자들에게 권태와 혼란을 가져다주었기 때문이다."[7] 그리하여 변증법은 신학자들에게 체계화의 한 방법을 제시함으로써 보다 진전된 작업을 가능하게 하였다. 법학과 마찬가지로 신학도 전거들에 대한 단순한 독해로부터 시작하여, 신학적 원리들에 대한 내적 추론으로 진전되었다. 여기서 아리스토텔레스의 논리학이 다시 한 번 결정적인 도움을 제공하였다. 아리스토텔레스는 논증과 토론을 이끄는 규칙을 마련해주었을 뿐만 아니라, 정의, 구분, 범주화를 위한 논리적 절차를 정형화했던 것이다. 아리스토텔레스 자신이 광범위한 지적 영역에 이 같은 기술을 성공적으로 적용하였다. 그리하여 신학적 지식을 체계화하는데 필요한 중요한 도구들을 유산으로 남겨 주었다. 고전적 체제를 쌓아올렸던 아리스토텔레스는 이제 중세적 체제인 신학의 구조를 형성하는 데 활용되었던 것이다.

앞서 살펴본 바와 같이, 로마법 학자들이 자신들의 체계적이고 광범위한 논술집들을 『대전』이라 부름에 따라 신학자들도 합리적 체계화를 위한 자신들의 노력에 대해 이 용어를 사용하였다. 이 같은 문헌의 가장 탁월한 예가 토마스 아퀴나스의 『신학 대전』이었다. 비록 『신학 대전』은 저자의 타계로 인해 미완성으로 남겨지기는 했지마는, 그러나 그것은 저술의 양과 완성도에서 다른 어떤 것들보다도 뛰어난 저작이었다. 토마스 아퀴나스는 고대 그리스적 논술양식인 방출과 회귀의 서술 유형에 따라 자신의 주제별 논술들을 방대한 체계로 조직함으로써 『대전』을 구성하였다. 신학은 신성한 학문이었기 때문에 모든 사물들은 신으로부터 나온 것으로, 그리고 신에게로 돌아가는 것으로 규명되어야 했다. 다시 말해서 신은 만물의 시작인 동시에 결과였던 것이다. 이에 『대전』은 1부에서 모든 존재의 근원으로서 신과 그의 창조를 다루었고, 2부에서 모든 행위의 준거로서 도덕률 내지 신을 다루었으며, 3부에서는 신에 대한 회귀의 구체적 조건으로서 성육신의 교리를 검토하였다. 토마스 아퀴나스는 이 같은 전체적 체제 하에서 신학적 지식의 영역들을 구성하였으며, 이들을 아리스토텔레스의 논리학적 정의와 범주들을 혼용하여 체계적으로 조직하였다. 이 기념비적 저작이야말로 모든 논의의 근거였으며, 모든 논의를 포괄할 수 있는 체계였다.

토마스 아퀴나스와 같은 위대한 인물조차도 그가 스스로 『신학 대전』에서 다룬 모든 자료들을 읽고, 모든 문제들을 해결하는 것은 거의 불가능한 일이었다. 따라서 토마스 역시 선학들의 저술에 의존하고 있었다. 안셀름 라옹의 시기로부터 신학자들은 엄청난 분량의 신학 전거들을 수합하여, 이들을 읽고, 주석을 달았으며, 그 내용들을 파악하고자 노력하였다. 또한 신학자들은 전거들 사이의 모순을 완화하고, 까다로운 문제들을 토론하는 일에 몰두해 왔다. 12세기 말엽부터 수많은 논쟁들은 학문적 활동의 일부로 간주되어 왔다. 교수들은 나름의 정의들을 도출하였고, 그 결과 나름의 해결책도 기록으로 남기게 되었다. 이 같은 논쟁적 분위기 하에서 어떤 교수는 동료들의 해결책을 수용하는가 하면, 어떤 교수는 그 같은 해결책을 반박하였다. 아무튼 모든 질문들이 학교 안에서 검증되고 정제되었다. 특별히 만족스러운 해결책이 구해진 경우에는 많은 신학자들이 잇달아 그 해결책을 채택함으로써, 자신들의 저작을 통해 이를 전파하였다. 중세 교수들의 관념에는 사적 소유의 개념이 없었기 때문에 표절이라는 근대적 인식은 찾아볼 수 없었다. 진실은 무엇이든 모든 사람의 공동 소유물이었다. 파리 대학의 신학부 교수로서 토마스 아퀴나스도 자신의 동료 교수들이 이룩한 많은 업적들을 활용할 수 있었다. 몇몇 논술의 경우, 거의 그 내용을 바꾸지 않은 채 선학들의 업적을 직접 차용하기도 하였다. 많은 경우에 그는 선학들의 업적에 수정과 손질을 가하였다. 심지어 그가 선학들의 결론을 반박했을 때조차도 이들의 논쟁과 반론들을 활용하였다. 토마스 아퀴나스의 위대한 기여는 모든 선학들의 논술들을 하나의 장대한 체계로 종합한 데 있었다. 그러나 그의 저작의 많은 부분은 이미 선학들에 의해 제시된 것들이었다. 13세기의 위대한 저작 『신학 대전』은 진정한 의미에서 신학 교수들의 공동작업의 산물이었다. 또한 이 같은 공동작업이란 사실상 중세 대학의 산물 그것이었다.


## 2. 신학에 있어서 이성의 문제

중세의 신학자는 성서와 교부들의 전거들을 읽고 이들을 수합하여, 개념들을 분류하고, 합의점들을 도출하며, 모순점들을 지적하였다. 또한 그들은 상호 모순점들을 조정하기 위해 사본들을 면밀히 검토하여, 그것의 자구적 의미를 검증하였다. 그러나 종국적으로 중세 신학자로서는 자신의 전거들을 비판할 수 있는 또 다른 근거를 찾아내지 않고는 상호 모순의 난국을 타개하기가 어려웠다. 전거 자체만으로는 더 이상의 해결책이 제공될 수 없었던 것이다. 그렇기는 하지만 신학자들은 논리학 및 변증법적 법칙들에 의해 규제된 인간의 이성적 추론 능력으로부터 중대한 도움을 얻게 되었다. 이러한 대안은 전거의 내용들을 파악하는 데 있어서 이성의 역할은 무엇인가 하는 유서 깊은 의문을 새롭게 제기하였다. 이 의문은 그리스도교뿐만 아니라 일상의 인간적 지식으로는 신의 계시를 제대로 파악할 수 없다고 주장해 온 모든 종교들, 예를 들어 이슬람교에서도 핵심적인 것이었다. 물론 이 화두는 매우 근원적인 것이어서 끊임없이 논쟁의 대상이 되어 왔고, 오늘날에도 학자들은 그 의미와 결론들에 대해 합의를 도출해 내지 못하고 있다. 그럼에도 불구하고 그리스도교적인 맥락에서 본다면 권위 있는 계시는 전통적으로 신앙과 결부되어 왔다. 다시 말해서 한 개인은 신앙을 통해서 계시의 특별한 내용들을 이해할 수 있었다. 그것은 이성 내지 인간 정신의 독자적인 능력과는 구별되었던바, 이는 중세에 관한 한 고대 그리스인들에 의해 발전된 논리적 과정과 결부되어 있었다. 전거를 파악하는 이성의 문제란 신앙과 이성의 관계를 가리키는 것으로 간주되었던 동시에, 왕왕 그것의 범주는 그리스도교적 계시와 그리스 철학 간의 갈등까지 함의하는 것으로 확대되곤 하였다.

신앙과 이성의 문제는 고대 말엽 가장 위대한 교부였던 아우구스틴

(✝ 430)에 의해 용기 있게 제시되었다. 아우구스틴은 자신의 경건성을 열정적으로 묘사했던『고백록』에서, 모든 인간의 지식을 본질에 있어서 신과 인간 영혼 간의 대화로 간주하였다. 신은 그리스도교도들에게 그리스도와 성서를 통해서 각별한 방식으로 자신을 드러냈을 뿐만 아니라, 동시에 신은 인류에게 일상적 지식을 통해서도 자신을 드러냈다는 것이었다. 마치 빛이 인간의 시야를 열어주는 것과 마찬가지로, 신적인 빛이 인간의 지식을 가능케 한다는 것이었다. 신의 말씀 그 자체인 그리스도는 모든 사람 안에서 모든 진실된 것들을 깨닫게 하는 교사였던 것이다. 아우구스틴에게 있어서 신은 지식의 제1 원리였다. 물론 우리가 여기서 그의 지식이론을 세밀히 다룰 필요는 없을 것이다. 그러나 이 점은 신앙과 이성의 문제에 대한 그의 해결책을 깨닫게 해준다. 사실 그의 답변은 단순한 것이었다. "만약 당신이 이해하기 어렵다면, 이해할 수 있을 것이라고 믿어라. 신앙이 선행하고, 지식은 여기에 수반되는 것이다." 신이 지식의 유일한 원천이기 때문에, 신에 대한 신앙이 지식의 기본적인 조건이고, 여하한 참된 지식도 신앙 없이는 불가능하였다. 이 공식으로부터 두 가지 중요한 결론들이 도출되었다. 첫째 아우구스틴의 견해에 따르면 신앙과 이성이란 본질에 있어서 상호 구별되는 것이 아니었다. 그리스도는 인류의 유일한 스승으로서, 그야말로 신앙과 이성 모두의 공통된 원천이었다. 또한 보다 의미 깊은 점은 신앙이 지식의 진정한 전제조건이기 때문에, 이성은 신앙으로부터 분리되어 기능할 수 없었다. 신앙은 특별한 진리들을 제시할 뿐만 아니라, 동시에 신의 존재에 대한 믿음이 모든 지식에 필요한 설명을 제공해 주었다. 두 번째로 아우구스틴이 강조했던 것은 신앙의 결정적 역할 즉 이성에 대한 신앙의 우위였다. 신앙은 지식을 배태하는 씨앗이고, 이성과 지식은 신앙의 열매들이었다. 따라서 중세

에 미친 아우구스틴의 위대한 유산은 다음의 공식 즉 '나는 이해하기 위해서 믿는다'는 신조였다.

초기 중세의 신학자들은 거의 예외 없이 아우구스틴의 해결책을 별다른 논의 없이 수용하였다. 신앙과 이성의 문제가 의미 있는 발전을 경험하게 된 것은 11세기 말엽 안셀름 벡(✝1109)에 의해서였다. 수도원 교육시대의 마지막 천재로 기억되는 안셀름 벡은 아우구스틴의 공식을 새롭게 제기하였으며, 그것에 중대한 수정을 가하였다. 안셀름의 사상을 고취시켰던 것은 11세기 후반 화체설의 성격에 대해 제기되었던 논쟁이었다. 교부들의 전거에 따라 화체설 교리는 성찬식에 사용되는 물질 즉 빵과 포도주가 사제의 축성을 통해 기적적으로 그리스도의 몸과 피로 실제로 변화한다고 주장하였다. 이 논쟁에서 서로 대립하였던 두 중심 인물은 베렝가르 뚜르[8]와 랑프랑 벡[9]으로서 모두 문법과 논리학에 뛰어난 인물들이었다. 신앙의 이 신비를 이해하기 위해서 베렝가르는 아리스토텔레스의 '구 논리학'에서 확인된 본질(substance)과 비본질(accidents)의 범주들을 화체설에 적용하였다. 비본질이 빵과 포도주라는 물질적 형태이고, 본질이 그리스도의 초자연적인 현존이었다. 그런데 비본질은 그것에 상응하는 본질의 변화 없이는 사물을 변화시킬 수 없다는 것이 아리스토텔레스의 가르침이었기 때문에, 이는 화체설의 원리를 무력화시킬 수 있었다. 왜냐하면 가시적인 물질적 형태가 사제의 축성에 의해 변화하지는 않기 때문이었다. 전통적 교리를 옹호하고자 했던 랑프랑은 전거에 의존하지 않고 나름의 독자적인 근거에 입각하여 베렝가르를 대적하였다. 본질과 비본질에 대한 아리스토텔레스의 범주론을 면밀히 검토하였던 그는 물질적 형태가 성찬식에 사용되는 빵과 포도주의 실체를 변화시키기 위해서 반드시 바뀌어야 할 필요는 없다고 주장하였다. 여기서 우리는 전문적인 신학적 논쟁에 개입할 필요는 없을 것이다. 중요한 것은 랑프랑이 베렝가르를 아리스토텔레스의 논리학을 잘못 적용하였다고 비난했다는 사실이다. 이 논쟁의 의의는 처음으로 두 신학자가 신앙의 신비에 대해 순전히 문법과 변증법적 근거에 입각하여 논쟁을 벌였다는 점이다. 당대의 한 지식인이 지적했던 바와 같이, "랑프랑은 논쟁의 전 과정에서 전거가 언급된 곳에서는 어디서든지 변증법적 법칙에 입각한 설명, 가설, 그리고 결론들을 도출하였다."

원래 안셀름은 랑프랑의 가르침을 배우기 위해 노르망디로 갔으며, 스승의 뒤를 이어 교사가 되었고, 벡 수도원의 원장직을 승계하였으며, 마침내 캔터베리의 대주교가 되었다. 랑프랑의 지도 하에서 그는 『문법론』이라는 기초적인 논리학 논술집을 집필했는데, 이 책은 용어들에 대한 분석작업을 그 출발점으로 삼은 것이었다. 문법과 변증법이라는 도구만을 가지고 안셀름은 신의 존재에 관한 계시적 신비, 삼위일체, 성육신, 속죄론 등을 규명하였다. 베렝가르와 랑프랑 간의 논쟁은 안셀름으로 하여금 이 같은 주제들에 대한 관심을 고취시키고 새로운 결론들을 모색하도록 하였다. 그리하여 이를 통해서 안셀름은 아우구스틴이 제시한 신앙과 이성 간의 전통적인 관계를 재고하게 되었다. 안셀름은 성인다운 삶과 경건한 사상적 관행을 위대한 교부 아우구스틴과 더불어 공유하였다. 안셀름이 이 문제를 다시 제기하였을 때, 우리는 아우구스틴이 『고백록』에서 밝혔던 바와 똑같은 다음과 같은 목소리를 들을 수 있다.

> 오 주님 나의 하느님이시여, 당신을 어디서 어떻게 구해야 할지를, 어디서 어떻게 찾아야 할지를 가르쳐 주소서. 주여, 주여, 저희들을 깨우쳐 주소서, 저희들에게 당신을 보여 주시옵소서. … 저로 하여금

당신을 구하도록 가르쳐 주시고, 저희들의 구도 가운데 당신을 드러내시옵소서. 당신이 가르쳐주시지 않으면 나는 당신을 찾을 수 없으며, 당신께서 스스로 자신을 보여주시지 않으면 나는 당신을 볼 수 없나이다. … 주여, 내가 감히 당신의 깊이를 알고자 하지는 않습니다. 내가 가진 지성으로는 그 같은 깊이에 이를 수 없기 때문입니다. 그러나 나는 당신의 진리의 일부나마 이해하기를 간절히 원합니다. 나는 그것을 마음으로 믿고 사랑합니다. 나는 믿기 위해서 알고자 하는 것이 아닙니다. 나는 단지 믿음으로써 알고자 할 따름입니다. 내가 믿지 않고는 결코 이해하지 못하리라는 것을 나는 또한 믿기 때문입니다.[10]

아우구스틴의 해결책을 재천명하면서 안셀름은 신앙과 이성 간의 본원적인 합일을 계속해서 유지하였다. 신앙과 이성은 내용에 있어서 아무런 차이가 없었다. 이들은 동일한 근거를 공유하고 있었다. 신앙이 선행하고 이성은 이를 뒤따를 권리를 가졌다. 신앙이 지형을 제시하고 경계를 설정하는 것이라면, 이성은 그 뒤를 이어 지역을 보다 세밀히 검증하는 것이었다. 그리하여 안셀름은 문법과 논리학이라는 도구를 가지고 계시된 교리들을 규명하는 데 완벽한 자유를 향유하였다. 신앙은 교과서 뒷면에 붙어있는 해답편과도 같은 것이었다. 탐구자가 정확한 해답을 알 때, 그는 자신의 문제들이 해결되는·방향으로 인도될 것이었다. 아우구스틴에서 그러했던 것과 마찬가지로, 여전히 신앙이 이해를 위한 필수조건으로 유지되고는 있었지마는, 안셀름은 이 두 요소들 간의 강조점을 바꾸어 놓았다. 이해의 역할에 보다 많은 비중을 두었던 그는 자신의 관심사의 핵심을, 그의 저술들 가운데 가장 많은 영향을 끼쳤던, 『대화록』(Proslogion)에서 '이해를 추구하는 믿음'이라는 부제로 표현하였다. 아우구스틴과는 달리 그는 이성의 우위를 인정하였다. 성서와 교부들의 도움을 피했던 그는 가능한 한 합리적인 전제들에 근거해서 신앙의 많은 부분들을 이해하고자 하였다. 그에게 있어서 이성은 두 가지 방식 즉 하나는 개념들 간의 상호관계와 논리적 연관성을 제시함으로써, 그리고 다른 하나는 합리적 필연성을 입증함으로써 지성을 창출하였다. 이 같은 도구들을 가지고 안셀름은 신학의 성스러운 영역에 침투해 들어갔다. 안셀름은 고결한 정신을 가지고 경건한 삶을 산 인물이었다. 이러한 면이 그의 용기 있는 연구방법을 비난으로부터 보호해 주었다는 것은 의심할 여지가 없다. 그러나 사실상 안셀름의 목표들은 온건한 것이었다. 이성은 난해하고 잠정적이며 오류가 있을 수 있기 때문에, 이성이 신앙을 완전하게 따를 수는 없을지도 모른다는 점에 그는 진작부터 대비하였다. 그가 자신의 한 서한에서, "그리스도교도는 반드시 신앙을 통해 이해로 나아가야 한다. 이해를 통해 신앙으로 나아가는 것이 아니다. 만약 그리스도교도가 이 같은 이해에 도달할 수 있게 된다면 그것은 더 없이 기쁜 일이다. 그러나 설령 그가 이해에 도달하지 못한다 하더라도, 그 그리스도교도는 이 이해할 수 없는 것들에 대해서조차 외경할 따름이다"[11]라고 밝혔던 것이다.

이해를 추구하는 신앙이라는 안셀름의 명제는 12세기의 신학적 탐구의 틀을 제시하였다. 파리 대학의 분쟁적 교수들이 왕왕 경건성에 관한 안셀름의 명성에 동의하지 않았던 것은 사실이지마는, 그러나 이 경우에도 그들은 안셀름의 지적 이상을 수용하고 추종하였다. 이들 가운데 아베라르와 길베르 드 라 포레는 가장 영향력 있는 인물이었다. 오늘날의 역사가들은 아베라르를 더욱 높이 평가하고 있다. 그러나 12세기에는 길베르가 아마도 아베라르에 못지않은, 어쩌면 그 이상의, 존경을 받고 있었다. 이들은 삶과 지적 관심들에서 놀라울 정도의 유사성을 보여주고 있으며, 이들이 참여했던 격렬한 논쟁 과정에서

양자 모두는 왕왕 자신들의 입장을 수정하도록 압력을 받기도 하였다. 안셀름에 대한 외경과는 대조적으로 아베라르는 지금까지 회의주의자 내지 자유사상가로 간주되어 왔으나, 오늘날의 많은 학자들은 아베라르와 길베르 모두가 사실상 안셀름의 모델을 따르고 있었다고 주장하고 있다. 아베라르와 길베르는 성서와 교부들에 내재된 신앙의 공식화를 전적으로 수용하였다. 그러나 이들은 그것이 단지 동의되어야 할 교리로서만이 아니라 이해되어야 할 지적 명제이기도 하다고 생각하였다. 요컨대, 이들은 자신이 믿는 바를 이해하고자 노력하였다. 이들의 실제 작업은 전거의 정당성을 이성적으로 발견하는 작업이었던바, 그 주된 대상이 그리스도교 신앙의 핵심적 신비들 가운데 하나인 삼위일체 교리였다.

계시의 내용들이 언어로 표현되었기 때문에, 이를 탐구하는 데 적합한 도구는 문법과 논리학이었다. 선학인 베렝가르, 랑프랑, 안셀름 등과 마찬가지로, 길베르도 논리학은 물론 문법에 정통하였으며, 아베라르가 변증법 분야에서 보인 전문성은 전설적일 정도였다. 이들은 두 분야의 학문적 도구들을 결합하여 신학적 언어 전반에 대해서 그리고 특히 삼위일체에 대해서 분석작업을 수행하였다. 아베라르가 자신의 저서 『예 그리고 아니오』에서 모순을 해결하는 수단으로 용어 해명을 제안했던 것과 꼭 같은 방식으로, 아베라르는 이를 삼위일체의 신비를 이해하기 위해 신의 이름들에도 적용하였다. 또한 길베르 역시 언어의 분석체계를 고안하여 사상의 모든 영역 심지어 신학에도 이를 적용하였다. 이들 탐구의 기본 전제는 신학적 언어란 그 표현에 직접적으로 상응하는 정신적 실체들을 가진다는 것이었다. 예를 들면, 신의 이름과 속성들은 신의 본성을 적절하게 드러낸다는 것이었다. 따라서 어떤 이가 이들을 문법적 논리적으로 규명한다면, 그는 신의 위격에 관한 올바른 지식을 가질 수 있을 것이었다. 논쟁의 와중에서 아베라르와 길베르 모두는 삼위일체와 같은 심오한 신비의 경우에 실체와 그것의 구어적 표현 사이에 차이가 있을 수 있다는 점을 인정할 수밖에 없었다. 신앙의 모든 요소가 적절한 언어로 표현될 수는 없다는 점을 깨닫게 됨으로써, 이들은 언어에 대한 탐구가 신앙에 대한 완전한 이해를 항상 수반하지는 않을 수도 있음을 인정하였다. 그러나 이와 같은 한계에도 불구하고, 아베라르와 길베르 모두는 문법과 논리학을 통해 신앙의 합리성을 입증하고자 노력하였다. 이들의 노력이야말로 이해를 추구하는 신앙 그것이었다. 그들의 노력이 상당한 성과를 거두었다는 점은 용어의 변화에 의해서 드러나고 있다. 아베라르 자신이 신학이라는 용어에 신에 대한 합리적 표현이라는 함의를 담아 이를 전파하였다. 종래 '성서학 교수'였던 아베라르는 12세기 중엽에 이르러 '신학의 거장'으로 알려지게 되었다. 신학은 완전한 의미에서 사변적 학문이 되었던 것이다.

12세기의 개혁주의자였던 사변적 신학자들은 그들의 보수적 동료 신학자들로부터 공격을 받았다. 예를 들어 아베라르는 그리스도교 신학은 합리적인 것이기 때문에, 심지어 소크라테스처럼 그리스도 이전기의 이성적 정신의 소유자조차 성육신의 신비를 깨달았음에 분명하다는 과격한 주장까지 하게 되었다. 그러나 빅토르 수도원의 학자들은 이를 무의미한 것이라고 반박하였다. 왜냐하면 이들에 있어서 그리스도교적 계시란 논리의 문제가 아니라 역사의 문제였기 때문이다. 사변적 신학자들의 가장 강력한 반대자는 신중한 시토파 수도원장이었던 베르나르 끌레르보(✝ 1153)였다. 우리가 아는 한 그는 농촌지역 수도원들의 새로운 경건성을 대변하였고, 도시 학교의 재속성직자들을 불신하였다. 정신적 영향력은 물론 정치적 영향력도 행사하였던 베르나르는 아베라르와 길베르에 대해 전면적인 논쟁을 감행하였다. 베르나르는 이들을 서신을 통해 공격하는 한편 교회 공의회에서도 이들을 규탄하였다. 베르나르가 직접적으로 비난한 것은 신학상의 구체적인 오류에 관한 것이었으나, 이 논쟁이 보다 근원적인 문제들을 노정시켰다는 사실은 의심할 여지가 없다. 근대의 역사가들은 베르나르를 교조적 신앙의 기수로서 무제한적 이성의 대변자였던 아베라르에 도전한 것으로 간주해 왔다. 그러나 오늘날의 많은 학자들은 이 같은 구분이 지나치게 단순하다고 생각하게 되었다. 아베라르가 신앙을 받아들였던 것과 꼭 마찬가지로, 베르나르 역시 이성을 거부한 것이 결코 아니었다. 아베라르와 길베르에 대한 베르나르의 주된 반론은 이들이 신앙과 이성 간의 정당한 경계를 혼동하고 있다는 점에 있었던 것 같다. 계속된 서신을 통해서 베르나르는 신앙의 영역에 이성과 논리학을 도입하는 것에 대해 항의하였다. 이성은 그 나름의 고유한 기능 영역이 있는 만큼, 그것이 신적 신비의 신성성을 모독하는데 사용되어서는 안 된다는 것이었다. 변증법을 신학에 적용하는 문제에 대한 그의 반론은 12세기를 통해 거듭 제기되었다. 그러나 정작 베르나르와 그의 제자들이 제안했던 것은 지식을 두 영역, 즉 신앙에 의해 탐구되는 지식과 이성에 의해 탐구되는 지식으로 구분하는 일이었다. 그리하여 결과적으로 이해를 추구하는 신앙이라는 안셀름의 통합에 균열을 초래하게 되었다.

신앙과 이성 간에 있었던 약간의 틈새는 아리스토텔레스의 저작들이 점진적으로 파급되면서 더욱 벌어지게 되었다. 앞서 살펴보았듯이, 12세기 중엽까지는 아리스토텔레스 논리학의 완전한 체계가 파리의 학자들에게 알려지게 되었다. 이 변증법적 학문은 전거들의 모순을 조정하고, 체제를 구성하며, 논쟁을 조절함으로써 신학자들을 도왔을 뿐만 아니라, 동시에 이는 사변적 신학의 발달에도 기여하였다. 아리스토텔레스의 논리학은 그리스도교적 계시를 이해하고자 하는 작업에서도 충분히 활용되었다. 12세기 말엽 자연과학, 형이상학, 도덕론 등에 관한 아리스토텔레스의 저술은 새로운 물결이 되어 파리의 학교들에서 폭넓게 파급되었다. 인문학부의 학생과 교수들은 이 그리스 철학자를 그들에게 참신한 영감을 깨우쳐 준 새로운 전거로 열렬히 환호하였다. 앞서 지적했듯이 보수적 신학자들이 주도했던 교회 당국의 첫 번째 반응은 아리스토텔레스의 새로운 저술들에 대한 가르침을 파리에서 금지하는 것이었다. 그러나 이 같은 조치는 일시적 미봉책에 불과하였다. 결국 인문학부 교수들이 강도 높게 제기했던 몽매주의라는 비난에 의해 시달리고 있던 신학자들로서도 이 새로운 철학에 대해 면밀하게 검토된 대응책을 수립할 수밖에 없었다.

자연과학과 형이상학에 관한 아리스토텔레스의 새로운 저작들은 자연주의적·합리주의적인 고대 그리스의 개념들을 풍부하게 내포하고 있었다. 인문학부의 일부 학자들은 심지어 이성의 종국적 잠재력을 마침내 깨닫게 되었다고 주장할 정도였다. 합리가 가장 탁월하게 구사된 전거로서 아리스토텔레스는 이제 '유일한 철학자'로 알려지게 되었다. 아리스토텔레스 저술의 일반적 논지는 계시적 그리스도교의 초자연적·비합리적 특성과는 대비되는 것처럼 보였다. 뿐만 아니라, 예를 들어, 이 세상의 영원하고 필연적인 존재 및 개별자의 불멸성의 불가능성 등과 같은 그의 몇몇 구체적 개념들은 신학적 교리들과 정면으로 상충하고 있었다. 이제 신학자들은 과거 어느 때보다도 절실하게 이 새롭고 거대한 전거를 그리스도교적 계시와 조화시켜야 하는 과제에 직면하게 되었던 것이다.

12세기 후엽에는 이미 재발견된 아리스토텔레스의 영향으로 인해 신앙과 이성 간의 틈이 확대되어 있었다. 당시 파리의 신학자였던 시몬 투르네(Simon of Tournai)는 꽤나 직선적으로 이렇게 지적하였다. "아리스토텔레스에 있어서는 이성이 신앙을 만들어 낸다는 것이었지 마는, 그리스도에 있어서는 신앙이 이성을 만들어 낸다. 아리스토텔레스는 이해하라 그러면 믿게 될 것이다라고 말하였으나, 그리스도는 믿어라 그러면 이해하게 될 것이다라고 말씀하신다." 안셀름의 종래의 입장에서 신앙과 이성이 뒤바뀌었던 동시에 양자로 분리되었던 것이다. 신학자들에게 있어서 근본적 문제는 당시 그리스도와 아리스토텔레스의 관계, 신학과 철학의 관계, 신앙과 이성의 관계가 어떠해야 하는가 하는 것이었다. 파리 신학자들에 의해 첨예하게 제기되었던 이 획기적인 문제는 13세기 중엽에 이르러 적어도 세 가지의 답변을 내놓게 되었다.

코르델리에르 수도원의 프란시스회파 교수였던 알렉산더 헤일즈와 보나벤쳐는 보수적이라 할 입장을 취하였다. 이들이 신학을 보완하기 위해서 아리스토텔레스의 논리학적 철학적 구분들을 활용한 것은 사실이지마는, 그러나 여전히 이들은 아리스토텔레스를 철학의 핵심적 권위로 인정하기를 거부하였다. 아리스토텔레스를 무시함으로써 그리고 안셀름과 아우구스틴의 전통에 대한 그들의 충성을 재확인함으로써, 이들 프란시스회파 교수들은 그리스도교 세계의 지적 통합성을 보존하고자 하였다. 파리에서 행한 아리스토텔레스에 관한 논쟁에서 보나벤쳐는 일련의 설교를 통해 '모든 사람의 교사 그리스도'라는 의미 깊은 표제의 강론을 하였다. 여기서 그는 유일한 보편적 스승인 그리스도만이 지식의 통합성을 보장한다고 주장하였다. 이들 프란시스회파 교수들은 신학과 철학 간의 여하한 구분에도 동의하지 않았다. 왜냐하면 그리스도야말로 양자 모두의 근원이기 때문이었다. 신앙은 이성의 으뜸 가는 조건으로서 이성으로부터 분리될 수 없었다. 모든 지식은 그리스도교적 지혜를 중심으로 조직되어야 하였다. 요컨대 프란시스회파의 철학은 본질에 있어 아우구스틴주의였던바, 이것이 대학에서 부활되어 스콜라적 용어로 재표현되었던 것이다.

프란시스회파에 대한 직접적인 반론이 파리의 인문학부 교수들이었던 재속성직자들에 의해 제기되었다. 시제르 브라방을 중심으로 했던 이들은 아베로이스의 주석들에 의해 해석되었던 것처럼 아리스토텔레스를 자신들의 최고 권위로 열정적으로 추앙하였다. 이들에게는 아리스토텔레스의 철학이야말로 자연이성의 잠재력이 가장 완전한 형태로 성취된 것으로서, 그것은 신앙의 원리에 따라 운용되었던 신학과는 완벽하게 구분되는 무엇이었다. 프란시스회파와는 달리 라틴 아베로이스주의자들은 신학과 철학, 신앙과 이성의 종국적 결별을 제시하였다. 아리스토텔레스가 특정한 그리스도교 교리와 모순될 때, 이들은 이를 불행한 그러나 불가피한 갈등으로 인식하였다. 물론 한 사람의 그리스도교도로서 시제르 브라방도 이 경우 신앙이 보다 상위의 진리라는 점을 인정한 것은 사실이었지마는, 그러나 그는 이 같은 불일치를 해소하려는 어떠한 시도도 하지 않았다. 아베로이스주의자들에 의해 전거들의 조화 및 이해를 추구하는 신앙이라는 전통적 노선들은 폐기되기에 이르렀다.

프란시스회파와 아베로이스주의자 사이에서 중간적인 제3의 입장을 취한 이들이 생 자끄의 도미닉회파 교수들이었던 알버트 마그누스와 토마스 아퀴나스였다. 알버트가 도미닉회 학파의 길을 닦았다면, 그의 가장 뻬어난 수제자 토마스 아퀴나스는 스승의 입장을 완성시켰다. 이들은 프란시스회와 더불어 신앙과 이성의 통합을 유지하고자 하였으며, 아베로이스주의자들과 마찬가지로 아리스토텔레스의 부정할 수 없는 천재성도 인식하였다. 이들의 목표는 해체를 초래하지 않고서 이 그리스 철학자를 그리스도교적 신앙의 체계에 접목시키는 것이었다. 이 같은 목표를 위해 알버트 마그누스와 토마스 아퀴나스는 신학의 영역과 철학의 영역을 선명하게 구분함으로써 중대한 진전을 이룩하였다. 신학의 영역은 믿음을 통해 초자연적 현상을 다루는 것이며, 철학의 영역은 이성을 통해 자연적 현상을 다룬다는 것이었다. 이들은 실제로 자신들이 다루었던 모든 문제들에서 경계를 설정하여 절반은 신앙의 영역으로 그리고 나머지 절반은 이성의 영역으로 구별하였다. 예를 들어 보자. 이들은 도덕적 체계를 두 영역 즉 자연적 덕성과 초자연적 덕성으로 구분하여, 자연적 덕성의 경우 이성을 통해 모든 사람이 가질 수 있으나 초자연적 덕성의 경우에는 은총을 통해 그리스도교도들만이 가질 수 있다고 생각하였다. 완전한 윤리적 규범은 분별력·정의·용기·절제와 같은 고전 고대의 핵심적 덕성들과 믿음·소망·사랑과 같은 성서상의 신학적 덕성들을 합한 것이었다. 마찬가지로 이들은 신을 인식하는 방법도 두 가지로 구별하였다. 이에 관해서는 앞으로 검토해 보도록 하겠다. 이들의 구분은 철학과 신학 사이의 긴장을 완화시키기 위한 것으로서, 결과적으로 철학으로부터 신학을 그리고 신학으로부터 철학을 해방시키게 되었다.

철학과 자연과학 분야에서는 아리스토텔레스가 최고의 권위였다. 알버트 마그누스와 토마스 아퀴나스가 몇몇 점들에 대해 주저하지 않고 그의 오류를 지적한 것은 사실이다. 그러나 전체적으로 보아 이들은 형이상학·물리학·천문학·생리학 등에서·이 그리스 철학자의 견해를 진리에 가장 이성적으로 접근한 이론들로 수용하였다. 교부들에 의해 해석된 성서는 신학에서 독보적인 권위로 유지되었다. 믿음으로 이들을 받아들임으로써 신학자는 초자연적 세계에 대한 가장 분명한 인식을 얻을 수 있었다. 도미닉회 학자들은 오직 신의 계시를 통해서만 삼위일체·성육신·부활과 같은 신비들에 대해 가장 확실한 지식을 얻을 수 있다고 생각하였다. 따라서 안셀름, 아베라르, 길베르 등은 오류를 범한 것이었다. 왜냐하면 그들은 이성이라는 도구로서 삼위일체를 규명하고자 했던바, 이 같은 신비들은 전적으로 신앙에 의해 관리되는 신학의 영역에 속하기 때문이었다. 그러나 신학과 철학의 구분은 그 내용에 의한 것이라기보다는 다분히 이해하는 방법에 의한 구분이었기 때문에, 신앙과 이성을 첨예하게 구분하는 것은 진리를 추구하는 그들의 다양한 과정을 말해주는 요소였다. 동시에 이성과 신앙 모두가 동일한 영역을 다루거나, 서로 다른 두 접근 방식으로 공통의 몇몇 문제들을 다루는 것은 가능한 일이었다. 신의 본성 가운데 몇몇 점들은 이 공통 영역에 속했다. 예컨대 삼위일체, 성육신과 같은 신의 일부 속성들은 계시를 통해서만 알 수 있는 반면, 신의 존재·단일성·권한과 같은 속성들은 철학적 추론을 통해서도 알 수 있을 것이었다.

특히 토마스 아퀴나스는 두 유형의 신학을 제시하였다. 하나가 전적으로 계시에 입각했던 교리 신학이었으며, 다른 하나가 신앙과 더불어 이성을 통해서도 올바르게 규명될 수 있는 자연 신학이었다. 아리스토텔레스가 제시했던 방법에 입각하는 합리적 증거들을 통해 철학자는 신의 존재·단일성·신의 전능성을 논증할 수 있었다. 그러나 이성이 미치지 못하는 지점에서부터 신학자는 반드시 신앙을 통해 추구하여야 했다. 그리하여 결과적으로 알버트 마그누스와 토마스 아퀴나스는 신앙과 이성 간의 문제를 해결하기 위해서 이를 세 개의 독자적 영역으로 구분하게 되었다. 첫째가 전적으로 이성의 영역이었던 자연철학, 둘째가 전적으로 신앙의 영역이었던 교리신학 그리고 셋째가 이성과 신앙 모두에 의해 공유되었던 자연신학이라는 중간적 영역이었다.

자연과학을 다룰 때 토마스 아퀴나스는 아리스토텔레스를 완벽하게 추종하였다. 그러나 그가 신에 대해 이야기할 때는 매우 독창적이었다. 아리스토텔레스의 업적을 자유롭게 수정하고, 이를 명백히 극복하였던 토마스는 신에 대한 고유한 인식을 발전시킴으로써, 아리스토텔레스의 형이상학에 중대한 수정을 가하였다. 신의 위격을 논함에 있어서 토마스 아퀴나스는 자신의 천재성을 유감 없이 발휘하였던 것이다.

　비록 알버트와 토마스는 신학과 철학의 분리에 입각하여 그들의 저술을 집필했지마는, 그러나 이들이 두 영역 간의 모순을 수용한 것은 아니었다. 신앙과 이성은 하나의 진리에 접근하는 두 가지 수단이었다. 두 가지 수단 모두가 신에 의해 주어진 것인 만큼 불일치란 있을 수 없었다. 도미닉회 학자들은 외형상의 갈등들을 조화시키는 데 많은 노력을 기울였다. 모든 수단이 동원되었음에도 불구하고 여전히 모순이 해소되지 않는 경우, 이들은 이성의 오류성을 인정하고 신앙에 의한 해결을 수용하였다. 예를 들어 세상의 창조가 자의적·일시적인 것이었다는 성서적 교리는 아리스토텔레스의 필연적·영속적 창조 개념과는 상충되는 것이었다. 이에 대해 도미닉회 학자들은 아베로이스주의자들과는 대조적으로 성서적 입장에서 아리스토텔레스의 논리를 포기하였다. 알버트와 토마스에게 있어서 유일신은 진정한 신앙과 올바른 이성이 결코 상충될 수 없는 진리의 통합성을 보장하는 관건이었다. 아베로이스주의자들과는 달리 도미닉회 학자들은 신앙과 이성의 영원한 통합을 제시하고자 하였다.

## 3. 토마스 아퀴나스

신앙과 이성에 관한 알버트와 토마스의 기념비적인 업적은 고립된 천재들의 배타적 산물이 아니었으며, 또한 엄청난 지적 노고 없이는 이룩될 수 없는 것이었다. 우리는 이들이 대학이라는 제도적 틀 내에서 활동하였고, 선학들의 업적으로부터 많은 도움을 받았음을 살펴보았다. 특히 토마스 아퀴나스의 삶은 스콜라 신학이 성장하였던 학문적 환경을 잘 말해주고 있다. 토마스는 황제 프레데릭 2세의 인척으로 남부 이탈리아 아퀴노 지방의 백작 가문에서 태어났다. 또한 그는 외경스러운 베네딕트 수도회의 추앙 받던 본거지였던 몬테 카시노 수도원에서 초등교육을 받았다. 그의 부모가 황제 프레데릭 2세에 의해 최근 설립된 나폴리 대학의 인문학부로 그를 보내 고등교육을 받게 하자, 토마스는 처음으로 이들 대학의 주변에서 도미닉회 수도사들의 영향을 받게 되었으며, 이후 집안의 분노와 격렬한 반대에도 불구하고 자신의 신분적 특권을 포기하고 탁발수도사로서의 삶을 결심하였다. 그의 도미닉회 동료들은 자파에 새로이 입회한 토마스에게서 천재적 재능을 재빨리 알아차렸다. 그리하여 오래지 않아 그를 자파의 가장 탁월한 학자였던 알버트 마그누스에게 보내 그와 함께 연구하도록 배려하였다.

토마스가 자신의 스승을 처음에 쾰른에서 만났는지 혹은 파리에서 만났는지는 불분명하다. 그러나 토마스처럼 재능 있는 학생이 파리에서 학문의 길을 연마하게 된 것은 불가피한 일이었다. 그는 생 자끄에서 신학부 과정에 등록하였으며, 동시에 성서학 학자로서 이사야서, 예레미아서, 애가서 등을 강의했던 것 같다. 또한 그는 『롬바르드의 명제집에 대한 주석』이라는 완성도 높은 저술을 처음 펴냄으로써, 문장론 학사학위도 취득하게 되었다. 신학부 과정을 마쳤던 토마스는 1256년 노트르담의 총원장으로부터 교수자격증을 부여받았으며, 이즈음 그는 프란시스회 동료였던 보나벤쳐와 함께 신학부 교수 취임을 기다리고 있었다. 그러나 이 시기는 상황이 좋지 못했다. 왜냐하면 신학부의 수도성직자 출신 교수들과 재속성직자 출신 교수진 사이에서 벌어진 파업권 논쟁이 당시 교착상태에 빠져 있었기 때문이다. 마침내 교황 알렉산더 4세는 당시 수도성직자 출신 교수들의 견해를 받아들여 교수단에게 토마스와 보나벤쳐를 받아들이도록 명시적으로 명하였다. 이 조치에 따라 토마스 아퀴나스는 파리 대학의 교수로서 완전한 인준을 받게 되었다.

토마스 아퀴나스의 원숙한 학문활동은 파리의 생 자끄 또는 이탈리아의 여러 도미닉회 수도원에서 신학을 가르친 일로서, 최종적으로 그는 나폴리에서 가르치다가 1274년 타계하였다. 그의 가르침에 대해서는 기록으로 남아 있는 사료가 방대하다. 근년에 편집된 바에 따르면 그 분량은 34권의 책에 이를 정도이고, 그 범위도 대학의 활동 전 영역에 걸쳐 있다. 전거들에 대한 그의 많은 대중 강의들은 주석서와 해석집으로 기록되었다. 토마스는 성서 및 기타 신학적 논저들에 대한 주석작업을 계속했을 뿐만 아니라 아리스토텔레스의 주요 저작들에 대해서도 일련의 해석서를 집필하였다. 이 해석서들은 전거의 내용을 수용하기 위한 해독이라는 스콜라적 활동을 구체화하는 것으로서, 특히 이들은 아리스토텔레스의 새로운 철학에 정통하고자 했던 토마스의 위대한 노력을 드러내고 있다. 더욱이 토마스는 활동적인 교사로서 정규 학기 동안 매주 두 가지의 논제에 관해 토론을 하였으며 이에 관해서는 500개가 넘는 보고서가 남아 있다. 성탄절과 부활절 등의 축제 기간에는 다양한 자유토론(*disputationes de quolibet*)을 주관하였다. 이 같은 토론은 토마스에게 당면한 신학적 문제들을 해결하는 기회를 주었을 뿐만 아니라, 아베로이스주의자와 프란시스회파 학자들에 대해서도 자신의 입장을 변론하는 기회가 되었다. 이러한 열띤 논쟁을 통해서 토마스는 자신의 신학체계를 완결해 갔던 것이다.

토마스의 활발한 학문활동들은 『대전』으로 편찬되었다. 그가 집필한 두 개의 『대전』 가운데 『반이교도 대전』은 그리스도교 신학에 대한 합리적 옹호론이었으며, 『신학 대전』은 우리가 아는 한 그의 사상을 가장 완전하고 통합적으로 밝힌 저작이었다. 비록 이 저작들이 그의 대학 내의 활동의 직접적 산물은 아니었다 하더라도, 그것의 핵심 요소들은 강의에서부터 형성되었다. 동료 신학자들과의 협동작업을 통해 토마스는 『신학 대전』에서 신학과 철학의 종합이라는 그의 사상을 가장 완전하게 표현하였다. 신앙과 이성에 관한 그의 해결책은 한편으로는 프란시스회파 학자들 그리고 다른 한편으로는 아베로이스주의자들과의 신랄한 논쟁을 통해서 얻어진 산물이었다. 시간상의 격차로 인해 유리한 관점에 설 수 있었던 시인 단테는 보다 부드러운 시각으로 이들의 논쟁을 파악하였다. 단테는 영광스러운 계서체제로 구성되었던 자신의 「천국편」에서 프란시스회파 학자였던 보나벤쳐(12곡)와 아베로이스주의자였던 시제르 브라방(10곡) 모두에게 고유한 위치를 할애하였다. 그러나 단테는 도미닉회파 학자였던 토마스 아퀴나스(10곡)에게 가장 영예로운 중심 자리를 할당하였다. 단테는 토마스가 이룬 업적의 중대성을 인식하고 있었던 것이다.

고대 세계에 복음이 전파된 이후 그리스도교도들은 자신들의 신앙과 고전문명기의 문화 사이의 관계를 성찰해 왔다. 그리하여 이 문제에 대한 많은 해답들이 역사적 과정을 겪으며 제시되어 왔다. 그러나 토마스의 답변만큼 용기 있는 것은 일찍이 없었다. 신앙과 이성의 문제를 해결함에 있어서 그는 계시와 그리스 철학 그리고 그리스도교와 고전문화를 지속적 종합적 체계로 결합하고자 하였다. 그는 파리를 예루살렘과 아테네 모두의 후계자로 만들고자 했던 것이다. 그러나 토마스의 해결책이 말기 중세를 지배한 것은 아니라는 사실을 기억할 필요가 있다. 토마스가 타계한 직후인 1277년 프란시스회의 영향 아래 있던 파리 주교는 토마스의 몇몇 명제들을 시제르 브라방의 그것과 함께 정죄하였다. 다음 세기 동안 토마스의 도미닉회파 제자들은 경쟁적이었던 사상의 체계들 중에서 결코 분명한 우위를 점하지는 못하였다. 그럼에도 불구하고 토마스 사상 체계의 진정한 생명력은 그것이 중세를 넘어서도 지속적으로 영향을 미쳐 왔다는 사실에서 충분히 확인된다. 오늘날 토마스는 그리스도교 신학의 수많은 거장 가운데 단지 한 사람에 지나지 않는다. 그러나 그는 중세의 어느 때보다도

기근으로 인한 사망(장 드 와랭의 영국 연대기에서, 1470~80년)

오늘날 더 많은 영향력을 행사하고 있다.

신앙과 이성의 토마스적 종합은 전반적인 안정과 평화 그리고 낙관주의라는 13세기적 상황 하에서 보다 잘 이해될 수 있다. 이 같은 상황에 번영하고 있던 도시들의 팽창하던 경제는 좋은 삶에 대한 인식 역시 제공하고 있었다. 이 같은 안정의 한 주요한 기초는 프랑스 까페 왕조와 교황청이 각각 보유했던 힘과 상호간의 협력체제였다. 그런데 이러한 협업의 시기는 프랑스 군주 필립 단려왕과 교황 보니파키우스 8세 사이에 적대적인 관계가 형성되자 결국 종식되었다. 또한 교황이 파리 대학에 대해 완강하게 적대적인 입장으로 돌아서자, 지금까지 로마 교황청의 보호를 받아 왔던 교수들도 교황청과 프랑스 군주와의 투쟁에서 군주 측에 가세하지 않을 수 없게 되었다. 이제 파리 대학은 과거 적대자였던 프랑스 군주의 총애하는 딸이 되었던 것이다. 유럽 질서의 13세기적 기초는 14세기에 접어들면서 해체되기 시작했던바, 이 과정은 역병, 기근, 빈곤 등에 의해 더욱 가속되었다. 1277년 토마스 아퀴나스의 종합적 체계 가운데 일부가 교회 당국에 의해 정죄된 것은 군주 필립과 교황 보니파키우스 간의 정치적 충돌과 함께 일어난 동시대적 사건이었다. 이제 사람들은 신앙과 이성 모두를 함께 추구하는 지적 용기를 더 이상 가질 수 없게 되었으며, 이들의 새로운 체계는 신학과 철학 사이에 거대한 간격을 드러내게 되었다. 13세기의 낙관주의는 말기 중세의 절망으로 인해 녹아버렸던 것이다.

# 제6장 고딕 예술

육중하고, 밀폐되고, 격리된 효과를 내는 로마네스크 벽과는 달리 고딕의 외벽은 섬세하고, 투과적이며, 빛을 발하는 것이어서, 마치 보이지 않는 외투로 교회를 감싼 듯하였다.  앞의 사진 · 파리 노트르담 대성당 본당의 천정 어떤 의미에서 중세 학자들은 격리된 세계에서 살았다. 그는 연구를 수행하고, 학생을 가르치며, 연구결과를 라틴어로 출간하여 동료 학자들로 하여금 읽도록 하였을 뿐, 사회의 광범위한 계층들을 상대로 자신의 심원한 사상과 연구과정을 직접 밝히려 하지는 않았다. 사회의 광범위한 계층들의 기호와 즐거움을 위해서는 다른 부류의 저술가들이 속어문학을 풍부히 저술하였다. 이들은 도시민들을 위해서 외설적이고 냉소적인 도시 생활의 우스갯거리들을 우화집으로 저술하였으며, 귀족들의 여가생활을 위해서는 서사적 무훈시, 서정적 연가, 그리고 환상적인 기사의 로맨스를 창작하였다. 글을 깨치는 일이 학교의 책무였기 때문에 이들의 저작에서 스콜라적인 방법의 몇몇 흔적들이 가끔 확인되는 것은 피할 수 없는 일이었다. 예를 들어, 12세기 후엽 고해사제 앙드레라는 성직자가 샹빠뉴 지방의 귀족 부인들을 위해 궁정적 사랑에 관한 안내집을 집필했는데, 학교식 논쟁방법을 연상시키는 나름의 찬반 논거를 정리하였다. 13세기 프랑스의 기사적 로맨스 문학 가운데 가장 널리 알려진 것이 『장미의 로맨스』(*Romance of the Rose*)로서, 세련된 비유를 통해 귀족적 이상을 표현하였다. 파리의 상인 장 드 멩이 제공하였던 이 시의 두 번째 장은 일종의 『전집』에

『장미의 로맨스』은유시에 표현된 기사와 여인들의 춤추는 장면

해당하는 것으로서, 여기에는 스콜라적 용어와 기법들도 반영되어 있었다. 이 같은 간헐적인 영향에도 불구하고, 중세의 대중적 속어문학의 대부분은 학교식 연구방법과는 무관하게 유지되고 있었다. 중세의 전 시기를 통해서 '속인'이라는 용어는 공적인 고등교육의 언어였던 라틴어를 깨치지 못한 문맹자라는 의미를 함의했음을 반드시 기억할 필요가 있다. 학교의 사상과 기술을 광범위한 대중에게 전달하는 핵심적 매체는 속어문학이 아니라 건축, 조각, 유리 제조술과 같은 예술이었다. 12세기 초엽 호노리우스 아우구스토두넨시스[1]가 예술을 속인문학

에 포함시켰던 것은 새로운 얘기가 아니었다. 학교가 대성당 안에 있었고, 학자가 성직자였기 때문에, 특히 프랑스에서는 교회당의 석조물과 유리창은 스콜라 문화의 대중적인 표현영역이었다.

## 1. 고딕 건축의 탄생

유럽의 경제적 팽창을 보여주는 명백한 표식 가운데 하나가 석조로 된 교회 건물의 현저한 증가였다. 석조 교회 건물은 도처에서 주교좌 성당, 수도원, 교구 교회 등으로 세워지고 있었다. 앞서 살펴보았듯이 랄프 글라버는 11세기에 이 같은 현상을 지적한 바 있으나, 이는 12·13세기 내내 기하급수적인 증가 추세를 유지하였다. 오늘날 우리의 상상력으로는 이 같은 건축사업에 투입된 재원과 열정을 충분히 파악하기가 힘들 정도다. 한 기록에 따르면, 프랑스에서만 1180년부터 1270년 사이에 1천 8백 만이 안 되는 인구가 주교좌성당 규모의 교회를 80개 그리고 수도원을 500여 개 설립하였다. 또한 13세기의 한 지방 즉 샤르뜨르의 예를 살펴본다면, 1만 명이 안 되는 지역 주민이 한 세대 동안 샤르뜨르 대성당을 참으로 놀라운 규모로 개축하였다. 다른 지방보다도 더욱 웅장하고 높이 교회를 건축 내지 개축하려는 경쟁은 13세기 말엽에 이르러 열병처럼 유행하였으며, 이는 도시경제에 심각한 부담이 되곤 하였다. 예를 들어 보베 지역은 기름진 옥토와 활발한 모직물 제조업에 의해 국왕 직속령 가운데 가장 빠르게 팽창하는 부유한 도시로 성장하였다. 그리하여 13세기 전반에는 파리 다음 가는 두 번째 규모의 도시가 되었다. 그러나 13세기 말엽에 이르러 프랑스 동북부의 다른 도시들이 최고의 번영을 구가하게 되자, 보베는 오히려 쇠퇴하고 있었다. 일부 학자들은 그 원인을 1247년 주교와 참사회가

샤르뜨르 대성당(12세기 중엽) 서측 정면

왼쪽 · 샤르뜨르 대성당 북측 현관(구약성서의 예언자들)
오른쪽 · 샤르뜨르 대성당 현관 중앙문의 오른쪽 문설주(1145~55년)

그리스도교 세계에서 가장 웅장한 대성당을 건축하기로 한 결정에서
찾았다. 이 결정은 결과적으로 보베 시의 미래를 위해 적절하게 투입되
어야 할 재원을 소진시켰다는 것이 설명이었다. 마치 새로운 대성당이
보베 경제체제에 회복 불능의 부담이 되었음을 설명이나 하듯이, 이
성당의 아치형 천장은 그 높이가 돌의 하중을 견디지 못해 1284년에는
무너져 내리기 시작하였다. 그리하여 오늘날에는 당시의 웅장한 시도
를 말해주는 무너진 편린들만 남아 있을 뿐이며, 보베 시도 프랑스의
군소 도시들 가운데 하나로 전락하고 말았다. 확실히 샤르뜨르의 성공
과 보베의 실패는 극단적인 경우다. 그럼에도 불구하고 이들은 중세사
회에서 교회 건축물이 얼마나 높은 우선순위를 점했던가 하는 사실을
여실히 드러낸다.

샤르뜨르와 같은 대성당 건축이 단순히 지방적인 사업으로 제한될
수는 없었다. 성모 마리아에게 헌당된 이 성당은 다른 지역의 지원

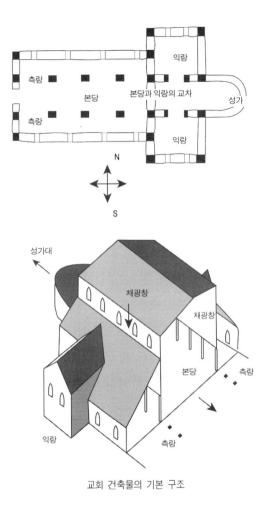

역시 필요로 하였다. 일 드 프랑스 지역 출신의 가문들은 교회에 바친 그들의 유산을 표시하기 위해 자신들의 문장을 창문에 부착시켰으며, 남측 익랑 전체는 당시 브리따뉴 백작이었던 고집 세고 자부심 강한 드루 가문에 의해 조각과 채색유리로 장식되었다. 샤르뜨르는 왕실 주교좌로서 교회의 보호자겸 후견인으로 군주에게 크게 의존했던바, 까페 왕가도 이 교회를 후덕하게 지원하였다. 왕후로서 자신의 어린

아들 루이 9세를 섭정했던 블랑쉬 카스띠유[2])는 반란적이었던 드루가에 대한 확실한 대응으로 교회의 바로 맞은편 북측 익랑의 창문들을 도맡았고, 루이 성왕은 성년이 되자 전례 없는 열정을 가지고 교회를 아낌없이 후원하였다. 루이의 전기작가는 자긍심을 가지고 "마치 필사가가 사본을 필사하고 그것에 금과 청색 안료로 장식했던 것처럼, 국왕은 자신의 영토를 아름다운 수도원들, 수많은 왕립 구호소, 설교사들의 수도원, 코르델리에르 그리고 기타 수도회들로 장식하였다"고 기록하였다. 이처럼 귀족과 왕실의 후원이 중요했던 것은 사실이지마는, 그러나 도시민의 지원만큼 그렇게 결정적인 것은 아니었다. 건축물의 웅장함과 도시생활의 활력 사이에는 의심할 여지가 없는 직접적인 상관관계가 있었다. 주교는 조만간 대성당을 짓기 위해 도시민들의 협조에 의존하지 않을 수 없게 되었다. 샤르뜨르에서는 이 같은 관계가 상호의존적인 것이었다. 왜냐하면 도시의 정기시의 번영은 순례객을 불러모으는 교회의 명성에 따라 좌우되기 때문이었다. 상인과 상인조합들은 그들의 대성당에 막대한 투자를 하였고, 창문에는 자신들의 서명을 새겨 넣었다. 예를 들어 포도주 상인들은 중앙에 자신들의 상업활동을 묘사한 세 개의 원형무늬 장식을 새긴 극히 아름다운 창문을 세웠는데, 아래쪽 원형에는 포도주 수레와 그것을 운반하는 이를 그렸으며, 가운데 것에는 통에서 포도주를 따르는 이를 그렸고, 위쪽 것에는 포도주로서는 가장 숭고한 형태였던 성찬식용 포도주를 그려 넣었다. 둥근 천장을 올리고 첨탑을 높임으로써 한 도시의 주민들은 이웃의 도시민들과 경쟁하였다. 그러나 동시에 이들은 하얀 석조교회의 영속성과 화려함과, 자신들의 어두운 목조 주택들의 허술함과 보잘것없음이 빚어내는 극적인 대조에 의해 깊은 감동을 받을 수밖에 없었다. 어떤 방향에서 샤르뜨르 도시에 들어오든 첫눈에 띄는 것이 첨탑들이었으며, 그 다음이 도시의 지붕들 위에 우뚝 솟은 대성당이었

독일의 로마네스크 양식, 성 베드로 대성당(보름스, 12세기 말엽)

다.

　12세기에 분출된 이 건축에의 열정은 새로운 예술양식을 낳았고, 이는 17세기에 그 적대자들에 의해 고딕 양식으로 불리게 되었다. 고딕 이전에 확립되어 있었던 기존의 양식이 로마네스크 양식으로 알려져 있었던 만큼, 고딕의 새로움을 이해하기 위해서는 먼저 로마네

이탈리아의 로마네스크 양식, 산 암브로지오 교회(밀라노, 9~12세기)

스크 양식의 특징부터 검토해 보아야 할 것이다. 상대적인 질서와
안정이 11세기에 회복됨에 따라, 성직자들은 보다 영속성을 가진 교회
를 재건축하려는 여망을 품게 되었다. 화재에 약한 목재 지붕 대신에
석조의 둥근 천장을 세웠는데, 이는 석조 천장을 지탱해 줄 육중한
석조 버팀벽을 필요로 하였다. 그런데 이 석조 벽은 그 두께로 인해
창문을 낼 공간이 거의 없기 때문에 빛이 실내로 들어오지 못했다.

생 드니 교회. 초기 고딕양식을 잘 보여준다(일 드 프랑스, 1140년).

**왼쪽** · 영국의 로마네스크 양식, 이플리 교회 서측면(옥스퍼드셔, 12세기 후반)
**오른쪽** · 이플리 교회 서측면 세부

우람한 종탑을 가진 로마네스크 교회들은 악마의 무리들과 싸우기
위한 신의 요새처럼 세워졌는데, 이러한 인상은 당대의 봉건적 국면에
어울리는 것이었다. 로마네스크 양식을 세운 주된 건축가들이 수도승
이었기 때문에 그 양식이 가진 육중한 특징은 수도원의 목표에도
썩 잘 부합되었다. 교회의 두터운 벽이 제단 주위에도 두툼한 울타리
모양으로 세워졌는데, 이는 제단을 세상으로부터 격리시키고 보호하기
위한 것이었다. 어둠 속에서 수도승들은 제식용 촛불로 빛을 밝혔으며,
동굴 같은 실내를 찬송과 기도로 된 성스러운 음악으로 가득 채웠다.
거친 석재의 내부 표면은 회반죽으로 덧칠하여 프레스코화를 그려
넣었고, 바깥 정면은 생동감 있고 힘차게 표현된 조각들로 장식하였다.
물론 로마네스크 양식은 북부 이탈리아와 남부 프랑스 및 독일 등에서
지역적인 특징도 발전시켰다. 그러나 하나의 예술양식으로서 그것은

일시에 혹은 시차를 두고 서유럽의 거의 전역으로 확산되었다. 로마네스크는 도시가 형성되기 이전 시기에 배태된 보편적 예술양식으로서, 그 생명력은 13세기에 접어들어서도 여전히 유지되었다.

이와는 대조적으로 고딕 양식은 철저하게 프랑스에서 출현하였다. 이는 12세기 전기에 파리를 중심으로 주변 반경 100마일 이내의 지역이었던 일 드 프랑스에서 유래되었는데, 사실 이 지역은 당시까지 예술적 업적이 두드러졌던 곳이 아니었다. 이 같은 공백 상태에서 고딕 양식이 배태되었고, 로마네스크의 우위에 도전할 만큼 성장하였다. 한 걸음 더 나아가 고딕 양식은 한 특정 교회의 한 특정 인물의 영감에 의해 시작되었다고 좁혀 얘기할 수도 있다. 물론 새로운 양식은 세 곳에서 동시에 출현하였다. 그러나 이 가운데 가장 널리 알려진 곳은 파리 북부지역의 생 드니 왕실 수도원이었다. 생 드니의 수도원장 수제르는 1137년부터 1144년 간에 진행된 이 교회의 서측 정면과 성가대석의 재건축을 책임진 인물로서, 교회와 까페 왕조 간의 협력정책을 훌륭하게 구현하였다. 수도원 영지를 관리하는 데 뛰어난 행정적 역량을 보였던 수제르는 까페 왕조의 초기 군주들에게 발탁되어 왕국의 일을 관리하는 일에 조력하게 되었다. 그는 왕실사업에 성직자들의 지지를 이끌어 내고, 외침의 시기에 국가를 결집시킴으로써, 또한 군주가 십자군 원정으로 인해 자리를 비웠을 때는 그 대리인으로 활동함으로써, 신실하고 유능하게 왕실에 봉사하였다. 그러나 생 드니 수도원과 왕실 간의 유대는 특별히 밀접한 것이었다. 왕실 수도원은 프랑스 왕실의 왕관과 휘장의 보관소였을 뿐만 아니라, 프랑스의 수호성인의 이름을 딴 성골함의 저장소이기도 하였다. 생 드니 수도원은 프랑스의 정신적 중심지가 되고자 했던바, 수도원의 깃발이었던 붉은 색 성기가 왕국의 표준 국기로 사용되고 있었다. 수제르는 모든 가용한 공적 수단을 통해 생 드니 수도원의 주장을 관철시켰다. 그의 계획의 핵심부분이 고대 프랑크 왕실의 군주들에 대한 기억을 되살리는 서사시를 후원하는 것과, 새로운 건축양식으로 수도원을 개축하는 일이었다. 1144년 새로운 성가대석의 봉헌식은 왕실과 대귀족 그리고 왕국의 대주교와 주교들이 적어도 19명 이상이나 참석하는 국가적인 행사가 되었다. 그리하여 사실상 생 드니 수도원의 봉헌식은 고딕 양식에 대한 축성식을 의미하게 되었다.

그 이후 150여 년 동안 북부 프랑스의 건축가들은 이 새로운 양식의 잠재력을 발전시키는 데 몰두하였다. 일반적으로 건축 사가들은 고딕 예술을 두 국면으로 구분한다. 12세기까지 이르는 형성기는 초기 고딕 이라 불리며, 이 시기는 생 드니, 상스, 샤르뜨르의 서측 정면, 라옹 그리고 파리 등의 교회 건축에 의해 대표되었다. 이 단계의 건축가들은 기술적으로 용이하면서 동시에 미학적으로 만족스러운 해결책을 찾는 데 전념하였다. 일단 이 같은 일차적 문제들이 해결되자, 13세기 건축가 들은 높은 완성도와 원숙함을 이룩한 성기 고딕의 단계로 나아갔는데, 이는 완공된 샤르뜨르, 렝스, 아미엥과 같은 교회들에 의해 대표되었다. 수제르가 까페 왕조의 주요 대리인으로서 이 새로운 고딕 양식을 시작하였던 만큼 프랑스 왕실도 이 예술적 건축에 대해 지속적으로 책임을 공유하였다. 예를 들어, 루이 9세의 치세기에 일 드 프랑스 지역에 세워진 교회들은 루이의 세밀한 감독을 받았기 때문에 역사가들 은 이를 '궁정식' 고딕 양식이라 부르게 되었고, 이 양식은 파리의 상트 샤펠에 의해 가장 잘 대표되었다. 까페 왕조의 요람에서 출현한 고딕 양식은 프랑스의 정치적인 행운과 함께 유럽 전역으로 파급되었 다. 흔히 '프랑스 양식'으로 불렸던 고딕은 알비파에 대한 북부의 십자군 원정과 더불어 남부 프랑스, 예를 들어, 카르카손의 생 나자르 등에서도 출현하였다. 또한 프랑스가 지중해 연안으로 뻗어 감에 따라 남부 이탈리아, 예를 들어, 루세라 대성당에도 전파되었다. 파리 대학과

렌스 대성당의 성가대석 북측면(1211년)

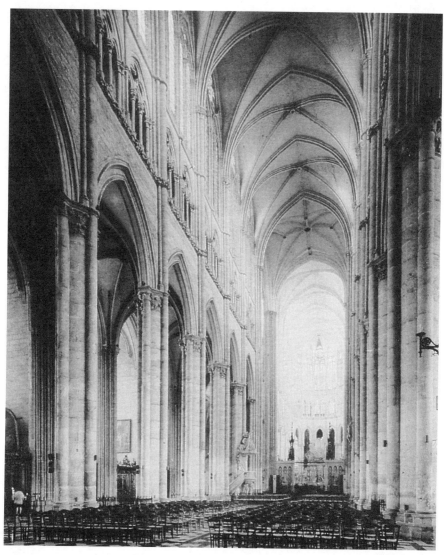

아미엥 대성당의 본당과 성가대석(1220년 시공)

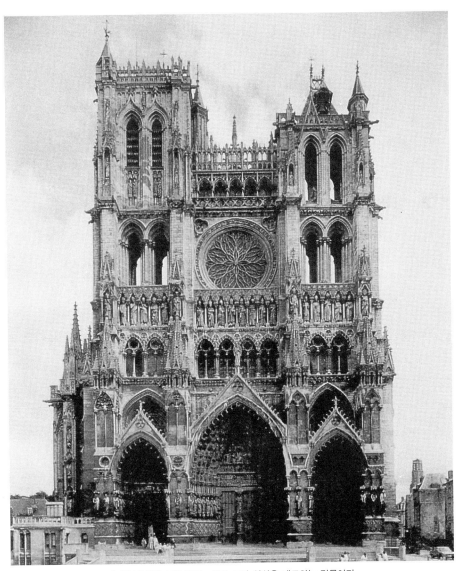

아미엥 대성당 서측 정면. 성기 고딕 양식을 대표하는 건물이다.

늘 밀접한 관계를 유지하였던 탁발수도회 역시 이 새로운 양식을 그리스도교 세계 전역에 퍼져 있는 자파의 새로운 교회들에서 채택하였다. 앞서 살펴보았던 볼로냐의 프란시스 수도회는 이탈리아에서 최초로 새로운 '프랑스 양식'의 교회를 자랑하게 되었다. 13세기에 프랑스 문화가 꽃핌에 따라 고딕 양식은 이내 서 유럽 전역에서 유행하게 되었던 것이다.

예술적 창조가 왕왕 그러하듯이, 고딕 양식도 그 구성요소들이 새로운 것은 아니었다. 그러나 이들의 조화로운 이용과 전체적 효과를 통해 고딕 혁명이 이루어졌다. 측면의 둥근 천장, 뾰족한 아치 등의 장치는 한때 고딕 양식의 독특한 특징으로 간주되었으나, 이들은 오늘날 이슬람, 부르군디, 노르만의 전례들에서 그 기원이 추적되고 있다. 오늘날 미술사가들은 고딕 건축의 핵심적 특징으로 창문을 강조하는 경향이 있다. 어두움으로 덮이는 것을 선호하였던 로마네스크 건축가와는 대조적으로, 고딕 건축가들은 전문적 기술을 총동원하여 빛으로 가득찬 교회를 세웠다. 빛의 근원을 추구하기 위해 이들은 천장을 가능한 한 높임으로써 강력한 수직적 느낌을 창출하였다. 이들은 모든 태양빛을 조금이라도 더 많이 모으기 위해 가능한 한 벽들을 얇게 만들고 가능한 모든 공간을 유리창으로 개방시켰다. 구조상의 이유로 버팀벽이 필요한 곳조차 이들은 벽면의 기둥과 아치를 만들어 레이스로 층을 이루는 느낌을 창출하였다. 육중하고, 밀폐되고, 격리된 효과를 내는 로마네스크 벽과는 달리 고딕의 외벽은 섬세하고, 투과적이며, 빛을 발하는 것이어서, 마치 보이지 않는 외투로 교회를 감싼 듯하였다. 참으로 고딕의 벽은 거의 눈에 띄지 않았다. 모든 벽이 빛으로 가득했던 것이다.

고딕 건축가가 이 같은 창문을 만들기 위해서는 수많은 기술상의 난제들을 해결해야만 했다. 우리는 구조물의 기본적인 건축 소재가 단순한 석재 벽돌이었으며, 이들 역시 로마네스크 건축가들과 마찬가지로 석재 벽과 석재 천장으로 된 항구적인 건축물을 짓고자 했다는 사실을 기억할 필요가 있다. 바닥으로부터 수백 피트 위에 있는 돌로 된 둥근 천장과 유리창을 통해 개방시킨 얇은 벽은 구조적으로 상충하는 것이었다. 천장의 하중을 갈비뼈 모양의 구조 위에 올려놓는 측면의 둥근 천장이 이에 대한 주요 해결책이었다. 서까래 사이의 둥근 천장은 가벼운 돌로 만들 수 있었기 때문에 전체 하중이 소수의 받침대에 모아질 수 있었으며, 건축물의 하중이 주로 이 구조적인 골격에 의해 지탱되었기 때문에 벽면의 넓은 공간을 창문으로 개방할 수 있었다. 고딕 건축가는 이 같은 서까래와 더불어 뾰족한 아치 역시 활용했는데, 이는 둥근 천장의 면이 단일하지 않은 경우에 생기는 기술상의 문제를 해결해 주었을 뿐만 아니라, 건축물의 높이를 유지하는 데도 기여하였다. 그러나 석조로 된 둥근 천장의 하중은 아래로뿐만 아니라 밖으로도 향하게 마련이었다. 이에 건축가는 밖으로 향하는 하중을 지탱하기 위해서 날개형 버팀벽 체제를 고안하였다. 이를 통해서 건축물의 하중이 둥근 천장에서 서까래로, 다시 기둥으로, 다시 버팀벽 받침대로, 마침내 지면으로 우아하게 분산될 수 있었다. 이 서까래 골격과 날개형 버팀벽을 통해서 지붕 무게의 대부분이 교회 바깥으로 분산되었으며, 자유로운 내부 공간과 창문도 만들어질 수 있었다. 그리하여 고딕의 내부는 수직성뿐만 아니라 진공감도 주게 되었다. 또한 날개형 버팀벽은 창문들을 완벽하게 이용하도록 해 준다는 점에서도 주요한 효용을 가지고 있었다.

건축가들은 이 같은 기술상의 문제들을 해결하자 더욱 대담해지게 되었다. 파리와 라옹의 초기 고딕의 둥근 천장은 그 높이가 80피트를 넘지 못했으나, 성기 고딕의 교회들은 그 높이가 샤르뜨르에서 120피트로, 아미엥에서 140피트로 치솟았다. 심지어 보베의 둥근 천장들은

작업중인 중세의 건축가들(카셀 대학 도서관, 1385년)

160피트에 달함으로써, 서구 그리스도교 세계에서 가장 웅장한 교회로 건축되었다. 그러나 여기서는 앞서 살펴보았듯이 돌의 장력이 한계를 초과함으로써 천장이 무너져 내리고 말았다. 철강구조 내지 강화 콘크리트와 같은 새로운 소재 없이는 고딕 건축이 더 이상 발전할 수 없었던 것이다.

설령 고딕 예술가가 웅장한 창문을 가진 자신의 대성당을 외경했다 하더라도, 오늘날 우리가 그의 시각상의 경험을 충분히 파악하기는 어렵다. 왜냐하면 프랑스 교회의 중세 창문들은 대부분이 부주의와 혐오, 혁명 등에 따른 파괴로 인해 오늘날 인멸되어 버렸기 때문이다. 물론 몇몇 잔해들이 고립된 채 남아있기는 하다. 그러나 창문들이 만들어 냈던 빛의 총체적 효과는 사라져 버리고 말았다. 다행히도

샤르뜨르 대성당 북측 장미창

샤르뜨르 대성당 남측 장미창

샤르뜨르 대성당 내부 회중석

중세인이 보았던 그것을 느낄 수 있게 해줄 중요한 예외가 있다. 바로 샤르뜨르 대성당이다. 원래의 창문 186개 가운데 152개가 남아 있는 이 곳에서는 고딕의 빛을 생생하게 경험할 수 있다. 12세기에 시공되었던 서측 정면에는 수제르가 생 드니에 설치했던 유리창을 연상시키는 유리제조공의 초기 작품들이 있다. 이 창문들은 빛나는 색채와 치열한 장인정신을 담고 있는 걸작들로서, 마치 예술가들이 귀금속을 빚어놓은 것 같다. 13세기에 들어서 유리 제조공들이 더욱 자신감을 가지게 되면서, 이들은 보다 대담하고 극적인 기법으로 교회 맨 꼭대기 부분의 채광창의비율을 확대하였다. 이들의 기술은 서측, 북측, 남측의 정면에 위치한 세 개의 눈부신 장미창에서 절정에 달했는데, 이 창들의 찬란한 색채는 자연의 꽃들에 견줄 정도다. 샤르뜨르의 창문들은 색채감의 질에서 가장 뛰어난 예를 보여준다. 중세의 유리 제조공들은 마치 어린아이들처럼 색소를 두려워하지 않고, 이를 열정적으로 사용하였다. 푸른색의 청정함과 붉은색의 생동감을 구현하는 데 성공했던 이들은 바깥 하늘의 여건에 따라 변화하는 보랏빛 색조로 교회의 내부 공간을 가득 채웠다. 모든 유리 조각은 색채를 반사하는 단순한 표면이 아니라, 제각각 빛을 발산하는 한 근원이었다. 바로 이 때문에 중세 채색창이 보여주는 효과는 사진이나 그림을 통해서는 재생해 낼 수 없다. 빛의 마지막 광선이 하늘에서 사라질 때까지 샤르뜨르의 창문은 눈부신 그들의 빛을 발하고 있었다.

## 2. 학교와 고딕 예술

당대의 정치적 안정과 경제적 번영을 배경으로 등장했던 학교, 대학 및 고딕 예술은 하나의 공통 문화의 소산들이었다. 특히 프랑스에서는 번성하던 학교의 명단과 고딕 건축물의 그것이 놀랄 만큼 일치하였다. 이들 모두가 도시생활의 활력으로부터 유래된 것이었기 때문이다. 시기상의 상호 관련성도 마찬가지로 두드러진다. 아베라르와 수제르의 경우, 아베라르는 새로운 신학의 창시자였고, 수제르는 새로운 예술의 창시자였으나 서로를 잘 알고 있었다. 샤르뜨르 대성당의 경우, 16세기에 개조된 북쪽 끝 탑을 제외한다면, 서측 정면의 두 탑과 그 사이의 조각은 베르나르의 학교가 번창하였던 시기에 해당하는 12세기 중엽에 만들어졌다. 파리의 시떼 섬에 세워진 노트르담 대성당 역시 대학의 성장을 증언하기에 유리한 곳에 위치해 있었다. 노트르담의 건축시기는, 처음 초석이 놓인 때가 1163년이고 마지막 날개형 버팀벽이 완공된 때가 1300년을 지나서의 일이니까, 이 기간은 파리 대학에서도 결정적인 시기에 해당된다. 웅장한 서측 정면은 1200년경에 착공되고 종탑들이 1250년경에 완공되었으니까, 이는 보나벤쳐와 토마스 아퀴나스가 신학부 교수로 취임하기 수년 전에 해당한다. 연대기상으로 보면 노트르담의 종탑들과 이 스콜라 신학자들은 같은 연도의 졸업생들인 것이다. 파리의 신학자 피터 샹뜨르가 독서, 토론, 설교에 관한 스콜라적 기법을 설명하고자 할 때, 이를 건축상의 기법에 비유했던 것은 우연한 일이 아니었다. 마찬가지로 고딕 예술가가 자신의 건축물을 착안할 때, 그는 스콜라적 관점에서 이를 생각하였다.

기본적으로 고딕 건축가는 학교로부터 많은 도움을 받았다. 그는 고난도의 기술적 문제들을 해결할 수 있는 학식있는 장인이어야 했다. 학문적 체제에 비추어 보면 건축기술은 기하학의 일부로서 중력선 및 광선을 포함하는 많은 문제들이 기하학적 원리에 의해 해결되었다. 무엇보다도 건축가의 지상 규범은 비례의 규칙이었는데, 이는 자유학예의 하나였던 음악 개념과도 밀접하게 결부되어 있었다. 중세인들은 음악에서 화성 및 기하학에서 적정비를 만들어 내는 수치적 상관관계에 매료되었다. 이 분야의 핵심 정신은 지금까지 남아 있는 몇 안 되는 고딕 건축에 관한 한 스케치북에 잘 묘사되어 있다. 13세기 전기에 활동하였던 빌라르 호네꾸르[3]는 라옹과 샤르뜨르 그리고 렝스의 교회들에 대한 소묘에서 자신의 취향과 기호를 드러냈다. 예를 들면, 그는 라옹의 조화로운 탑들을 특별히 예찬하였다. 장식적인 사자상을 스케치하면서 그는 그것의 자연스런 모습이 기하학적 규칙을 얼마나 많이

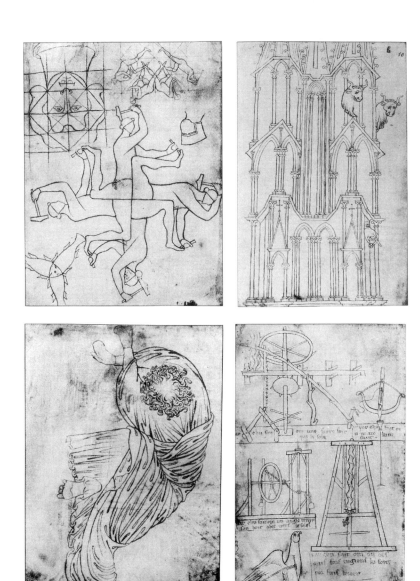

건축가 호네꾸르의 스케치북

위쪽 왼편에서 시계방향으로, 가운데 중심축을 중심으로 하여 4명의 목수가 서로 다른 이의 발을
정으로 찍는 모습의 종치기 기계의 고안도, 황소 두 마리의 조각상을 넣은 라옹 성당의 종탑, 물레방아의
톱과 매우 정교한 석궁 및 독수리 모양의 독서대, 완전히 탈진한 그리스도의 모습

따른 결과인지를 설명하였다. 조각에서조차 적정비는 고딕 양식의 기본 원리였다. 그리하여 고딕 건축의 외관을 장식했던 일군의 조각들은 평온감과 균형감을 주고 있는데, 이는 건축학적 상상력이 빚어낸 기념비적인 수준의 것이다. 중세 건축가들이 기술상의 문제들을 해결해 감에 따라, 이들은 건축술을 더욱 폭넓은 시각으로 바라보게 되었다. 4과와 우주론을 전공하였던 12세기 학자들은 신을 기하학자의 제도기를 가진 위대한 우주의 건축가로 간주했으며, 또한 "치수와 수와 무게의 모든 것"(지혜서 11장 20절)이라 부른 성서의 기록을 통해 신을 구현하였다. 마치 위대한 기하학자인 신이 질서와 조화로 이 세상을 창조했던 것과 같이, 고딕 건축가도 적은 영역에서나마 이 땅에 있는 신의 집을 적정비와 아름다움이라는 지상원리에 맞게 짓고자 했던 것이다.

건축가는 인문학부 교수들로부터 교육을 받았을 뿐만 아니라 신학자들로부터도 영감과 의미를 부여받았다. 건축가의 종국적 관심이 창문과 이를 통해 들어오는 빛이었던 만큼, 빛의 신학적 의미를 이들은 회피할 수 없었다. 플라톤의 영향을 받았던 교부 아우구스틴은, 앞서 살펴보았듯이, 지식의 문제를 조명의 관점에서 비유적으로 파악하였다. 인간의 정신에 대한 신적 조명의 관계는 인간의 눈에 대한 태양의 관계와도 같은 것이었다. 아우구스틴에 의해 널리 유포된 이 비유는 13세기 프란시스회의 추종자들에 의해 반복되었다. 전문적으로 본다면, 신학자들이 말한 신적 조명은 비물질적인 것으로서 물리적인 빛과는 구별되는 것이었다. 그러나 건축가들은 이 비유의 함의를 자신들의 영역에서 간과할 수 없었다. 더욱이 플라톤주의에 의해 고취되었던 이 신적 조명의 원리는 또 다른 고대의 권위로서 그리스도교로 개종했던 그리스 철학자 디오니시우스[4)]에 의해서도 가르쳐졌다. 중세 프랑스인들은 그를 바로 자신들의 생 드니로 간주하고 있었다. 디오니시우스

카르카손의 생 나자르 대성당(성가대석과 익랑, 1280년)

고딕 조각의 특징을 잘 보여주는 최후의 만찬 중 성혈을 나누어 마시는
장면(틸만 레멘슈나이더, 1518년)

의 저작들은 휴 생 빅토르와 토마스 아퀴나스와 같은 신학자들에 의해서도 광범위하게 읽히고 인용되었던 것이다. 따라서 이 빛의 철학자를 기념하는 교회를 건축하면서 창문이 성가대석과 회중석에 설치되도록 세심한 주의를 기울였다는 것은 전혀 놀라운 일이 아니다. 수제르는 교회의 성가대석을 신비스럽게 비추는 성스러운 유리창의 광휘에 매우 만족스러워 하였다. 경배자가 여기에 함축된 의미를 충분히 파악하기 위해서는, 문 위에 새겨진 다음의 구절을 명심하여야 했다.

이 빛은 물질적 세상으로부터 인간의 정신을 고양시키며, 이를 문이신 그리스도로부터 나오는 참된 빛에로 나아가게 한다.

아우구스틴과 디오니시우스에 의해 고취되었던 일상화된 빛의 형이상학으로 인해 휴 생 빅토르와 토마스 아퀴나스는 아름다움에 대한 그들의 기준 속에 적정한 비례뿐만 아니라 밝음의 정도도 포함시키게 되었다.

그렇기는 하지마는 아름다움이란 취향의 문제이기도 해서, 르네상스기부터 19세기에 이르기까지는 고딕 예술이 유행하지 않았다. 그리하여 고딕이라는 술어는 야만적인 것을 뜻하기까지 하였다. 고딕이 아름답다고 생각하든, 그렇지 않든, 그것이 일정한 의미를 가지고 있다는 점에는 대부분의 예술비평가들이 일반적으로 동의하고

베로리 대성당의 11세기 십자가

있다. 로마네스크 교회들의 기이한 상들이 조각가의 변덕스런 기질의 결과였다면, 고딕 건축에서는 조각가든 유리 제조공이든 단순히 감각을 기쁘게 하는 데 만족하지 않았다. 오히려 그들은 끊임없이 의미와 교훈을 전달하기 위해 세심한 주의를 기울였다. 고딕 예술은 처음 그것이 형성될 때부터 교육의 한 형태였다. 물론 건축 영역에서 오늘날의 예술 사가들은 최초의 건축가들에 의해 의도되었던 교훈에 관해 완전히 동의하고 있지는 못하다. 어떤 이들은 교회를 마리아의 궁전으로 해석하는가 하면, 다른 이들은 이를 그리스도의 몸을 표현하는 것으로 해석하였고, 또한 많은 사람들은 고딕 교회를 중세 도시민들에 의해 천상의 도시로 제작되었다고 해석하였다. 이 같은 이유 때문에 몇몇 고딕 성당의 서측 정면의 출입구가 로마 도시의 성문과 비슷해 보인다는 것이었다. 건축물의 교훈에 대한 이 같은 이견에도 불구하고, 조각과 채색유리창에 대해서는 폭넓은 의견일치가 이루어졌다. 이 같은 합의가 예술적 형상의 의미를 연구하는 중세 성상학의 발전을 가능하게 하였던 것이다.

고딕 교회의 외부는 경이로울 만큼 많은 조각상들로 장식되었다. 특히 교회의 서측과 북측의 현관 주변 그리고 남측 정면에다 예술가들은 성인, 고해사제, 예언가, 사도, 군주, 주교, 수도승, 성처녀, 농민, 짐승 및 그리고 그 밖의 많은 상들로 겹겹이 장식하였다. 교회 내부의 채색 유리창도 이러한 상들로 장식함으로써 그 숫자를 더욱 늘렸다. 예를 들어 샤르뜨르 대성당은 1,800개 이상의 조각과 수많은 유리창의 모상들로 장식되었는데, 이 숫자는 다른 전성기 고딕 교회들에서 더욱 늘어나게 되었다. 그러나 자세히 살펴보면, 이 당혹스러울 정도로 많은 상들이 공통된 주제들을 이야기식으로 해설하는 장으로 바뀌는 것을 볼 수 있다. 중세 예술가들과 이들의 신학적 조언자들은 구약성서와 신약성서의 기록 그리고 성자들의 삶에 담긴 인간과 일화들에 관한 문헌을 샅샅이 뒤져 이들을 돌과 유리에 새겨 넣었다. 이러한 성서의 역사 및 성인의 전기들은 신학, 도덕, 일상 생활, 자연의 역사로부터 나온 주제들과 더불어 독특한 일대기 내지 나름의 전통을 따르는 집단들을 만들어 냈다. 이에 한 근대 예술사가는 이 일대기들 가운데 하나를 분리하여 여러 교회들에서 그것이 어떻게 표현되었는가를 연구함으로써 그 기저의 의미를 분석하였다. 이 같은 작업은 교회 예술의 세계를 통해서 일반적인 성상화의 언어를 재발견하는 결실을 낳았다. 몇몇 기호와 표식들은 특정한 의미를 지니고 있었다. 예를 들어, 십자가는 그리스도 혹은 성부인 하느님을 표시하는 후광에 덧붙여졌다. 맨발은 사도 혹은 3위의 신 가운데 하나를 가리켰다. 사도 베드로는 일반적으로 무성한 머리카락, 짧은 구레나룻 수염 그리고 몇 개의 열쇠를 쥔 모습으로 그려졌으며, 사도 바울은 대머리에 긴 구레나룻 수염 그리고 흔히 칼을 찬 모습으로 그려졌다. 문맹자들은 이 표식들을 마치 문장의 단어들처럼 읽을 수 있었으며, 대성당의 조각과 채색 유리들을 이해할 수 있었다. 성상화는 그것을 통해서 예술가들이 그리

**왼쪽 · 성 베드로  오른쪽 · 성 바울(프라 바르톨로메오, 1517년)**

트럼펫을 부는 천사(노트르담 대성당의 서측 현관)

스도교 사회 전역의 사람들을 가르치는 언어였던 것이다. 중세 예술가들이 이 같은 형상들을 만들어 낸 주된 목적은 올바른 신앙과 선한 행동을 전하려는 데 있었다. 이들의 노력을 설명하기 위해 두 가지 유형의 예를 들 수 있을 것 같다. 도덕률을 가르치는 시도로서 고딕 예술가들은 왕왕 덕성과 이에 상반되는 악덕을 부조된 형상들로 비유적으로 표현했는데, 이 같은 예를 파리, 아미엥, 샤르뜨르의 서측 정면에서 발견할 수 있다. 승리의 덕성들은 방패에 화려하게 장식된 각각의 상징들로 잔잔하게 표현되었고, 그 아래쪽에는 다양한 악덕들이 각각의 특징적인 악행으로 생생하게 표현되었다. 예를 들어 파리에서는

파리 노트르담 대성당 서측 현관의 중앙문(1200년 이후)

최후의 심판(앞의 그림 부분 확대도)

용기가 방패 상단에 갑옷으로 무장한 사자의 모습으로 부조되었으며, 그 아래쪽에는 비겁함이 기사가 칼을 버리고 토끼로부터 도망치는 모습으로 표현되었다. 특히 몇몇 악덕들은 그 앞을 지나가는 사람들이 금방 알아볼 수 있도록 일상 생활에서 유래된 것들로 묘사되었다. 예를 들어 육욕은 거울에 비친 자신을 경탄하는 모습으로, 탐욕은 금의 무게를 달아보는 모습으로, 절망은 칼을 찬 채 달아나는 모습으로, 그리고 불화는 남편과 아내 간의 분쟁으로 그려졌던 것이다.

고딕 예술이 다룬 성상화들 가운데 가장 발달했던 주제는 최후의

최후의 심판(니콜로 지오반니, 11~12세기)
다양한 최후의 심판 그림은 시대에 따른 사상의 변화를 잘 보여준다.

최후의 심판(아노니모무스 볼로네스, 14세기)

최후의 심판(프라 안젤리코, 1431년)

심판이었다. 조각가들은 천사들이 트럼펫을 불고, 죽은 자들이 그들의 무덤에서 나와 각자의 정당한 공과에 따라 천국 혹은 지옥에 배치되는 최후의 심판 날을 극적으로 표현하였다. 특히 그리스도는 지극히 높은 위엄을 가지고 옥좌에 앉아 있는 최고 재판관으로 표현되었다. 이 감동적인 장면은 거의 모든 고딕 대성당에서 발견되는 것으로서 도덕적인 목적을 드높이는 데도 기여하였다. 예를 들면 링컨의 주교였던 경건한 휴는 퐁테브랄트에 있는 최후의 심판 조각상을 앞으로 영국의 군주가 될 존에 대해 사악한 군주에게 예비된 공의로운 심판을 경고하는 매체로 사용하였다. 그러나 불행하게도 이 군주는 그와 같은 가르침으로부터 깨달음을 얻지는 못하였다. 이 같은 심판 장면은, 스트라스부르 대성당의 남측 정문에 있는 것처럼 교회 법정의 배경으로도 활용되었는데, 이는 이 땅의 재판관들과 제소자들에게 그들의 현세적 판결이 언젠가 최고 재판관에 의해 재고될 것임을 상기시키고 있었다.

최후의 심판(미켈란젤로, 1536~1541년)

최후의 심판(피터 본 코르넬리우스, 1845년)

종교와 도덕률이라는 높은 수준의 주제들 이외에도 고딕 예술은 일상 생활을 위한 작업과 기술들도 표현하였다. 예를 들어 들판에서 일하는 농민들의 모습은 수많은 주요 교회들에서 발견되고 있다. 아미 엥에서는 이 같은 농민 노동의 작업 주기가 극히 아름답게 표현되었는데, 여기서는 농부가 곡식을 추수하고, 포도나무를 손질하며, 포도를 짜고, 불을 쬐며 발을 녹이는 등 다양한 활동을 하는 모습으로 묘사되었다. 농부의 전체적인 계절별 달력이 12궁의 천계도5)에 따라 그려졌던 것이다. 그러나 사람의 노동에는 육체적인 노동뿐만 아니라 정신적인 노동도 포함된다. 대성당이 왕왕 학교와 함께 있었던 만큼 학문의 주요 중심지였던 파리, 샤르뜨르, 라옹 등의 대성당에서는 7 자유학예의 형상들도 당연히 찾아볼 수 있다. 12세기 초엽 샤르뜨르의 탁월성을 반영하는 것으로서, 그곳의 예술가들은 최초이자 최고 수준의 자유학예 순환도를 만들어 냈다. 당시 학감이었던 띠에리는 7 자유학예에 관한 지침서인 『7 학과』를 집필하여 샤르뜨르의 성당 참사회에 유증했는데, 이에 조각가들은 7 자유학예를 여성의 모습으로 묘사하여 이들을 각각의 주요 전거 위에 배치시켰다. 현관 주위에 왼쪽으로부터 오른쪽으로 배치된 이들의 순서에 따르면, 논리학은 가시 돋친 전갈을 들고 있고, 수사학은 연설조의 무훈담을 창작하였으며, 기하학은 무릎 위의 서판에 제도기로 작업을 하고 있고, 산수는 손가락으로 셈을 하였으며, 천문학은 하늘을 응시하는 모습이고, 음악은 가장 쉽게 알아볼 수 있는데 종을 치는 모습으로 묘사되어 있다. 오른쪽 하단에는 존 솔즈베리가 "모든 인문학 연구의 으뜸 가는 간병인"이라고 불렀던 문법이 배치되었는데, 이는 한 손에 책 그리고 다른 한 손에 지혜의 나무채찍을 들고 있는 외경스러운 여인으로 묘사되었다. 그녀의 발 아래에는 소년들이 새겨져 있는데, 그 가운데 한 소년이 다른 소년의 머리카락을 당기고 있는 모습으로 그려진 점이 말해주듯이, 교육적 훈계는 명백히

12천계도 중 6월(림부르그 형제들, 1415년)

비망록을 저술하고 있는 보에티우스
(그의 저서 『철학의 위안』 필사본에서, 12세기)

고딕 예술의 한 지속적인 화두였다. 전거들은 필사가가 책상에서 작업하는 모습으로 표현되었다. 비록 전거들이 가시적으로 구별되지는 않지마는, 문법 아래에는 도나투스, 수사학에는 키케로, 논리학에는 펜에 잉크를 적시고 있는 아리스토텔레스, 그리고 그 밖의 학문 영역에는 띠에리의 지침서가 놓여 있었다고 추정할 수 있다. "거인의 어깨 위에 오르는 조그만 난쟁이"라는 문구는 베르나르 샤르뜨르의 구절로서, 이는 중세 학문에서 점하는 고대적 전거들의 중요성을 잘 드러내고 있다. 자유학예와 그것의 전거들을 결부시켰던 것이 12세기 샤르뜨르 대성당의 조각가들만은 아니었다. 13세기의 유리 제조공들도 베르나르 샤르뜨르의 이미지를 여전히 기억하고 있었다. 드루 가문이 후원하였던 남측 익랑에서는 4명의 걸출한 구약성서의 주요 예언자들의 상을 확인할 수 있는데, 이들 각자의 어깨 위에는 복음서의 저자가 보다 작은 모습으로 새겨져 있다. 모든 지혜가 그러하듯이 신약성서의 복음도 구약성서의 높은 권위로부터 도움을 받고 있었던 것이다.

라옹과 파리의 예술가들은 또한 여덟 번째 자유학예로 철학을 추가했는데, 철학은 6세기의 저자 보에티우스6)에 의해서도 한 여인으로 표현된 바 있었다. 이 여인은 머리를 구름 속에 두고, 철학적 지식의 단계를 나타내는 사다리를 가슴에 기대어 놓은 독특한 모습으로 묘사되었다. 샤르뜨르 대성당에서는 자유학예가 성모의 무릎에 앉아 있는 어린

샤르뜨르 대성당의 서측 정면 남쪽 현관

그리스도를 중심으로 배열되었던 반면, 파리의 노트르담에서는 자유학예가 철학과 함께 그리스도 상의 받침대에 조각되었는데, 이는 오늘날에도 복원된 형태로 볼 수 있다. 이 같은 위치들은 자유학예란 독립된 학문이 아니라 그리스도에 의해 대표되는 신성한 지식에 도움을 주기 위한 것이라는 신학자들의 가르침을 설명하고 있다. 오늘날 학자들은 노트르담의 서측 정면의 한가운데 위치한 그리스도의 상에 또 다른 의미를 부여하고 있다. 이와 비슷한 모습은 샤르뜨르와 렝스에서도

종을 치는 여인 모습의 음악과 내무채찍을 든 여인 모습의 문법이
전거, 피타고라스, 도나투스 등과 함께 새겨져 있다(앞의 그림 부분 확대도).

발견되는데, 이들 가운데 아마도 가장 탁월한 예가 아미엥의 유명한 '아름다운 그리스도'일 것이다. 그는 한 권의 책을 들고 파리의 인문학 위에 서 있는데, 이를 두고 몇몇 학자들은 그를 교사로서의 그리스도로 해석하였다. 만약 이 견해가 정확하다면, 이는 만인의 교사인 그리스도 라는 보나벤쳐의 개념을 표현하고 있다. 여기서 그리스도는 파리 대학 의 전형적인 한 교수의 모습으로 서 있는 것이다.

자유학예의 순환도, 철학 그리고 교사로서의 그리스도는 스콜라 학자와 고딕 예술가 사이의 밀접한 관계를 제시하고 있다. 그러나 스콜라 사상의 영향은 구체적인 주제에서뿐만 아니라 예술적 방법과 절차에서도 간접적으로 확인된다. 우리는 중세의 교수와 학생들이 왕왕 스승과 추종자를 구별하기 어려울 정도로 하나의 사상적 학파를 형성하는 경향이 있었음을 지적하였다. 마찬가지로 고딕 조각가들도 작업장을 조직하여 직인과 도제들을 감독하고 그들의 작업을 완성시켰 다. 예를 들어 12세기부터는 샤르뜨르의 조각에서 한 사람의 장인과 4명의 직인 그리고 각 직인들을 보조하는 도제들을 확인할 수 있다. 그리고 렝스에서는 13세기에 한 무명의 천재 조각가가 다른 많은 사람들의 작품에 자신의 흔적을 남겨놓았다. 건축에서도 학파가 있었 던 것 같다. 예를 들어 라옹 대성당의 현관들과 샤르뜨르의 익랑들 사이에는 밀접한 연관성이 발견된다. 빌라르 호네꾸르의 화첩은 그 자체가 고딕 작업장의 한 산물이다. 원래 빌라르는 헝가리를 여행하며 몇 장의 그림을 그렸는데, 후에 이를 학생들을 위한 교재로 활용하게 되었다. 이 교재는 그가 타계한 후에도 작업장에 보존되었으며, 적어도 두 사람 이상의 익명의 장인들에 의해 설명과 그림이 추가되었다. 출판하려던 것은 아니었으나 화첩이 다행스럽게도 보존됨으로써, 이를 통해 우리는 한 중세 미술가의 실제적인 작업세계를 이해하는 소중한 기회를 가지게 되었다. 12세기에는 대부분의 고딕 건축가와 미술가들

아미엥 대성당의 '아름다운 그리스도' 상

이 익명으로 숨겨져 있었다. 그러나 13세기 들어서 이들이 작업기술의 완성도를 높여 감에 따라 보다 기꺼이 스스로를 드러냈기 때문에, 오늘날 우리는 렝스와 아미엥에서 작업하였던 몇몇 건축가들의 이름을 알게 되었다. 이들 가운데 널리 알려진 한 인물이 피터 몽트레이유로서, 그의 주요 작품은 노트르담의 남측 현관이다. 생 제르맹 데 프레에 있는 그의 무덤의 비문에는 '석공들의 박사'라는 학문적 명칭이 새겨져 있다.

고딕 건축가와 미술가들은 자신이 속했던 학파 내에서 작업했을 뿐만 아니라, 동시에 이들은 그들의 경쟁자들의 경험으로부터도 교훈을 얻었다. 이들은 건축, 조각 및 유리창 작업 등에 임할 때 동료 작업자들의 업적에 세심한 주의를 기울였다. 마치 대학 교수들처럼 이들도 다른 이들의 작업 기법을 때로는 부정하면서도, 때로는 그것을 활용하였던 것이다. 장미창과 같은 특정한 건축 구조물은 아베라르의 『예 그리고 아니오』 및 13세기 논쟁에서의 긍정과 부정의 리듬에 따라 만들어졌다. 장미창의 발달 과정에서 확인되는 이 같은 긍정과 부정 및 수정의 실험들을 생 드니, 파리의 노트르담, 라옹, 샤르뜨르, 아미엥 등에서 발견할 수 있으며, 렝스의 장미창에서 그 최종적 타결책을 찾아볼 수 있다. 자유학예들과 마찬가지로 법학과 신학 그리고 고딕 예술의 최종적 업적들 역시 본질적으로 사회적 창조물이었던 것이다.

스콜라 학자들은 자신의 문제들을 해결하고, 그 결과를 『대전』으로 기록하였다. 마찬가지로 고딕 건축가와 미술가들 역시 그들의 기술을 완성시키고 혼합시켜 그들의 교회에 표현하였다. 그러니까 고딕 대성당이 왕왕 미술의 『대전』으로 불리는 데는 그럴만한 이유가 충분히 있다고 하겠다. 법률학과 신학의 『대전』이 관련된 지식을 총체적으로 포괄하려고 했던 것과 꼭 마찬가지로, 중세 예술가는 그리스도교도에게 필요한 지식의 형상들을 조각과 유리창으로 창출해 내고자 하였다. 올바른 신앙과 선한 행동의 모든 산물들이 수많은 성인 순환도를 통해 중세인들에게 가시적으로 제시되었던바, 이는 전문적 신학자의 순수한 지식을 표현한 것이 아니라 오히려 대중들에게 핵심적인 지식을 해설해 놓은 것이었다. 대성당이야말로 일반민들이 읽는『대전』이었던 만큼, 우리는 이를 어린이 같은 순진함 및 단순성과 예술적 숙련도 및 정교함의 혼합체로 수용해야만 한다. 예술가들이 항상 심오한 신학적 논리를 가르치는 것은 아니었다. 이들은 오히려 성서와 성인들의 이야기를 주로 표현함으로써, 신학자들로 하여금 일반민들에게 다가갈 수 있도록 도와주었다. 고딕 예술의 이 같은 대중적 성격에도 불구하고, 신학 교수의 영향력 역시 충분히 확인된다. 신학 교수의『대전』이 모든 지식을 논리적·체계적인 하나의 총체로 조직하였던 것과 꼭 마찬가지로, 대성당은 모든 세세한 요소들을 하나의 통합적 주제로 집중시켰다. 이 점에서 고딕 건축가의 역할이 다른 모든 요소들을 지배하였다. 앞서 지적했듯이, 조각은 기하학적 건축학적 관점에서 구상되었다. 일련의 천사와 순교자들 그리고 일군의 고해사제와 사도들에 포함되어 있던 모든 개체들의 개별적 모습은 총체적 개념에 비추어 형상화되었다. 이 모든 것들이 건축가의 포괄적이고 일관된 사상에 의해 조절되었던 것이다. 호스티엔시스의『황금 대전』및 토마스 아퀴나스의『신학 대전』과 마찬가지로, 고딕 대성당은 모든 사람을 위한 장소였으며, 모든 사물들의 총체였다. 다시 한 번 건축가와 대학 교수 간의 밀접한 상호관계를 극히 명료하게 지적했던 인물은 토마스 아퀴나스였다. 아리스토텔레스를 뒤이어, 토마스 아퀴나스는 건축가를 건축에 임하는 개체로서의 장인과 미술가들을 감독하는 작업의 총책임자로 파악하였다. 건축가가 자신의 전체적 구상에 따라 장인들의 작업을 명령했던 것과 마찬가지로, 철학자는 보조 학문들의 목표를

미소 짓는 천사(렝스 대성당)

설정하여 모든 지식을 각각의 논리적 위치에 따라 배치함으로써 이들을 조직했던 것이다.

간략하게나마 예술 속에 녹아 있는 한 시대의 번뜩이는 무의식적 특성을 일별해 보고자 하였다. 어떤 의미에서 예술은 우리도 의식하지 못하는 사이에 우리의 모습을 포착한다. 그리스 조각이 고대문화의 특성과 발전을 반영하는 것처럼, 돌과 유리로 된 고딕 예술품들도 간접적으로나마 13세기의 핵심적인 모습을 제시하고 있다. 심판관으로서의 그리스도의 모습에는 장엄함이 깃들여 있으며, '아름다운 그리스도'의 평온함에는 그 시대가 자각했던 힘에 대한 자신감 그리고 안정에 대한 신뢰가 반영되어 있다. 렝스의 조각들에서 절정에 이른 이러한 자신감은 미소, 즉 고요히 만족감을 드러내는 잔잔한 미소로 표현되었다. 13세기는 미소가 인간의 예술적 표현에 의해 공감과 정당성을 가질 수 있었던 매우 드문 시기들 가운데 하나였다. 이 점은 다음 세기에 나타난 그리스도의 일그러진 모습과 극적인 대조를 이루고 있다. 다음 세기에 와서 그리스도가 자신의 백성들의 고통과 수난을 십자가상에서 짊어지는 모습이 그대로 사실적으로 표현되었던 것이다. 승리자 그리스도로부터 고난받는 예수로의 이 같은 변화는 말기 중세가 겪었던 어두움과 절망을 반영하는 수많은 표식들 가운데 하나다.

중세의 문화와 스콜라 사상에 관한 대표적인 입문서로는 Frederick B. Artz, *The Mind of the Middle Ages*, 3rd ed. rev. (New York: Alfred A. Knopf, 1965)이 있다. 이 책에는 최근의 문헌목록까지 포괄적으로 수록되어 있다. Richard Kay, *The Middle Ages in Paperback* (Lawrence, Kansas: Coronado Press, 1969) 역시 유용한 참고문헌 목록을 싣고 있으며 저렴한 문고용으로 출간되었다.

Achille Luchaire, *Social France at the Time of Philip Augustus* (New York: Harper Torchbooks, 1967)는 12 · 13세기 프랑스의 사회적 배경에 관해 다소 낡았지만 신뢰할 수 있는 해명을 제시하고 있다.

Hastings Rashdall이 저술하고 F. M. Powicke와 A. B. Emden이 편집한 *The Universities of Europe in the Middle Ages* (Oxford: Oxford University Press, 1936), 3 vols.는 지금까지 출간된 유럽의 중세 교육에 관한 가장 기본적인 연구서다. 이 저작으로부터 도움을 받아 Charles Homer Haskins 는 몇몇 흥미로운 강의들을 모아 *The Rise of Universities* (Ithaca: Cornell Great Seal Books, 1957)를 출간하였다. Lowrie J. Daly, *The Medieval University, 1200~1400* (New York: Sheed & Ward, 1961)가 일반 대중을 위한 교양서라면, Pearl Kibre의 *The Nations in Medieval Universities* (Cambridge, Mass.: Mediaeval Academy of America, 1948)와 *Scholarly Privileges in the Middle Ages* (Cambridge, Mass.: Mediaeval Academy of America, 1962)는 전문적인 연구서다. Gordon Leff, *Paris and Oxford Universities in the Thirteenth and Fourteenth Centuries* (New York: John Wiley & Sons, 1968)는 최근의 학문적 경향을 요령있게 정리하였다. Lynn Thorndike, *University Records and Life in the Middle Ages* (New York: Columbia University Press, 1949)와 Helene Wieruszowski, *The Medieval University* (Princeton: Van Nostrand Anvil Original, 1966)는 원사료들을 번역하여 엮은 사료집이다. 우리는 골리아파 학생들의 시에 대한 재미있는 설명을 Helen Waddell, *The Wandering Scholars* (Garden City, N.Y.: Doubleday Anchor Books, 1955)에서 찾아볼 수 있다. Jacques Le Goff, *Les intellectuels au moyen âge* (Paris: Editions du Seuil, 1960)는 흥미로운 해석들을 제시했는데, 필자도 이들 가운데 일부를 인용했으며 이 책에는 탁월한 삽화들도 여러 장 실려 있다.

Martin Grabmann, *Die Geschichte der scholastischen Methode* (Freiburg im Breisgau: Herder, 1909 ; Berlin: Akademie-Verlag, 1957), 2 vols.는 이 책의 주제에 관한 고전적 연구서다. R. R. Bolgar, *The Classical Heritage and its Beneficiaries : From the Carolingian Age to the End of the Renaissance* (New York: Harper Torchbooks, 1964)는 중세의 자유학예들에 대해 이해를 가지는 데 유용한 입문서다. 일반 독자를 위한 중세 법률학 연구서로는 그 수가 매우 제한되어 있다. Hermann Kantorowicz, *Studies in the Glossators of the Roman Law* (Cambridge: Cambridge University Press, 1938)는 전문적 학술서고, Stephan Kuttner, *Harmony from Dissonance: An Interpretation of Medieval Canon Law* (Latrobe, Pennsylvania: Archabbey Press, 1961)는 강의록을 출간한 것으로서 교회법 학자들의 접근방식을 전반적으로 논의하였다. G. LeBras, Ch. Lefebvre 그리고 J. Rambaud의 *L'âge classique, 1140~1378: Sources et théorie du droit* (Paris: Sirey, 1965)는 교회법에 관한 가장 최근의 개설서다.

중세 사상사에 관한 입문서로는 좋은 책들이 여러 편 집필되었다. 그 가운데 으뜸가는 것이 Henry Osborn Taylor, *The Medieval Mind*, 4th ed. (Cambridge, Mass.: Harvard University Press, 1949), 2 vols.로서, 이는 저자가 원사료들에 대해 가졌던 해박하고 깊이있는 지식과 공감으로 인해 지금도 고전의 위치를 점하고 있다. 이 같은 류의 개설서들은 대부분이 철학적 관점에서 집필되었다. Josef Pieper, *Scholasticism* (New York: McGraw-Hill Book Co., 1964), David Knowles, *The Evolution of Medieval Thought* (New York: Vintage Books, 1962), Gordon Leff, *Medieval Thought: St. Augustine to Ockham* (Baltimore: Penguin Books, 1958), Paul Vignaux, *Philosophy in the Middle Ages: An Introduction* (New York: Meridian Books, 1959)과 F. Copleston, *Medieval Philosophy* (Garden City, N. Y.: Doubleday Anchor Books, 1963), 2 vols. 등은 최근에 출간된 개설서들이다. Aimé Forest, F. van Steenberghen 그리고 M. de Gandillac의 *Le mouvement doctrinale du XI au XIV siècle* (Paris: Bloud and Gay, 1956)는 상세한 참고문헌을 갖춘 포괄적인 연구서다. 중세 사상에 관해 Étienne Gilson이 저술한 거의 모든 책들은 연구자들의 주목을 받을 만한 가치가 있다. 질송의 *The Spirit of Mediaeval Philosophy* (New York: Charles Scribner's Sons, 1936), *History of Christian Philosophy in the Middle Ages* (New York: Random House, 1955), *Reason and Revelation in the Middle Ages* (New York: Charles Scribner's Sons, 1938) 등은 폭넓은 관심을 끌고 있다. Jean Leclercq, *The Love of Learning and the Desire for God* (New York: Mentor, 1962)는 수도원의 학문 전통에 대한 고전적 입문서다.

12세기는 그 생명력과 독창성으로 인해 많은 학자들의 연구대상이

되어 왔다. 선구적 연구서가 Charles Homer Haskins, *The Renaissance of the Twelfth Century* (New York: Meridian Books, 1957)로서, 이는 그 이후 많은 생산적인 논의를 낳았다. R. W. Southern, *The Making of the Middle Ages* (New Haven: Yale University Press, 1961)는 11·12세기 사회와 사상의 전체상에 관해 매우 시사적인 해석을 제공하고 있다. Philippe Wolff, *The Cultural Awakening* (New York: Pantheon Books, 1968)와 Christopher Brooke, *The Twelfth Century Renaissance* (New York: Harcourt, Brace and World, 1970) 등은 이 시기를 전기서술적으로 접근한 근년의 저작이다. G. Paré, A. Brunet, and P. Tremblay, *La renaissance du XII siècle; Les écoles et l'enseignement* (Paris, Ottawa: Vrin, 1933) and M.-D. Chenu, *Nature, Man and Society in the Twelfth Century. Essays on New Theological Perspectives in the Latin West* (Chicago: University of Chicago Press, 1968) 등은 깊이있는 통찰력을 제공하고 있다. Beryl Smalley, *The Study of the Bible in the Middle Ages* (Notre Dame, Ind.: University of Notre Dame Press, 1964)는 12세기를 집중적으로 해명한 기본적 연구서다. R. W. Southern, *Saint Anselm and his Biographer* (Cambridge: Cambridge University Press, 1966), J. G. Sikes, *Abailard* (Cambridge: Cambridge University Press, 1932 ; New York: Russell and Russell Publishers, 1965), Étienne Gilson, *Heloise and Abelard* (Ann Arbor: University of Michigan Paperbacks, 1960)와 John W. Baldwin, *Masters, Princes, and Merchants: The Social Views of Peter the Chanter and his Circle* (Princeton: Princeton University Press, 1970), 2 vols. 등은 12세기의 핵심 인물들을 중점적으로 다룬 연구서들이다.

13세기를 하나의 전체로서 포괄적으로 다룬 연구서는 그 수가 극히 적다. Ferdinand van Steenberghen의 *Siger de Brabant* (Louvain: Editions de l'Institut Supérieur de Philosophie, 1931)는 논쟁의 여지가 있기는 하지마는, 이 같은 범주에 매우 가까운 예다. 그의 저작 *Aristotle in the West* (Louvain: E. Nauwelaerts, 1955)는 결론 부분이 영어로 정리되어 있다. 대부분의 학자들은 주요 인물에 초점을 맞추려는 경향을 가지고 있다. Étienne Gilson, *The Philosophy of Saint Bonaventure* (Paterson, N. J.: St. Anthony Guild Press, 1965)도 이 범주에 속하는 고전적인 동시에 논쟁의 여지도 있는 연구서다. J. Guy Bougerol, *Introduction to the Works of Bonaventure* (Paterson, N. J.: St. Anthony Guild Press, 1964)는 이 스콜라 사상가에 대한 가장 최근의 연구서다. 토마스 아퀴나스에 대해서는 방대한 양의 학문적 문헌들이 있다. 여기서는 단지 그 일부만을 들기로 하겠다. Angelus Walz, Paul Novarina, *Saint Thomas d'Aquin* (Louvain, Paris: Béatrice-Nauwelaerts, 1962)는 가장 탁월한 전기다. M.-D. Chenu, *Toward Understanding Saint Thomas* (Chicago: Henry Regnery Co., 1964)는 토마스를 대학인이라는 맥락에서 자리매김하였다. F. C. Copleston, *Aquinas* (Baltimore: Penguin, 1955)와 J. Maritain, *Saint Thomas Aquinas* (New York: Meridian Books, 1958)는 토마스 사상의 해석서들 가운데 손쉽게 접할 수 있는 것들이다.

중세 법률가와 신학자들이 관행의 중요성 원리에 대해 어떻게 논쟁하고 또한 이를 창출했던가 하는 문제에 관해서는 John W. Baldwin, *The Medieval Theories of the Just Price: Romanists, Canonists, and Theologians in the Twelfth and Thirteenth Centuries, Transactions of the American Philosophical Society*, vol. 49 (Philadelphia, 1959)를 참고할 수 있을 것이다.

당연한 일이지마는 중세 지성사의 원 사료들은 라틴어로 집필되었다. 이들 가운데 상당량은 오늘날 원어의 형태로 재편찬되었다. 단지 일부만이 영어로 옮겨졌는데, 이러한 영역본들이 반드시 가장 중요한 저작임을 말하는 것은 아니다. 12세기 저작들 가운데 영역된 것들로는 Anselm of Canterbury, *Proslogium; Monologium; and Cur Deus Homo* (LaSalle, I ll.: Open Court Publishing Co., 1954), *Truth, Freedom, and Evil: Three Philosophic Dialogues* (New York: Harper Torchbooks, 1967), *The Story of Abelard's Adversities* (Toronto: Pontificial Institute of Mediaeval Studies, 1964)와, Bernard of Clairvaux, *Letters* (Chicago: Henry Regnery Co., 1953), Hugh of Saint-Victor, *Didascalicon* (New York: Columbia University Press, 1961), *On the Sacraments of the Christian Faith* (Cambridge, Mass.: Mediaeval Academy of America, 1951), 그리고 John of Salisbury, *Metalogicon* (Berkeley: University of California Press, 1962) 등이 있다. 13세기의 저작들 가운데는 보나벤처의 몇몇 짤막한 논술집들이 번역되었는데 *Breviloquium* (St. Louis: B. Herder Book Co., 1947), *De reductione artium ad theologiam* (St. Bonaventure, New York: St. Bonaventure University Press, 1940) 그리고 *Mind's Road to God* (New York: Library of Liberal Arts, 1953) 등이 여기에 속한다. *The Basic Writings of Saint Thomas Aquinas* (New York: Random House, 1945), 2 vols.는 토마스 아퀴나스의 방대한 양의 저작들 가운데 일부를 엮은 유용한 모음집 이다.

Henry Adams, *Mont-Saint-Michel and Chartres* (Garden City, N.Y.: Doubleday Anchor Books, 1959 ; New York: Mentor Books, Collier Books ; Boston: Houghton Mifflin Co.)는 문학·예술·역사를 하나의 유기적 전체로 파악하고자 했던 첫 번째 시도였다. 그는 이 과제를 인상적이고도 흥미로운 방식으로 수행하였다. Otto Von Simson, *The Gothic Cathedral* (New York: Harper Torchbooks)은 고딕 예술의 지적 내면을 해석하고자

했던 시도이며, Erwin Panofsky, *Gothic Architecture and Scholasticism* (New York: Meridian Books, 1957)은 건축가들의 정신적 습관과 스콜라적 사고방식을 결부시킨 연구서다. 샤르뜨르, 렝스, 아미엥의 대성당들에 대한 간결하고 균형잡힌 설명으로는 Hans Jantzen, *High Gothic* (New York: Pantheon Books, 1962)이 있다. Emile Male, *The Gothic Image* (New York: Harper Torchbooks, 1958)는 지금도 13세기 성상화에 대한 고전적 연구서로 간주된다. Adolf Katzenellenbogen, *The Sculptural Programs of Chartres Cathedral* (New York: W.W. Norton & Co., 1964) 그리고 *Allegories of the Virtues and Vices in Mediaeval Art* (New York: W.W. Norton & Co., 1964)는 주요 고딕 대성당들에 대한 통찰력 있는 연구서들이다. Allen Temko, *Notre-Dame of Paris* (New York: The Viking Press)에서는 다분히 H. 아담스의 방식으로 주제에 접근하였다. Robert Branner, *St. Louis and the Court Style in Gothic Architecture* (London: A. Zwemmer, 1965)는 고딕 예술의 발전과 파급에 미친 군주권의 영향력을 추적한 연구서다.

제1장 정치적 배경

1) 보나벤쳐(Bonaventure, 1221~74). 성인. 이탈리아의 오르비에또 인근의 바노레기오(Bagnoreggio)에서 출생. 1243년 프란시스 수도회에 입회하여 1253년에 프란시스회 대학의 교수가 되었고, 1257년에는 프란시스 수도회의 총원장(minister-general)으로 임명되었다. 그는 성 프란시스의 사상을 대부분 계승하였으나, 절대적 청빈 이념을 추구하여 정죄되었던 청빈파(Spirituals)의 극단적인 입장은 거부하였다. 1273년에는 알바노의 추기경 주교로 임명되었고, 1274년의 리옹 공의회에서는 동방과 서방 교회의 분열을 일시적으로 종식시키는 결과를 가져왔다. 그와 동시대 인물이었던 토마스 아퀴나스가 신의 신비를 철저히 이성적인 방법을 통하여 파악할 수 있다고 주장하였던 반면, 신비주의 신학자였던 보나벤쳐는 감성적인 방법을 통하여 그것을 파악할 수 있다고 주장하였다.

2) 토마스 아퀴나스(Thomas Aquinas, 1225~74). 성인. 스콜라주의 신학자. 남부 이탈리아의 아퀴노 근방의 로카 세카에서 출생. 몬테카시노에서 교육을 받고 나폴리 대학에서 수학하였다. 1244년에 도미닉 수도회에 입회하여 파리(1252~59, 1269~72)와 이탈리아(1259~69, 1272~74)에서 교수로 활동하였으며, 도미닉회 학파를 지도할 연구계획서를 창안하였다. 이슬람과 유대주의의 공격으로부터 그리스도교 교리를 옹호하기 위해 저술한 그의 저서 『반이교도 대전』(1259~64)은 아리스토텔레스의 저작들로부터 추출한 순수이성의 방법을 이용하였다. 또한 그의 명저인 『신학 대전』(1266년 집필 시작)에서도 유사한 스콜라적 방법이 사용되었다. 이 저서에서 아퀴나스는 모든 그리스도교의 신비에 대해 계시는 물론 논리학의 입장을 거듭 강조하였다. 그의 견해는 둔스 스코투스를 따르는 일부 학자들에 의해 반박되었으며, 그리하여 대학에서는 토마스파와 스코투스파의 두 진영으로 나뉘는 경향이 있었다. "이성은 신앙을 파괴하는 것이 아니라 그것을 완성하는 것이다"는 토마스의 유명한 경구와

'정당한 전쟁'의 신학적 근거를 분석한 그의 연구는 광범위한 영향을 미쳤다.

3) 알렉산더 헤일즈(Alexander of Hales, 1185~1245). 영국 스롭셔의 헤일즈오엔 (Halesowen)에서 출생. '완벽한 선생'이라는 별칭을 가진 그는 파리 대학에서 철학과 신학을 연구하였으며, 1220년경부터 임종할 때까지 신학부 교수로 활동하였다. 1231년 리치필드(Lichfield)의 성당 참사원과 콘벤트리(Conventry)의 수석사제로 임명되었다. 1235년에는 영국의 군주 헨리 3세와 프랑스 루이 9세와의 평화협정에 참석하였으며, 이듬해 세속 재산을 포기하고 프란시스의 작은 형제회에 입회하였다. 신학자였던 알렉산더는 피터 롬바르드의 『명제론』을 신학부의 교과서로 소개하였으며, 약 200여 편의 논저 '문제제기와 논쟁들'을 집필하였다. 이는 13세기 초엽 논쟁적인 신학적 문제들을 실제적으로 해결하려는 시도로 행해진 것이었다. 그의 4권의 저서는 삼위일체론, 창조론, 성육신론, 성사론을 체계적으로 분석한 것이었다. 그의 신학은 성서와 교부들 특히 성 아우구스틴의 가르침에 충실한 것이었으나 아리스토텔레스 철학에 대한 인식에는 한계가 있었다.

4) 알버트 마그누스(Albert the Great, 1190경~1280). 성인. 일명 알버트 콜로냐(Albert of Cologne)라고도 불렸다. 도미닉 수도회에 입회하기 전 파두아에서 수학하였으며, 1245년부터는 여러 해 동안 파리에서 탁월한 강의를 하였다. 이즈음에 토마스 아퀴나스를 만나게 되었다. 1254년에는 독일 도미닉 수도회의 총원장으로 임명되었고, 1260년에는 레겐스부르크 지방의 주교로 선출되었다. 이때에 이슬람 철학자 아베로이스의 저작들을 정죄하였다. 1262년에는 쾰른 지역으로 은퇴하여 그곳에서 타계하였다. 1270년에는 오스트리아에서 8차 십자군 운동을 설교하기도 하였다. 일명 '대학 박사'로 알려진 그는 철학, 신학, 과학사에 커다란 공헌을 하였고, 그의 저작은 자연세계에 관한 아리스토텔레스의 지식을 서유럽에 전파하는 주요 도구가 되었다.

5) 시제르 브라방(Siger of Brabant, 1235경~82). 아베로이스주의자, 철학자. 파리 대학의 철학 교수였던 그는 아베로이스의 영향을 받은 아리스토텔레스주의를 가르쳤다. 그의 가르침들은 1270년 파리 주교에 의해 정죄되었고, 6년 후 프랑스의 종교재판소에서 이단으로 최종 판결되어 1277년 거듭 정죄되었다. 그는 교황의 사면을 구하기 위해 오르비에또로 가던 도중 자신의 비서에 의해 피살되었다. 그의 주장이 왕왕 신적 계시와는 모순되기도 하였으나, 여전히 가톨릭적 신앙을 신봉하였으며, 인간 이성을 따른 인간의 권리를 주장하였다.

6) 루이 9세(Louis 9, 1226~70). 성인. 1214년에 출생. 일명 성왕 루이로 불린 프랑스의 군주로, 1239년에 콘스탄티노플로부터 왕관을 수여 받았으며, 1245~48년에는 파리에 성 유물을 보관하는 상트 샤펠를 건축하였다. 1249년 이집트로 향하는 십자군

운동에 참여하였으나 이듬해에 다미에타에서 포로로 잡혔다. 그가 프랑스로 복귀하기 전 시리아에서 4년 동안 그리스도교의 요새를 견고히 지켰다. 그는 국왕 법정에서의 사법적인 기능과 재정적인 기능들을 구분하였다. 이슬람의 성지에 대한 위협에 직면하여 루이는 그리스도교 군주들 간의 평화로운 단합을 이루기 위해 코베이유 협약(1258)과 파리 협약(1259)을 성사시켜, 아라곤과 영국 간의 종주권 논쟁을 종식시 켰다. 또한 헨리 3세와 그의 귀족들에 대한 중재를 통해 국제적인 조정자로서의 명성을 얻었다. 1270년에 거듭 십자군 운동에 참여하였으나 투니스에서 타계하였다.

7) 로베르 소르본(Robert of Sorbone, 1201~74). 소르본 대학의 창시자, 소르본에서 가난하게 출생하여 파리 대학의 인문학부와 신학부에서 수학하고 교수가 되었다. 1250년 캄브라이의 성당 참사원이 되었으며, 1272년에는 도서관을 기증한 제라르 다베빌(Gerard d'Abbeville)과 국왕 등의 많은 지원자의 도움을 받아 칼리지를 후원하 게 되었다. 교수이자 후원자, 또한 사제 및 설교가이며 궁정인으로서 다방면에서 활약하였다.

8) 페리클레스(Pericles, BC.457~429). 페르시아 전쟁 후 아테네의 전성시대를 이끈 인물. 18세 이상의 남성 시민으로 구성된 민회와 행정을 담당한 5백인회, 그리고 6천명의 배심원 내지 재판관으로 구성된 법률체제 등을 개혁하였다. '시민의 의무를 다하지 않는 자는 시민의 자격이 없다'는 언급에서도 알 수 있듯이, 그의 자유 개념은 오늘날의 개념보다 더욱 제한적인 것이었다.

9) 아우구스투스(Augustus, B.C.63~A.D.14). 카이사르의 양자였던 옥타비아누스는 카이사르가 암살되자 2차 삼두정치의 핵심 인물이 되었다. B.C. 36년 레피두스가 삼두정치에서 탈락한 후 옥타비아누스와 안토니우스는 제국을 양분하여 서방을 옥타비아누스가, 동방을 안토니우스가 통치하게 되었다. 이후 안토니우스는 이집트 의 클레오파트라와 연합하였고, 이에 로마와 이집트간의 전쟁이 B.C. 31년 악티움 해전으로 발발하였으며, 옥타비아누스가 승리를 거두었다. 그리하여 그는 1인 지배자 가 되었다. BC. 27년 그는 전시에 보유했던 모든 권한을 원로원에 반환하였으나, 원로원은 이 권한들을 다시 그에게 돌려주었으며, 그에게 '아우구스투스(존엄자)'라 는 칭호를 주었다. 그는 외적으로는 공화정을 지향하였으나 실제적으로는 행정권, 재정권, 군사권 등 모든 실권을 장악하고 있었다. 그러나 그는 끝까지 시민 중의 제1인자로 통치한다는 자세를 견지하여 그의 제정을 원수정 내지 프린켑스의 정치라 고 불렀다.

10) 메디치가(Medici family). 15세기 플로렌스의 도덕적 통치자로서 은행 가문. 1296년~ 1314년까지 이 가문은 정계에 등장하게 되었으나, 치옴피의 반란(1370)을 지지하였다

가 반란의 실패로 몰락하게 되었다. 이후 메디치 가에서 탁월한 인물들이 배출되어 다시 유럽 대부호의 반열에 들게 되었다. 지오반니의 아들인 코시모 메디치(1389~1464)는 사업을 더욱 번창시켰으며, 정치에도 개입하여 부친인 지오반니의 예술적인 지원을 지속하였다. 또한 그는 플라톤 학회를 만들고 거대한 도서관을 건축하는 등 휴머니스트가 되었으나, 알비찌 반란에 연루되어 1433년에 반역죄로 수감되었다. 망명을 하였으나 1434년에 재소환되는 불운을 겪었다. 다음은 아마도 메디치 가의 가장 유명한 인물이었을 로렌조 마그니피센트(1449~92)다. 사업에 무관심하였던 그는 피사와 플로렌스의 대학들을 부흥시켰으며, 휴머니스트로서 속어문학의 시를 남기기도 하였다. 그에게는 어떤 이탈리아 군주 못지않게 많은 적이 있었으나, 예술이 꽃피는 평화기에 살았던 인물이었다. 그 뒤를 이은 아들 피에로 데 로렌조 메디치(1471~1503)는 1494년에 프랑스의 군주 샤를르 8세가 나폴리의 영토권을 주장하면서 투스카니를 공격하자 격렬하게 대응하였으나, 시민들은 사보나로라의 사전경고에 무력화되었다. 피에로는 샤를르와 동맹을 맺었으나 시노리아 플로렌스가 그의 제안을 거부하여, 베니스로 도주하게 되었다. 1498년 이래로 플로렌스는 사보나로라의 신정 정치 하에 있었다. 피에로 메디치는 전 유럽을 방랑하다 결국 사망하였다. 그의 형제였던 추기경 지오반니 메디치는 메디치 가의 장자권을 이어받았고, 이후 교황 레오 10세(1475~1521)가 되었다. 1512년에는 교황청과 스페인의 지지를 받아 소데 리니와 마키아벨리의 정부를 몰아내고 메디치 가에게 플로렌스를 재획득할 기회를 제공하였다. 또한 교황 레오 10세의 조카 줄리오 데 메디치는 교황 클레멘트 7세(1523~1534)가 되었으며, 이후 프랑스의 여왕인 카트린 데 메디치를 배출하기도 하였다. 메디치 가를 마지막 계승한 안나 마리아는 팔라틴에 선출(1743)되었으며, 이 가문은 투스카니 대공작이 되었다.

11) 찰스 대제(Charles the Great, 768~814). 프랑크 왕국의 군주(768~814), 황제(800~14). 부친에게서 상속받은 프랑크족의 그리스도교적 군주권을 굳건히 확립한 인물. 남부 이탈리아의 비잔틴 제국과의 경계로부터 서유럽 대륙에 이르는 여러 모든 그리스도교 공동체들에게 군주권의 권위를 포괄적으로 확장시켰다. 더욱이 대륙의 모든 독일인들에게 군사력과 선교지원정책을 통해 그 권위를 확대시켜 나갔다. 데인족 및 슬라브족과 접하고 있는 국경지역의 군사경계선을 강화하고, 그들에게 다뉴브강 중부의 자신들의 영토로 되돌아갈 것을 명령하였다. 800년 크리스마스에 로마에서 장대한 의식을 주관하였던 교황 레오 3세는 찰스 대제를 로마의 황제이며 아우구스투스로 대관하였다. 이는 그리스도교도로 개종한 서유럽에서 로마인과 독일 인민들에게 군주로서의 정당성을 지니고 정치력 및 군사력을 겸비한 군인 지도자로서

활동하기 위한 것이었다. 그는 신성로마제국의 태동기에 중앙화된 봉건왕조를 출현시켰다.

12) 카로링 왕조(Carolingian dynasty). 카로링 왕조의 역사는 7세기에 메로빙 왕조 군주였던 크로타르 2세가 오스트라시아 궁정의 궁재로 페핀 란덴을 임명함으로써 시작하였다. 결과적으로 페핀은 그의 조카 페핀 헤르스탈과 페핀의 아들 찰스 마르텔(Charles Martel)에 의해 이 직위를 승계하였다. 이 이름에서 카로링 왕조가 탄생하였다. 왕의 칭호를 가진 이 가문의 첫째 인물은 페핀 단구왕(751~68)이며, 그 뒤를 이은 찰스 대제(768~814)와 루이 경건왕(781~840)이었으나, 843년에는 베르덩 조약으로 3분할 되었다. 중부 왕국은 이탈리아의 일부와 로타링기아, 프로방스 지역을 포괄한 지역으로 장자인 로타르 1세(817~55)에게 승계되었고, 루이 게르만에게는 동 프랑키아, 샤를 대머리왕(843~77)에게는 서 프랑키아가 승계되었다. 이들 영토는 그들의 아들들과 손자들 간에 다시금 분할되었다. 동 프랑키아는 루이 게르만의 손자 루이 어린왕이 사망(911)할 때까지 그리고 서 프랑키아는 샤를 대머리왕의 후손인 루이 5세가 사망(987)할 때까지 유지되었다.

13) 작센(Saxons) 왕조(919~1024). 신성로마제국 최초의 왕가. 동프랑크의 카로링가의 왕통이 단절된 후, 프랑켄 공국의 콘라드 1세의 과도적 치세를 거쳐 919년 작센공 하인리히 1세가 군주로 선출됨으로써 시작되었다. 그 후 오토 1세, 2세, 3세로 직계 상속되고 오토 3세가 요절한 후 오토 1세 동생의 손자 하인리히 2세가 계승하여 1024년까지 지속되었다. 하인리히 1세는 마자르족, 노르만족, 슬라브족 등 이민족의 침입을 격퇴시키고, 독일 왕국의 안전을 확보하면서 교회 세력과도 결부하여 이른바 제국 교회정책을 수행하였다. 특히 오토 1세는 이탈리아에 원정하여 로마 교황으로부터 대관을 받고 신성로마제국을 수립하였다.

14) 살리(Sali) 왕조(1024~1137). 1024년 독일의 작센 왕조 이후 프랑크족 계통의 살리족인 슈바벤의 콘라드가 독일 황제로 선출되면서 왕조가 시작되었다. 1027년 콘라드 2세가 신성로마 황제로 즉위하여 부르고뉴 왕국을 복속하면서 이탈리아에서도 독일세력을 다시 확보했다. 그는 새로운 관리계급인 미니스테리알을 황제 직속의 하위 귀족으로 두었다. 콘라드의 아들이자 후계자였던 하인리히 3세(1039~56)는 게르만족 공작령 5개 가운데 3개를 상속받았다. 하급귀족과 독일 성직자들과 긴밀히 협력하여 교황청을 지배하는 정책을 편 그는 중세 독일제국 역사상 가장 강력한 중앙집권적 체제를 구축하였다. 그러나 그의 아들 하인리히 4세는 여섯 살의 어린 나이에 왕위를 계승하였으나, 교황 그레고리 7세와 서임권 투쟁 등 교황청과 심각한 갈등관계와 독일 제후들의 반란으로 내전을 겪게 되었다. 그 후 그의 아들 하인리히 5세가

직위하였으며, 그가 상속자 없이 타계하자 살리 왕조은 쇠퇴해 갔다.

15) 호엔슈타우펜 왕조(1138~1273). 중세 독일의 가장 유력한 통치 가문. 이 왕조는 스와비아에서 기원하였다. 그들은 11세기 말엽 군주 하인리히 4세를 지지하는 핵심적인 속인 지원자들이었는데, 이 가문의 수장은 국왕의 딸 아그네스와 결혼한(1079년) 프레데릭 1세이다. 1138년에는 호엔슈타우펜의 콘라드가 황제 콘라드 3세(1138~52)로 선출되었다. 그 다음은 프레데릭 1세인 바바로사(1152~90), 하인리히 6세(1190~97), 필립 스와비아(1198~1208), 프레데릭 2세(1212~50), 콘라드 4세(1250~54) 등이다. 십자군에 참전하였던 강력한 군주들로서 독일과 이탈리아에서 확고한 통치체제를 구축하고자 하였으나 실패하였다.

16) 프레데릭 1세 바바로사(Frederick 1 Barbarossa, 1152/55~90). 신성로마 황제, 출생은 대략 1123년경. 1152년에 독일 군주로 선출되어 로마인의 군주가 되었다. 그의 야망은 제국으로 복귀하여 옛 영광을 되살리는 것이었다. 이탈리아 반도에 대한 여섯 차례의 원정 중 1158년에는 롬바르드 코뮌들의 복속을 얻어냈다. 교황 알렉산더 3세와 갈등관계에 있었던 대립교황을 지지하기도 하였다. 근면하고 강력한 통치자로서 제국을 부활시키기 위해 지혜와 열정을 쏟은 인물이었다.

17) 신성로마제국이라는 개념은 세기에 따라 변화하면서도 1806년까지 지속되었다. 카롤링 왕조는 구체적인 실제 영토에 대한 언급 없이도 '황제' 칭호를 사용하였다. 982년 오토 2세는 이탈리아에서 비잔틴의 주장에 대해 자신 스스로를 '로마의 황제 아우구스투스'의 통치 스타일을 따르는 첫 번째 통치자임을 밝힌 바 있었다. 1034년 콘라드 2세는 처음으로 '로마제국'이라는 용어를 사용하여 독일, 이탈리아, 브르군디 지역이 한 사람의 보편 군주에 의해 통치되는 통일 제국임을 지적하였다. 1157년의 프레데릭 바바로사는 '신성제국'이라는 명칭을 채택하여 제국적 정치 권위의 신성한 기원을 강조하였다. '신성로마제국'이라는 명칭 전체가 공식적으로 등장한 것은 1254년부터의 일이었다.

18) 서임권 투쟁(Investiture Contest). 주교의 세속서임이란 주교직이 군주에 의해 서임되었음을 가리킨다. 서임받은 주교에게는 두 가지의 이중적인 역할이 부여되었다. 먼저 주교는 교회의 일 즉 성무의 집행, 관리 및 영혼의 치유를 행해야 했으며, 다른 한 가지는 봉건적 가신으로서 자신의 상위 주군에 대해 군사적 봉사, 조언, 부조 등을 행해야 했다. 따라서 주교는 진정한 사제임과 동시에 충실한 봉건적 가신이어야 했다. 교황 그레고리 7세는 1075년 2월에 주교의 세속서임 금지령을 발표하였다. 그러나 황제 하인리히 4세는 롬바르드 주교들과 파문당한 노르만 공 로버트 귀스카르와 동맹을 시도하며, 국왕의 권한으로 공석인 주교직에 주교들을

임명하였다. 또한 1076년 1월 24일에 보름스 종교회의를 주재하여 교황 그레고리 7세를 간통, 위증 등으로 폐위하였다. 이에 교황 역시 동년 2월 로마 사순절회의에서 하인리히를 파문, 폐위하였다. 이 같은 상황에서 일어난 작센 지방의 반란이 하인리히 에게 불리하게 작용하였다. 수세에 몰린 하인리히는 1077년 1월 그의 아내와 아들 그리고 일부 수행원을 데리고 교황이 일시적으로 머무르고 있던 카노사 성 앞에서 참회자의 복장으로 눈보라 속에 3일을 기다리면서 죄의 사면을 간청하였다. 소위 '카노사의 굴욕' 사건이다. 이에 교황은 그의 제안을 받아들여 사면해 주었다. 그러나 독일의 제후들은 이에 불만을 품고 대립 군주 루돌프를 세우고 독일은 내전에 돌입하 게 되었다. 교황 그레고리 7세는 1078년과 1080년에 세속서임에 대한 법령을 재반포하 였다. 이것은 주교좌에 대한 군주의 통제를 저지하는 것이었으며, 전통적인 임명 방식을 거부하는 것이었다. 이러한 교권과 속권의 서임권 투쟁은 이후로도 50년간 지속되었다. 이 같은 대립은 1122년 교황 칼릭투스 2세와 황제 하인리히 5세와의 보름스 협약에 의해서 매우 절충적인 방식으로 일단락 지어졌다. 이제 주교의 반지와 지팡이는 교회가 수여하게 되었고, 군주는 세속서임을 포기하는 대신 독일 주교들과 수도원장의 선출시 경합이 붙은 선출일 때 군주의 몫을 인정받았다. 또한 주교의 속권은 군주의 홀을 받는 방식으로 군주에게 수여받게 되었다.

19) 이노센트 3세(Innocent 3, 1198~1216). 1161년 출생. 중세 교황들 가운데 가장 강력한 영향력을 발휘했던 교황. 그의 치세기에 교황수장제 및 교황무오류설 등의 원리들이 크게 발달하였다. 그는 그리스도교 교회가 조직적으로 정비된 도덕적 집단이 되어 그리스도교 세계 전체를 지배하는 관리기구가 되기를 열망하였다. 37세에 교황에 피선된 이노센트는 국제 문제에서 이탈리아와 독일을 분리시키고, 시실리를 포함한 남부 이탈리아와 북부 이탈리아를 분리 유지하였으며, 외교상의 주요 목표를 로마와 교황령 국가의 정치적 통합에 초점을 맞추었다. 그는 영국에서 존 실지왕과, 캔터베리 주교의 임명을 둘러싼 논쟁의 과정에서 영국 전체를 성사참여 금령에 처하기도 하였다. 또한 그는 신학과 법학을 연구하여 교황의 전능권(plenitudo potestatis) 및 교황청의 보편적 지배권 이론을 체계화하고 이를 실천적으로 적용하는 데 심혈을 기울였다. 이노센트는 종교재판소를 설치하여 알비파 등의 이단을 척결하 는 데 앞장서면서도, 탁발수도사들의 가치를 높이 인정하여 프란시스회와 도미닉회들 을 적극 지원함으로써, 서유럽인들의 정신생활 특히 도시민들의 종교 생활에 새로운 활기를 불어넣었다. 그는 1215년 제4차 라테란 공의회를 로마에서 개최하는데, 이를 통해 그는 그리스도교 세계 전체의 지원과 그것에 대한 지배를 공식화하였다. 교황직이 '성 베드로의 대리자'가 아니라 '그리스도의 대리자'로 확립된 것도 그를 통해서였다.

20) 프레데릭 2세(Frederick 2, 1212/20~50). 신성로마제국 황제, 1194년 출생. 1198년에
는 시실리의 군주였으나, 1212년부터 독일의 군주가 되고 1229년에는 예루살렘의
군주도 되었다. 군주 바바로사의 손자로서 1212년에는 오토 4세의 통치에 반발한
독일 제후들에 의해 제국의 왕관을 수여 받았으며, 1220년에 황제로 대관하였다.
1215년과 1220년에 성지로 향하는 십자군에 참전하겠다는 약속에도 불구하고, 1227
년에는 사전 준비만 하였다. 교황 그레고리 9세가 마침내 그를 파문하였으나 그는
십자군에 참전하여 예루살렘을 평정하였다. 그는 1230년대의 북부 이탈리아 코뮌들
의 문제에 개입함으로써 제국과 교황 간의 관계를 깨뜨렸다. 교황 그레고리 9세가
그에게 선전포고를 하였고, 1241년 그레고리 9세의 타계 후 교황이 된 이노센트
4세는 리옹의 공의회(1245년)에서 프레데릭을 파문하고 폐위하였다.

21) 게르베르트 아우릴락(Gerbert of Aurillac). 940년경 비천한 집안에서 출생하여 교황
실베스터 2세(999~1003)로 즉위하였다. 베네딕트 수도원에서 교육받았으나, 970년
로마에서 황제 오토 1세를 만나면서 생의 많은 부분을 독일 제국에서 보냈다. 997년
프랑스를 떠나 오토 3세의 궁정에서 생활하였다. 998년에는 라벤나의 대주교로
임명되었고, 1년 후 교황에 즉위하였다. 그는 성직매매를 거부하고 성직자의 독신생활
을 추구하였으며, 동유럽 교회를 확고히 하는 데 커다란 기여를 하였다. 또한 논리학에
관한 연구범위를 확대하였으며, 수학에 대한 중요성을 새롭게 인식하였고, 고전
필사본들을 수집하는 일에도 헌신하였다.

22) 그레고리 7세(Gregory 7, 1073~85). 성인. 1015/1020년에 이탈리아 소아나 근방에서
출생. 교황이 되기 전에는 힐데브란드(Hildebrand)로 불림. 11세기 말엽 교회 개혁의
리더. 한때 교황 그레고리 6세(1045~46)를 따라 독일로 망명하였다. 교황 레오
9세(1049~54) 때부터 약 20년 이상을 교황청 법정 및 프랑스와 독일에서의 교황특사
로 활동하였으며, 성직자의 도덕적·정신적 개혁을 주창하여 성직매매 금지와 성직자
의 금욕적인 독신생활을 요구하였다. 나아가 교황이 정신적인 권한은 물론 세속적인
권한까지도 가진 최고의 절대적 수장임을 *Dictatus Papae*(1075)를 통해 천명하였다.
그는 이를 사상으로서뿐만 아니라 현실 세계에도 적용하여 독일 군주 하인리히
4세와 갈등관계를 빚고 유명한 '카놋사의 굴욕' 사건을 가져왔다. 굴욕 사건에서
사면을 얻어낸 하인리히에 대해 독일 제후들은 거센 반발을 보이며 대립군주 루돌프를
선출하였다. 이로써 독일은 내전에 돌입하고, 그레고리가 루돌프를 지지(1080)하자
하인리히는 대립교황 클레멘트 3세를 옹위하였다. 싸움은 루돌프가 하인리히와의
전투에서 사망함으로써 하인리히가 승리를 거두었고, 교황 그레고리 7세 역시 망명하
여 남부 이탈리아 살레르노의 몬테카시노 수도원에서 타계하였다. 그는 많은 빛나는

업적을 남겼는데 특히 교황 주권자론자로서 교황청 정부기구의 토대를 닦아 사법적인
통치를 구현하고자 했다. 그 이전부터 있어 온 추기경에 의한 교황 선출과 교황의
전권을 가진 교황 특사를 서유럽의 그리스도교 지방으로 파견하여 일반인들에게
교황 사법권을 실현하고자 하였다. 활동적인 그의 영향력은 실로 대단하여 제국의
경계를 넘어 헝가리, 폴란드, 스칸디나비아 및 영국과 스페인에 이르기까지 두루
미쳤다.

23) 알렉산더 3세(Alexander 3, 1159~81). 교황, 1105년 시에나 출생. 그의 이름은
로란두스 반디넬리였고 볼로냐 대학의 법학 교수였으며, 추기경을 거쳐 교황에
선출되었다. 교회법 학자였던 그는 3차 라테란 공의회(1179)에서 절정에 이른 교회의
원칙과 관행에 관한 많은 논쟁점을 해결하고, 독일 황제 프레데릭 바바로사와 갈등을
겪었다. 프레데릭은 교황 빅토르 4세가 될 추기경 옥타비아를 지지하였으며, 알렉산더
의 선출을 받아들이지 않았다. 알렉산더는 1162년과 1166년에 프랑스로의 망명을
협박 받았으나, 1176년 롬바르드 협약으로 황제가 패배하자 1177년에 베니스에서의
평화를 수호할 것을 프레데릭에게 강요할 수 있었다. 알렉산더는 토마스 베켓을
지지하였으며, 베켓과 영국왕 헨리 2세와의 화해를 끌어내는 계기를 제공하기도
하였다.

24) 그레고리 9세(Gregory 9, 1227~41). 교황, 1148년경 출생. 오스티아의 추기경 주교,
십자군 출전의 서약을 이행하지 않은 프레데릭 2세를 파문에 처하였다. 제국 권력의
기반이 된 시실리의 침략시도가 실패로 돌아간 후 산 제르마노 협약(1230)으로
교회와 프레데릭 간의 화해를 이끌어 냈다. 롬바르디와 시실리에서 프레데릭이
대립교황을 세우려 시도하자 1239년 그를 성직참여 금령에 처하고, 1241년 로마에서
공의회를 개최하여 황제를 심문하고자 하였다. 1234년에 교황령의 중요한 모음집인
『교황령 전집』과 『특별판』(Liber Extra)을 공포하기도 하였다.

25) 이노센트 4세(Innocent 4세, 1243~54). 교황, 1200년 제노아 출생. 볼로냐 대학에서
법률학을 연구하였으며, 로마법에서의 스승은 아조와 아꾸르시우스, 교회법에서는
요하네스 투토니쿠스였다. 후에 교황 그레고리 9세가 될 오스티아 추기경의 후원
아래 빠른 승진을 하였다. 1226년에는 교황청 법정의 좌장이 되었으며, 1227년에는
부 성당참사원과 추기경이 되었다. 법학자였던 이노센트는 그레고리 9세의 『교황령
전집』에 대한 주석서인 Apparatus를 집필하였다. 그의 교황좌는 황제 프레데릭 2세와
호엔슈타우펜 왕조와의 갈등으로 점철되었으나, 그는 외교의 달인이었다. 이탈리아,
독일 제국으로부터 시실리를 원조하는 교황청 정책은 성공을 거두었으며, 이탈리아를
소국가들의 연합으로 확고히 남아 있게 하였다. 그가 교황으로 있는 동안 보편

교회에 대한 교황청의 지배는 권력 남용으로 인식될 만큼 광범위하게 팽창하였고, 특히 교회성직록의 문제에서 그러하였다. 그의 교황직은 사목적인 의미에서는 성공적이라 할 수 없으나, 이노센트의 법률에 대한 해석과 개인적인 학문적 연구업적은 빈틈없는 외교만큼이나 탁월한 것이었다. 이 저작들은 조직적인 억압과 관료적 무분별성에 저항하는 개인의 권리 및 방어에 대한 진지한 관심을 드러냈다.

26) 보니파키우스 8세(Boniface 8, 1294~1303). 교황, 1233년 이탈리아 아나니 출생. 볼로냐 대학에서 법학을 연구하고, 1281년에 추기경 부제, 1291년 추기경 주교, 1294년에는 마침내 교황에 즉위하였다. 그는 주요 교회 법들을 분석한 *Liber Sextus*로 교회법의 기초를 놓았으며, 성직자에게 세금을 부과하는 문제를 둘러싸고 프랑스, 영국 군주와 갈등을 빚었다. 그는 칙서 *Clericis Laicos*(1296)에서 "설령 그것이 합법적인 것이었다 하더라도, 그러한 세금은 교황의 동의를 구해야 한다"는 원칙을 주장하였다. 1302년에 선포한 교황 칙서 *Unam Sanctam*은 정신적 및 세속적 문제에서 모두 교황의 신정적 수장제를 주장한 것으로, 영국과 프랑스 군주들이 각각의 교회의 현세권을 긴밀히 통제하기 위한 강력한 국가 체제를 건설하는 시기에 반포되었다. 프랑스는 이에 신속하고도 야만적으로 대응하여 교황은 감금되었고, 그 충격으로 갑자기 타계하였다.

27) 윌리엄 1세 정복왕(William 1 the Conqueror, 1066~87). 노르망디의 공작이며 영국 군주. 1028년 출생. 탁월한 정치력과 군사력을 겸비한 인물. 앵글로-색슨 연대기작가는 그를 현명하며 힘있고 "신을 사랑하는 선량한 사람이자 신사적이되 그의 의지를 거스르는 사람들에게는 어떤 가혹한 조치도 취할 수 있는 인물"로 묘사하였다. 1050년대에 플랑드르의 마틸다와 혼인하여 유용한 동맹을 얻어냈고, 그의 성장이 두드러지자 자신의 까페조 상위 주군과 갈등을 야기하였다. 1060년대에는 결정적인 영토 팽창에 착수하여 메인 지방을 함락시키고 1066년에는 하스팅 전투에서 승리하였다. 1069년 주요한 반란이 북부에서 발생하자 이를 폭력적으로 진압하였다. 대부분의 영국 대지주들은 윌리엄에게 복속되어 봉건적 순복을 강제받았고, 구 영국의 정부와 사법체계는 노르만족의 요구에 맞추어 발달하게 되었다. 1086년의 둠즈데이북은 당시의 윌리엄 통치체제를 설명해 주는 사료로 남아 있다.

28) 헨리 2세(Henry 2, 1154~89). 플랜타지넷(Plantagenet) 왕조의 영국 군주, 1133년 출생, 앙쥬 제국의 시조, 아버지는 앙쥬 백작인 지오프레이 플랜타지넷, 어머니는 헨리 1세의 딸이자 정복왕 윌리엄의 손녀인 마틸다로 영국사 못지않게 프랑스사에서도 중요한 인물이다. 1150년경 노르망디의 공작이었으며, 이듬해 부친의 사망으로 앙쥬 백작이 된 그는 1152년 아퀴텐느의 엘리노아와 혼인하여 남서 프랑스의 방대한

영토를 손에 넣게 되었다. 영국 군주 스테판은 그를 상속자로 인정할 수밖에 없었으며, 헨리는 1154년에 영국의 왕위를 승계하였다. 이어지는 35년 동안 유능하고 열정적인 앙쥬 가는 유럽의 정치에서 탁월한 역량을 발휘하였다. 그러나 1180년 이후 필립 존엄왕 등 프랑스 군주들의 정치적 수완과 헨리의 아들들의 불복종과 반란으로 영토확장은 실패하였다. 헨리의 가장 지속적인 사업은 법률 영역에서 수행되었다. 국왕 법정은 더욱 효력을 발휘하였고, 재산권에 대한 판결을 다루는 새로운 영장제도는 지주의 지위를 안정시키는 데 도움을 주었다. 주 법정에서 왕실 재판관들이 담당한 통상적인 순회법정은 영국 보통법의 권한을 실제화시키는 장치가 되었다.

29) 존왕(John the Lackland, 1199~1216). 영국 군주, 형제인 리차드 1세 사자심의 사망으로 프랑스에서의 광범위한 앙쥬 가의 재산을 상속받음과 동시에 영국의 왕위를 승계하였다. 1204년 프랑스 왕가에게 앙쥬와 노르망디를 빼앗기고, 영국에서 캔터베리 대주교의 임명을 두고 교회와 갈등을 빚었다. 교황 이노센트 3세에 의해 영국은 성직참여 금령에 처해졌다가 마침내 교황을 상위주군으로 인정하는 협약을 맺었다. 귀족들과의 전투는 1213~15년까지 장기화되어 위기를 불러왔으며, 마그나 카르타의 반포를 초래하였다. 이노센트 3세는 마그나 카르타가 왕권과 질서의 무정부적 항복을 나타내는 것에 두려움을 느낀 나머지, 이러한 상황에 처한 존을 지지하였다. 연대기 작가들은 존을 무정부적 전제군주로 인식하였으나, 현대의 학자들은 그의 치세기 동안 국왕 행정부와 왕실 정부의 문서보관서 설치 등 위대한 업적을 일궈냈다고 평가하였다.

30) 마그나 카르타(Magna Carta). 1215년 6월에 반포된 마그나 카르타는 영국 군주 존과 그의 귀족들 특히 캔터베리의 대주교인 스테판 랑톤과 윌리엄 마샬 등과의 2년에 걸친 협상의 산물이었다. 초기에는 63개 조항으로 이루어졌으나 1217년과 1225년에 일부 조항이 삭제되어 재반포되었다. 13세기 내내 마그나 카르타와 산림 헌장은 군주의 전제적 정부에 대항하는 귀족들의 무기가 되었다. 이 헌장은 영지법 가운데 첫 번째로 인식되었으며, 많은 중세 의회들의 개회 때마다 재확인되었다. 그러나 다음과 같은 측면에서 대헌장은 봉건적인 문서였다. 즉 귀족들의 혼인과 후견인에 대한 권리, 부조와 상속세의 강제징수, 봉건적 차지농에 대한 승계 문제 등에서 귀족들은 존의 입장에 대해 봉건법의 남용으로 보았다. 39조와 40조 항에 따르면 자유인을 침해하는 행위는 귀족들의 재판관 혹은 국법에 의해서만 판단될 수 있었다. 정의는 부정되거나 판매되거나 지연될 수 없었다. 마그나 카르타는 전제정에 대항한 실질적인 조치로서 그리고 법률에 따른 합리적인 정부에 대한 한 수단으로서 후대에 그 명성을 얻게 되었다.

31) 시몽 드 몽포르(Simon de Montfort, 1165~1218). 알비파 십자군의 지도자. 시몽
3세는 시몽 2세의 아들. 부친의 타계(1180/1181)로 인해 시몽의 형제 아마레이는
에브뢰유의 백작이 되었고, 시몽은 일 드 프랑스 지역의 몽포르, 에페르농, 오당을
상속받았다. 1204년에는 외숙부의 사망과 함께 레이쳐스터의 백작이 되었다. 존왕은
1206년 그 작위를 인준해 주었으나 1207년 시몽의 영국 영지를 몰수하였다. 시몽은
제4차 십자군에 참전하여 아라곤의 페드르 2세와 툴루즈의 라이몬드 6세를 패배시킨
다음, 툴루즈를 정복하여 제4차 라테란 공의회에서 론의 서쪽 지역을 백작령으로
획득하였다. 이에 1216년에는 필립 존엄왕에게 툴루즈 백작 및 나르본느의 공작으로
서 신서서약을 하였다. 그러나 1218년 6월 25일 툴루즈가 공격을 받게 되었을 때
살해되었다.

32) 까페 왕조(Capetian dynasty, 987~1328). 까페 왕조는 위그(Hugh)의 이름에서 유래하
였다. 위그는 로베르 강력왕의 후예로 그의 후손들은 다음 세기에 프랑키아에서
가장 유력자가 되었다. 초기 까페 왕조의 군주들은 파리 인접지역에서 자신들의
권력 기반을 다졌으나, 필립 1세(1060~1108)와 루이 6세 뚱보왕(1108~37) 치세기에
는 왕실직영지를 점차적으로 확대하여 파리 주변과 오를레앙, 북부로는 영국해협에
이르기까지 광대한 영토 팽창을 이루었다. 루이 6세와 루이 7세(1137~80) 치세
초엽에는 군주들의 실제적인 주요 대신이었던 수도원장 수제르가 왕실의 전통을
크게 발전시켰으며, 12세기 후엽에 이르면 시인과 법률가들에 의해 카로링 왕조의
직접적인 후예로서 프랑스 왕실의 권위를 확립하게 되었다. 필립 존엄왕(1180~1223)
과 그의 손자 루이 9세(1226~70) 치세기에는 까페 왕조의 도덕적·종교적 영예가
최절정에 이르렀다.

33) 필립 존엄왕(Philip 2 Augustus, 1180~1223). 프랑스의 군주. 부친 루이 7세와 모친
샹빠뉴의 아델레의 아들로 태어나 '존엄자'라는 칭호를 받았다. 이는 그가 진정으로
까페 왕조의 영토를 주창한 인물이기 때문이었다. 독일과의 동부 국경선을 확고히
하고, 헨리 2세와 그의 아들들의 불화를 틈탄 어부지리로 서부로 팽창하여 앙쥬
제국을 확장하였다. 더욱이 1204년에는 영국의 존왕으로부터 노르망디 지역을 완전
히 탈환하여 지배하게 되었고, 알비 십자군 원정을 위한 지원과 앙쥬 영토를 확장함으
로서 까페 왕조를 명실상부한 프랑스 군주의 지위에 올려놓았다. 그의 통치기에
프랑스의 봉건세계 안에서 군주권의 권한이 여실히 드러나게 되었으며 중앙집권화
정책의 결실을 맺을 수 있었다.

34) 필립 단려왕(Philip 4 the Fair, 1285~1314). 프랑스의 가장 강력한 군주 가운데
한 사람으로 매우 복합적인 명성을 지녔다. 로마법으로 훈련된 유능한 충복들을

두터이 신뢰하여 백년전쟁을 통해 위약해진 지방의 저항을 불러일으켰다. 보니파키우스 8세의 교황권 주장에 반박을 가하여 궁극적으로 성공을 이루었으나, 교황에 대한 무례한 처사와 아나니의 굴욕 이후 교황의 죽음(1303)에 개입하였다. 성전기사단에 대한 포악한 처세와 이들의 폐쇄를 통해 재정적인 부를 획득하였다. 그러나 이탈리아 상인과 은행가들의 활동을 억제하고, 유대인 추방, 화폐 가치 저하 등 당대의 경제 문제를 해결하는 것에 실패하였다. 그럼에도 불구하고 파리에서 중앙집권적인 강한 행정부를 표방하고, 삼부회를 소집하였으며, 갈리칸 교회에 대한 확고한 지배를 실시하였다. 그의 프랑스에서의 권위와 정부의 중앙집권화는 조부 루이 9세 때에 시작되어 그의 시대에 절정에 이르렀으나, 그의 군주정은 초기 시대의 도덕적·정신적 명망을 상실한 것이었다.

35) 부빈느 전투(the battle of Bouvines, 1214년 7월 27일). 프랑스 필립 존엄왕이 영국의 존왕과 신성로마제국의 황제인 오토 4세의 연합세력에 대항하여 결정적인 승리를 거둔 전투. 존왕이 서프랑스에서 필립에 저항하여 반란을 일으킨 자들을 지지하는 한편, 오토와 그의 동맹자들이 북부를 공격하려는 제국의 작전계획은 앙제르 부근의 라 로쉐 오 무엥에서 실패로 돌아갔다. 필립은 이 승리를 계기로 플랑드르의 부빈느 지역에서 결정적인 승리를 이끌어 냈고, 이를 통해 필립 존엄왕은 강력한 군주로 성장하였다. 부빈느 지역은 13세기 유럽에서 프랑스가 핵심적 권력자로 등장하는 것을 상징적으로 드러내는 것이었다.

36) 클로비스(Clovis, 480~511). 프랑크 왕국의 군주. 465년 출생. 486년에 스와송에서 독립적인 로마의 지배자 시야리스를 대패시키고, 이어지는 근 20년 동안의 전투에서 승리하여 지중해 연안을 제외한 대부분의 고울 지방을 지배하게 되었다. 508년 비잔틴 제국의 황제 아나스타시우스는 그를 집정관이자 보호자로서 인정하였다. 그의 권력은 그리스도교로 개종함으로써 크게 신장되었다. 이 시기에 대부분의 이민족들은 아리아니즘에 빠져 있었다. 그의 법률집 『살리 법』에서 클로비스는 게르만적 전통과 로마적 전통의 요소들을 통합하였다. 일반적으로 그는 프랑스 군주의 시조로 인정받았다.

37) 우르반 2세(Urban 2, 1088~99). 교황. 클루니 수도원의 분원장이며, 교황 그레고리 7세의 지지자로서 그레고리의 개혁운동에 가담하였으나 세속권력들과의 극단적인 대립은 피하였다. 열정적인 프랑스인이며 웅변술이 뛰어났던 그는 특히 서유럽의 일반민들에게 클레르몽에서의 1차 십자군 운동을 설교(1095)하여 예루살렘 회복을 시도하였으나, 목적이 달성되기 전에 타계하였다.

38) 루이 14세(Louis 14, 1643~1715). 1638년 출생. 프랑스 군주. 그는 부친 루이

13세의 왕위를 계승하여 일명 '태양왕'이라 불렸다. 프랑스의 절대왕정을 꽃피운 군주로서 콜베르, 르벨리에, 루보아 등 유능한 인재들을 등용하여 중상주의 정책을 실시하고 프랑스 왕실재정을 확고히 하였으며, 근대식 상비군제도도 창설하였다. 또한 이 시기는 프랑스의 문화예술이 꽃피운 시기로 보쉬에, 생시몽, 파스칼, 라 로슈푸코, 라 브뤼에르 등 유명한 문인들과 미술부문의 푸생, 끌로드 로랭, ㄲ와즈브와 같은 탁월한 인물들이 활동하였다. 더욱이 루이는 베르사이유 궁전을 완공하여 호화롭고 사치스러운 절대 군주의 일면을 드러내기도 하였다.

39) 아비뇽(Avignon). 프랑스 프로방스 지방의 도시. 14세기 동안 교황청이 있었던 곳으로 유명하며 당시 건축된 종교적 건축물들과 성벽은 지금도 남아 있다. 12세기 말엽 공화국 지위를 획득하였으나, 1226년 군주 루이 8세의 알비파에 대한 지원으로 쇠퇴하고, 1251년에는 툴루즈와 프로방스 백작들에게 복속하게 되었다. 1309년 교황 클레멘트 5세는 자신의 거주지로 아비뇽을 선택하였으며, 1348년에 그 도시는 프로방스의 백작부인 조안나에 의해 클레멘트 6세에게 매각되었다. 이후 교황 꾸리아는 교황 그레고리 11세가 1377년에 로마로 귀환할 때까지 아비뇽에 머물렀다. 1309∼77년의 이 시기를 일명 '아비뇽 유수'라고 부른다. 아비뇽은 교황청이 로마로 귀환한 이후에도 교황의 재산으로 남아 있었으나, 1791년 이후 프랑스에 합병되었다.

40) 교회의 대분열(Great Schism, 1378∼1417). 교황청의 아비뇽 유수가 초래한 상황으로서 중세 말 교황권의 하락을 단적으로 상징하는 사건. 1378년 4월 로마에서는 교황청의 아비뇽 유수에 불만을 품었던 다수의 추기경들이 이탈리아인 대주교 바리(Bari)를 교황 우르반 6세로 선출하였다. 그러나 다음 해에는 교황 우르반의 선출이 무효임이 주장되었고, 프랑스 추기경들의 지지를 받은 로버트 제네바가 교황 클레멘트 7세로 선출되었다. 그리하여 로마와 아비뇽에 서로 반목하는 두 사람의 교황이 옹립됨으로써 교회가 분열되었던 것이다. 아비뇽의 교황은 프랑스, 스코틀랜드, 카스틸, 아라곤과 일부 독일 제후들의 지지를 받았고, 로마 교황은 신성로마황제, 영국, 스칸디나비아, 대부분의 이탈리아인들의 지지를 얻었다. 이 같은 파괴적인 교회의 분열 상황을 극복하고자 했던 것이 공의회운동이었다. 마침내 1409년 피사에서 공의회가 개최되어 기존의 교황들을 직위 해제하고, 밀라노의 추기경 대주교를 교황 알렉산더 5세로 선출하였다. 그러나 이는 사태를 더욱 악화시키는 결과를 초래하였다. 이제 라틴 그리스도교 세계에는 2명의 교황 대신 3명의 교황이 난립하게 되었기 때문이다. 이러한 상황은 1417년 11월 콘스탄스 공의회에서 교황 마르틴 5세가 선출되어 교황청을 로마에 복귀시킴으로써 마침내 종식되었다.

41) 백년전쟁(1339∼1453). 약 100여 년에 걸쳐 프랑스 왕위계승과 영토문제를 둘러싸고

영국과 프랑스 사이에 일어난 전쟁. 영국군의 프랑스 침략으로 전쟁이 시작되어 처음에는 영국이 우세했으나, 잔 다르크(1412~31)의 활약으로 프랑스가 승리하였다. 이 전쟁의 결과 영국과 프랑스는 모두 봉건적 신분귀족 계층이 약화되고 절대왕정이 강화되어 중앙집권적 국가로 발전하게 되었다. 이는 양국이 각각의 민족의식을 현저히 강화하는 계기가 되었다.

## 제2장 도시의 성장

1) R. Glaber 역, *Les cinq livres de ses histoires*, ed. Maurice Prou (Paris, 1886), 62쪽 | 원주.

2) 코뮌들(Communes). 폭거나 힘을 통해 자치적으로 통치하는 도시체제를 획득한 중세 서유럽의 도시들. 이는 특허장에 의해 유사한 권리를 획득한 도시들을 설명할 때 왕왕 사용되었다. 이들이 획득한 주요 특권으로는 도시민에 대한 인신적 자유, 토지보유권과 지방교역을 통제하는 권위로부터의 해방, 통행세에 대한 면제, 도시의 사법적인 절차를 통제하는 것으로부터의 면책권 등이었다. 코뮌들은 북부 이탈리아와 플랑드르와 같은 정치적인 권위가 미약한 곳에서 특히 성장하게 되었다.

3) 우니베르시타스(*universitas*). 대학(University)이라는 오늘날의 용어는 여기에서 유래되었다. 중세 때에는 그 의미가 다수가 모인 집합체, 길드, 조합, 법인체 등의 다양한 뜻을 지녔다.

4) 그라티안(Gratian, 1179년 사망). 중세의 가장 위대한 교회법학자 가운데 한 사람. 볼로냐 대학에서 수학하고 가르쳤다. 교회법 연구에서 로마법적 원리와 변증법적 방법을 수용했으며, 그의 주저『교회법령집』(*Decretum*)은 중세 교회법의 표준 텍스트로 사용되었다. 그의 교회법 연구는 12세기의 교황청 정부 및 교회법학자들에게 커다란 영향을 미쳤다.

5) 이르네리우스(Irnerius, 1130년경 사망). 11세기 말엽 볼로냐 대학을 법률 연구의 중심지로 만든 볼로냐 학파의 창설자. 당시 유럽에서 새롭게 발견되었던 유스티니아 누스 대제의『시민법 대전』을 수집하고 가르침으로써 12세기의 '로마법 계수운동'을 촉발하는 데 커다란 기여를 하였다.

6) 14세기 후엽부터 꽁시에르제리의 역사는 전반적으로 시떼 섬의 왕실 역사와 함께하였 다. 군주 샤를 5세가 거처를 오텔 생 폴로 이전하면서 의회, 상서성, 회계원 등의 행정기구는 그대로 남게 되었고, 한 사람의 관리인(concierge)을 임명하였다. 그리하 여 꽁시에르제리라는 명칭은 사실상 군주의 권력과 특권을 양도받은 왕실의 주요 관리인의 거주지로 알려지게 되었다. 프랑스 혁명 이후, 1793년 국민공회 시기에

마리 앙뚜아네트, 샬로트 코르데, 당통, 로베스 피에르 등이 단두대에 오르기 전 이곳에 수감되는 등 약 2년 동안 2,700명 이상의 사람들이 생의 마지막 순간을 보냈던 곳이다.

7) 산티아고 드 콤포스텔라(Santiago de Compostela), 중세시대에 로마 및 예루살렘과 함께 위대한 성지순례지 중의 한 곳. 스페인 북서부에 위치한 콤포스텔라의 성 야고보(St. James) 교회는 그리스도 예수의 친척 형제였던 야고보의 시신이 안장된 곳으로 10세기경부터 존경되어 왔다. 11 · 12세기에 만들어진 콤포스텔라로 향하는 교역로는 십자군 시기와 스페인의 재정복 시기에 사상적, 문화적, 종교적 및 건축양식 전파의 주요한 통로가 되었다. 1170년에 세워진 군대 수도원인 산티아고의 기사단은 이베리아 반도 서쪽의 이슬람을 방어하는 전투에서 탁월한 역할을 수행하였다. 또한 산티아고의 주보성인이었던 성 야고보는 스페인의 수호성인으로 숭앙되었다.

8) 도미닉(St. Dominic, 1170~1221). 성인. 도미닉 수도회의 창시자. 카스틸리아 지방의 귀족출신 사제로 오스마의 성당참사원(1196)과 준 분원장(1201) 직을 맡아 랑그독에 서 국왕 사절로 일하였다. 이때 알피바와 접하고, 이들을 회심시켜 교회로 다시 돌아오게 하고자 노력하였고, 1217년까지 그곳에서 시토파 선교사와 함께 일하였다. 교황 호노리우스 3세(1216)에 의해 인준된 그의 도미닉 수도회는 가난, 지식, 설교 등으로 탁발하는 수도회였다. 검은색 수도사라 불리는 도미닉회 수도사들은 아우구스 틴 규율을 따랐고, 엄격한 신학적 훈련을 받았으며, 이단에 현혹되지 않는 정통한 속인을 배출해 내는 데 주력하였다.

9) 프란시스(St. Francis of Assisi, 1181~1226). 성인. 아씨시의 부유한 상인의 아들로 태어나 기사 생활에 접하면서 독자성을 지니게 되었다. 1206년 회심하여 가혹한 가난의 생활을 선택한 그는 아씨시를 배회하며 구걸 생활을 하였으며, 성 다미아노 교회와 일부 다른 교회들을 개축하면서 지역 성직자와 특히 불구자들을 도왔다. 1209년 제자들이 그를 추종하기 시작하였고, 1210년경 최초의 규율이 작성되어 교황 이노센트 3세에게 구두로 인정받았다. 이 규율의 최종 양식은 교황 호노리우스 3세(1223)의 교황 칙서에서 인준되었다. 1228년에 교황 그레고리 9세가 그를 시성하 였다.


제3장 학교와 대학들

1) 베네딕트의 규칙(The Rule of St. Benedict). 성 베네딕트 누르시아에 의해 만들어진 규율로 서문과 73장으로 이루어졌다. 수도원 공동체의 일상 생활과 내부 조직을 위한 세부적이면서도 일관된 지침서로서 공동기도, 독서, 육체노동 등을 규정하였다.

베네딕트의 규칙은 중세 수도원 운동의 지정한 규범을 밝힌 것으로서, 수도승들의 금욕적 종교생활과 학문적 진리탐구의 기초가 되었다. 그러나 수도승들에게 요구된 금욕주의가 지나치게 가혹한 것은 아니어서, 수면시간이 겨울에는 8시간, 여름에는 6시간이었으며 음식도 적당히 섭취할 수 있었다. 일반적으로 수도성직자를 '*regular*'라 부르는 이유도 이들 모두가 기본적으로 베네딕트의 규칙(*regula*)에 따라 생활하기로 서약한 것에서 비롯되었다.

2) 카씨도루스(Cassiodorus Senator, 490~580). 이탈리아의 영향력 있는 정치가이며 학자이자 교육자. 고트족이 이탈리아를 지배하던 시절에 정치에 입문하여 많은 공공 법정에 참여하였다. 50세 즈음에 공직을 떠나 콘스탄티노플로 가서 종교 연구에 몰두하였다. 일찍이 학교 발전에 관심을 가진 그는 534년 로마에 비세속적인 과목들을 가르치는 학교를 세우고자 하였다. 이 계획이 실패한 후 스퀼레이스에 있는 자신의 영지에 신학 연구 및 필사 학교를 설립하기로 결심하였는데, 이 계획을 성취한 것은 554년 콘스탄티노플에서 돌아와 비바리움에 정착해서였다. 그는 필사본들을 필사와 번역을 하였고, 이단적인 교리로부터 수도승들을 보호하기 위해서 조심스러운 삭제도 행하였다. 그가 수집하였던 많은 필사본은 수도승들에 의해 필사되었으며, 이 같은 필사작업은 중세 유럽을 통해 광범위하게 전승되었다.

3) 베네딕트 누르시아(Benedict of Nursia, 480~550). 성인. '서구 수도승의 아버지'로 불린다. 교황 그레고리 1세가 저술한 『대화록』(593~94)의 두 번째 책에 그의 삶이 묘사되어 있다. 로마에서 교육받고, 수비아코에서 금욕적인 독신생활을 하였으며, 3년간을 한 동굴에서 지냈다. 이후 몬테 카시노로 이주하여 이 언덕에 수도원을 세웠는데, 카시노는 577년 롬바르드족의 공격을 받아 140년간 폐허로 남아 있었다. 고올 출신의 몇몇 수도승들은 카시노에 와서 성 베네딕트의 시신을 발굴하여 그 유해를 루아르에 있는 플루어리 생 베노아 수도원으로 이관하였다. 후에 카시노의 수도승들은 이 이전을 부인하였다. 그리하여 두 수도원은 모두 자신들이 성인의 유해를 간직하였다고 주장하게 되었다.

4) 그레고리 1세(Gregory the Great, 590~604). 성인. 교황. 부유한 로마 가문에서 540년경에 출생하여 로마의 세속적인 행정을 담당하였다. 수도승이 되어 상속받은 토지에 7개의 수도원을 세웠다. 그레고리 뚜르가 저술한 그레고리 1세에 관한 연대기적 기록은 뛰어나다. 그레고리는 로마의 상당수에 달하는 어려운 사람들을 교회에서 보호하였으며, 이 같은 자선행동을 처음으로 체계화하였다. 그는 교회재산을 방어하기 위해 교황령 토지를 행정적인 면에서 개혁하였다. 롬바르드족의 침략기에 이들의 지도자와 협상하였고, 비잔틴 교회의 운영에도 개입하였다. 또 하나의 중요한 업적은

선교사 어거스틴을 영국으로 파견하여 596년 영국을 그리스도교로 개종시키는 데 헌신한 일이었으며, 그레고리안 성가의 틀을 만들었다는 설도 있다.

5) 안토니(Antho ny of the Desert, 251~356). 성인. 이집트 멤피스 부근 코멘에서 출생. 그리스도교도인 부모 밑에서 유복하게 성장하였고 269년 부모의 타계로 유산을 상속받았으나 272년 코멘 근처의 공동묘지의 한 무덤에서 은둔자가 되었다. 기도, 속죄, 엄격한 금욕생활을 하였으며, 하루에 한 번의 빵과 물을 먹으며, 전설상의 유명한 악마와 유혹과 싸웠다. 305년 규율을 지키는 느슨한 조직으로서 은둔적이며 금욕적인 집단을 파비움에 조직하였는데, 각 수도승은 예배를 제외하고는 고립적으로 살았다. 그의 절친한 친구인 주교 아타나시우스는 안토니의 생애를 소개하는 주요 저술을 남겼다. 안토니는 콜짐 산의 동굴로 들어가서 수도생활을 하며 사망할 때까지 그를 찾아온 방문객들에게 인생 문제를 조언해 주었다. 그는 성스러움, 금욕주의, 지혜 등으로 당대의 콘스탄티누스 대제에게도 잘 알려진 유명한 인물이었다.

6) 클루니 수도원(Cluny). 910년 윌리암 아뀌텐느 공작에 의해 세워진 클루니 수도원은 당대의 수도원 개혁운동을 주도했다. 클루니는 모든 세속적인 권한으로부터 자유로운 특권을 인정받았다. 이 수도원의 가장 위대한 절정기는 오딜로(994~1048), 휴(1049 ~1109), 피터 베너러블(1122~57) 등의 수도원장이 활동한 시기였다. 베네딕트 규칙을 따르는 수도승들은 미사 전례의 발전을 가져왔으며, 육체노동 시간을 찬가와 필사와 같은 주로 정신노동에 할애하였다. 교황의 직접적인 관할 하에 있었으므로 주교구의 사법권으로부터 자유로울 수 있었고, 자신의 감독관을 임명할 수 있었다. 클루니 수도원은 교회의 도덕적 개혁을 지지하였으며, 교황 그레고리 7세에 의한 교황수장제의 주장과 서임권 투쟁을 이끄는 개혁의 토대를 제공하였다.

7) 기베르트 노젠트(Guibert of Nogent, 1064~1125). 베네딕트 수도원의 역사가, 논쟁가, 주석가 및 전기작가의 권위자. 프랑스 북부의 클레르망의 보베시스에서 출생. 기베르트의 저작 가운데 가장 가치 있는 것은 성 아우구스틴의 자서전 『고백록』의 저술방식을 이용하여 쓴 자신의 자서전이었다. 이 책에서 그는 자신의 어린 시절, 노젠트 수도원장의 선출 과정, 라옹 교구의 불운 등 생 제르메르에서의 삶을 서술하였다. 이는 당시 유행하고 있던 교육방법, 1112년 라옹 코뮨에서의 사회적·정치적 혁명에 관한 이야기 등을 담고 있어, 성곽에서 발생한 여러 가지 일과 당시 수도원의 일상 생활에 대한 매우 귀중한 자료다.

8) 시토 수도회(Cistercian Order). 12세기 초엽에 성장한 새로운 경건한 수도원들 가운데 하나로서 철저한 금욕주의를 실천. 1098년 몰레즘의 수도원장이었던 로베르는 규율이 느슨해진 자신의 수도원을 떠나 프랑스의 시토에 첫 번째 수도원을 창설하였다.

이는 베네딕트 규칙을 문자적으로 해석하는 엄격한 수도원이었다. 로베르는 1099년에 몰레즘으로 다시금 되돌아갔으나, 시토 수도회는 그대로 유지되었다. 시토 수도회를 가장 팽창시킨 인물은 베르나르 끌레르보였다. 이 수도회의 성장은 신속하게 진행되어 1132년에는 프랑스, 이탈리아, 독일, 영국, 스페인과 노르웨이, 시실리, 루마니아에 이르기까지 팽창하였다. 시토 수도회는 대부분의 변두리 땅을 개간하여 중세의 농촌경제에 커다란 발전을 도모하였으며, 특히 목양사업에 주력함으로써 경제적인 부분에서 중요한 역할을 수행하였다.

9) 베르나르 끌레르보(Bernard of Clairvaux, 1090~1153). 성인. 부르군디 퐁텐느에서 출생하여 1112년에 시토 수도원에 입회하였다. 임종할 당시 끌레르보에는 약 700명의 수도승이 있었고 그것의 분원 수도원은 요크셔(1132), 휘트랜드(1140), 웨일즈의 마람(1147) 등에 세워졌다. 1146년에 교황 에우제니우스 3세는 그에게 제2차 십자군 원정의 설교를 요청하기도 하였다. 그는 당대의 피터 아베라르의 저작들을 정죄하는 데에서도 주도적인 역할을 하였다. 신에 대한 사랑을 연구한 신학적인 논저와 설교문 등이 남아 있으며, 가장 유명한 저술로는 피터 베너러블에게 보낸 일련의 서간들이었다. 정통적인 서구 사상을 고수하는 완강한 신학자였던 그는, 정신적인 생활은 물론 정치적인 생활에서도 큰 영향력을 발휘하였다.

10) 안셀름(Anselm, 1033~1109). 성인. 캔터베리 대주교, 롬바르디의 아오스타에서 출생. 노르망디 벡 수도원의 수도승이 되고, 그곳에서 랑프랑 수하에서 신학을 연구하였다. 1078년에는 벡의 수도원장이 되었고, 1093년에는 캔터베리 대주교로 임명되었다. 1106년부터는 일련의 논쟁, 즉 처음에는 윌리암 루퍼스, 다음에는 영국왕 헨리 1세와의 논쟁에 휘말렸다. 이는 영국에서의 교회와 국가 간의 관계 및 교황수장제 문제를 다룬 것이었다. 이 갈등 과정에서 안셀름은 두 차례나 망명 생활을 강제받았다. 그는 성육신과 관련된 정통 교리를 정교한 방법으로 체계화시켰으며, 12세기 스콜라주의의 창조적인 정서를 제공하였다. "나는 이해하기 위해서 믿는다"는 그의 기본 테제는 당시 가장 결실있고 생산적인 논쟁거리가 되었다.

11) 피터 아베라르(Peter Abelard, 1079~1142). 철학가이며 신학자. 낭트 부근 르 빨레에서 출생. 화려한 교수 경력을 자랑한다. 로쉘린 수하에서 로쉬 혹은 뚜르에서 교육받았고, 파리에서는 윌리암 상뽀에게서, 라옹에서는 안셀름에게서 수학하였다. 그는 이 교수들과 격렬한 논쟁을 벌였고, 1119년까지 파리, 머룽, 코베이유에서 가르쳤다. 성당참사원 풀베르의 질녀 엘로이즈와 비밀리에 혼인하여 아들 아스트롤라베를 얻게 되자, 아베라르는 풀베르의 수하에게 강제적으로 거세 당하였다. 엘로이즈는 수녀가 되었고 아베라르는 생 드니의 수도승이 되었다. 1121년 스와송에서 이단으로 첫 번째 정죄되

는 고통을 겪었다. 그는 최고의 천재적인 논객인 베르나르 끌레르보, 윌리암 생 티에르, 휴 생 빅토르와도 논쟁하였는데, 『나의 고통의 역사』에서 자신의 경쟁자들의 야망과 좌절당한 자신의 자긍심 등을 서술하였다. 아리스토텔레스의 논리학을 명쾌하 게 정리하였고, 언어의 기능과 한계를 연구하는 데 헌신하였다. 논리학 저술로는 『변증법』이 있으며, 아리스토텔레스 논리학의 해설집들과 신학에서의 『예 그리고 아니오』, 『신학론』, 『윤리학』, 『너 자신을 알라』등이 있다.

12) 라테란 공의회(Lateran Council). 로마의 라테란은 교황의 원 거주지. 현재 성 요한 라테란 성당에서 공의회가 정기적으로 개최되었다. 12·13세기 강력한 교황수장제의 시기 동안 대공의회가 열렸던 곳이기도 하다. 이들 공의회의 일반적인 목적은 서구 전역의 교회를 일제히 개혁하는 것이었다. 제1차 라테란 공의회(1123)는 서임권 투쟁과 결부된 문제들을 해결한 직후 열렸으며, 제2차 라테란 공의회(1139)는 교회의 분열을 종식시키고 아르놀드 브레시아의 이단을 정죄하기 위해 개최되었다. 교황 알렉산더 3세에 의해 소집되었던 제3차 라테란 공의회(1179)는 프레데릭 바바로사와 의 분쟁을 해결하고 광범위한 개혁을 시도하기 위한 것이었다. 가장 거대하면서도 중요한 공의회는 제4차 라테란 공의회(1215)였다. 이는 교황 이노센트 3세에 의해 소집되어 정력적인 교황권의 절정을 보여주었다. 이 공의회에서는 도덕적 개혁뿐 아니라 교리를 명확히 하는 교령들을 다루었고, 이단 억제를 위한 해결책도 논의되었다.

13) 스테판 랑톤(Stephen Langton, 1228년 7월 9일 사망). 영국의 존왕 통치기에 캔터베리 의 대주교였다. 출생연도는 알려져 있지 않다. 어려서 파리로 가서 연구를 하였으며, 학위를 취득하여 존경받는 신학자가 되었다. 파리에서 25년 동안 생활하면서 저서 『질문집』(Questiones)을 저술하여 주교의 권위에 대한 복종과 교황의 자유재량권의 한계와 같은 당대의 신학적인 화두를 논쟁하였다. 캔터베리 대주교직의 임명을 놓고 수도승들과 존왕 간에 갈등이 있었으나, 교황 이노센트 3세가 랑톤을 추천하여 캔터베리 대주교로 선출하게 하였으며, 1207년 6월 17일에 즉위하였다. 이에 분노한 존왕은 랑톤의 선출을 받아들이지 않았고, 이노센트 3세는 1208년 영국을 성체금령 하에 두고, 1209년 존왕을 파문하였다. 랑톤은 존왕과 귀족들의 투쟁에서 협상을 시도하고 화해를 유도하였다. 마침내 마그나 카르타가 나오게 되었을 때, 존왕의 대변인으로 일하였다. 분명한 점은 랑톤이 교회의 자유를 인정하는 대부분의 조항들 을 초안하였다는 사실이다. 존왕이 마그나 카르타를 승인한 이후, 랑톤은 제4차 라테란 공의회에 참석하기 위해 로마로 갔으나, 교황 이노센트 3세에 의해 파면되었다. 존왕과 투쟁하였던 귀족들에 대한 교황 견책권의 강화에 실패하였기 때문이다. 2년의 파면 시기를 거쳐 1218년 영국으로 되돌아 온 랑톤은 1228년 사망할 때까지

어린 헨리 3세의 충성스런 지지자가 되었다. 신학자 및 행정가였던 그는 가장 유능한 캔터베리 대주교 가운데 한 사람이었다. 1213년과 1216년 사이에 그의 탁월한 업적은 창조적이고 온건한 정치가적 기질을 드러낸 마그나 카르타의 틀을 형성하는 데 기여했던 일이다.

14) 호노리우스 3세(Honorius 3, 1216~1227). 로마에서 출생. 이름은 켄시오 사벨리. 교황좌에 오르기 전 성 마리아 마조레 대성전의 사제로 오랜 기간 봉사하였고, 추기경 부제와 사제로 활동. 프란시스회, 도미닉회, 가르멜회 등과 같은 교회 안의 큰 수도회들을 승인한 그는 제5차 십자군 원정(1217~1221)을 실시하여 이집트를 공격하고 다미에타를 점령하였으나, 카이로 공격에서 패배하여 결국 실패하게 되었다.

15) 복사(acolytes), 시종직. 미사, 성체강복식, 혼인성사, 성체성사 등을 거행할 때 집전 사제를 도와 원활한 의식의 진행을 보조하는 사람. 원래 이 일은 하급 제3급에 속하는 시종직을 받은 자가 담당하였으나 품계가 폐지된 이후는 평신도 복사가 이 일을 하게 되었다. 9세기부터 시종직의 일을 복사가 대행한 것으로 보인다.

16) 토마스 베켓(Thomas of Becket, 1117~70). 성인. 머튼 분원과 수레이 및 파리 대학에서 교육을 받고, 런던 상인의 성직자로 활동했으며, 이후 대주교 테오발드 캔터베리에게 봉사하였다. 1154년 대주교직에 천거된 베켓은 국왕 헨리 2세에 의해 왕실 고문관에 임명되어 충직하게 일하였으며, 1162년에는 캔터베리 대주교로 임명 되었다. 선출된 후 그는 교회의 자유에 대한 국왕의 침해에 격렬히 저항하였다. 범죄를 저지른 성직자의 처리문제에서 베켓은 이들을 세속 법정에서 처벌할 수 없다고 주장하였다. 1164년의 클라렌돈 법률의 수용을 거부하고, 교황 알렉산더 3세에게 탄원차 프랑스로 망명하였다. 협상은 지연되었고, 1170년에 헨리 2세가 요크의 대주교에서 왕위를 대관 받음으로서 베켓은 새로운 위기를 맞게 되었다. 1170년 12월 29일 베켓은 헨리의 기사들에 의해 살해되었다. 캔터베리는 이후 유명한 순례지가 되었으며, 1173년에 베켓은 시성되었다.

17) 클라렌돈 법률(Constitutions of Clarendon, 1164년). 교회와 국가 간의 공식적인 관계를 확립하려는 시도로 영국의 군주 헨리 2세가 만든 법령. 이 법률에서는 군주의 인가 없이 교회가 로마에 탄원하는 것을 금지하였다. 성직록과 관련된 성직자들 간의 모든 소송은 군주법정에서 다루어지도록 하였다. 헨리 1세 통치기에 일반적인 관례로 선포되었다는 주장이 있기는 하지만, 이 법률은 토마스 베켓과 영국의 성직자 들에게 받아들여지지 않았다. 그러나 베켓 살해 후 교회에 유리한 관습이 아브랑쉐에 서 헨리에 의해 부정되었던 것이다.

18) 골리아 시(Goliardic Poet). 학생들의 풍자적인 성향의 노래 또는 인간적인 사랑과 자연을 예찬하는 섬세한 시로 이루어졌으나 격렬한 비판주의적 내용도 담고 있었다. 골리아들은 서유럽에서 새롭게 설립되는 대학과 학교들 주변에 모여든 학생과 학자집 단들, 및 도시공동체의 격렬함을 드러내는 징후로서 12세기 르네상스의 직접적인 산물을 만든 동인이었다.

## 제4장 세속 학문 : 인문학, 의학, 법학

1) 존 솔즈베리(John of Salisbury : 1115~80). 샤르뜨르의 주교. 12년 동안 파리와 샤르뜨르에서 수학하고, 셀르에서 성직 임무를 수행하고 교황 꾸리아에서 활동하였 다. 군주 헨리 2세와의 갈등기에 테오발드의 계승자 토마스 베켓을 지지하였고, 그 결과 1163~70년에 랭스에서 망명생활을 하였다. 12세기 휴머니즘의 대표적인 인물로서, 당대의 가장 탁월한 라틴어 학자 가운데 한 사람이다.

2) 베르나르 샤르뜨르(Bernard of Chartres : 1130년경 사망). 12세기 초엽 위대한 교수들 가운데 한 사람이며 1124년까지 샤르뜨르 학파의 주도적인 학자. 문법과 논리학의 연구에 뛰어난 베르나르는 서구에서 플라톤주의를 강화하는 데 많은 기여를 하였으며, 그의 탁월성은 개인적인 것이었다. 1124년 그의 은퇴 이후 샤르뜨르 학파가 지속적으 로 주된 기여를 하게 되었다는 설명은 실상을 왜곡하는 것이었다. 12세기 이사분기에 스콜라적 휴머니즘 탐구의 주요 중심부로 등장한 곳은 샤르뜨르가 아닌 바로 파리였기 때문이다.

3) John of Salisbury, D. D. McGarry trans., *The Metalogicon* (Berkeley and Los Angeles, 1955), 167쪽 | 원주.

4) 프리시안(Priscian, 대략 A.D. 6세기). 중세의 중요한 교사 가운데 한 사람. 5세기 말엽 북부 아프리카의 캐자래에서 출생. 동고트족이 로마를 지배할 때 로마의 식자층 은 프리시안에게 라틴어의 지식을 증대할 수 있는 문법책을 집필해 줄 것을 요청하였 다. 그의 『교육론』은 가장 중요한 교육용 지침서로서 수백 권의 필사본으로 필사되었 다. 이후 많은 중세 저술가들은 고전 저술가들을 인용하였는데, 고전 저서에서 직접 얻은 것이 아니라 프리시안의 독서로부터 얻어온 것이었다. 그리하여 프리시안은 그리스의 지식, 어휘 및 개념을 서유럽에 전달하는 중요한 연결통로가 되었다. 그의 저술들 특히 문법책들은 중세의 많은 주석집들을 양산했으며, 카로링 왕조기에는 더욱 고취되었다.

5) 피터 샹뜨르(Peter the Chanter, 1197년 사망). 탁월한 신학자, 성직자 및 개혁가로서 12세기 사사분기에 파리에서 활동한 인물. 보배 근방의 소 기사가문 출신으로 랭스의

학교에서 수학하고, 그의 스승이었던 로베르 카메라는 후에 아미엥의 주교(1166~69)가 되었다. 샹뜨르는 1173년 교수가 되어 파리에서 신학을 가르쳤다. 1183년 노트르담의 성가대장으로 선출되었는데 이것에서 그의 이름이 유래되었다. 교회 일에 종사하였던 그는 교황에 의해 1196년에 군주 필립 존엄왕의 이혼소송을 포함하여 적어도 15번의 사건을 재판하는 대리 심판관에 임명되었다. 피터가 당대 신학자들과 구별되는 것은 그의 철저한 실제적인 접근방법 때문이다. 속죄의 교리에 관심을 가졌던 그는 개별 사건들을 통한 도덕적 문제에 결의론적인 방법을 공식화하였다. 성직자로서 피터는 신의 단순한 말씀을 드러내기 위해서는 전통의 강화를 폐기하는 것이 진정한 개혁이라고 생각하였다. 그의 성서 연구 또한 특정한 기존의 사회제도들을 공격하는 것이었다. 특히 신의 심판이라 여겨진 시죄법, 사형죄, 이혼문제, 성직자 결혼 등의 문제에 관여하였다. 피터의 개혁안들은 복잡한 결과를 초래하였다. 4차 라테란 공의회(1215)에서 교황 이노센트 3세는 근친간의 결혼을 7촌에서 4촌으로 축소하여 이혼에 대한 범위를 제한하였다. 나아가 성직자의 시죄법 참여를 금지함으로써 이러한 야만적인 법률의 뿌리를 근절하게 되었다.

6) H. Rashdall trans., *The Universities of Europe in the Middle Ages*, ed. F. M. Powicke and A. B. Emden (Oxford, 1936), Ⅰ, 218쪽 | 원주.

7) 샤르뜨르 학파. 19세기 중엽의 학자들이 시작했던 샤르뜨르 학파에 관한 연구에 따르면, 이 학파는 자유학예, 휴머니즘 연구, 플라톤주의, 자연철학 등의 분야에서 탁월한 중심지였다. 이곳에는 베르나르 샤르뜨르, 윌리암 꽁쉬와 같은 위대한 선생들과, 띠에리 샤르뜨르, 길베르 드 라 포레와 같은 뛰어난 총원장, 그리고 존 솔즈베리와 같은 빼어난 학생들이 있었다. 최근에는 옥스퍼드 대학의 교수였던 서던(R. W. Southern)이 샤르뜨르 학파에 대한 연구를 재검토하여, 이 학파는 12세기 초엽 유일하게 베르나르 샤르뜨르의 가르침에 근거했다는 것으로 결론지었다. 띠에리와 길베르는 의심할 여지 없이 샤르뜨르의 총원장을 지냈으나, 실제적으로는 파리에서 가르쳤으며, 윌리암 꽁쉬 역시 그러하였다는 것이다. 또한 존 솔즈베리가 샤르뜨르에서 연구하였다는 것은 증거조차 매우 희박하다는 것이었다. 서던 교수의 주장은 샤르뜨르의 영예가 베르나르에게서 기인하였다고 본 것이다. 이에 관해서는 이 학파가 12세기 중엽에 이르러 왜 소멸하게 되었는가의 문제를 살펴본다면 보다 쉽게 설명될 수 있을 것이다. R. W. Southern, *Medieval Humanism and other Studies* (Oxford, 1970), 61~85쪽 참조 | 원주.

8) 로버트 머룬(Robert of Melun : 1167년 사망). 영국 출신의 철학가이자 신학자. 1120년 초엽부터 프랑스에서 가르쳤다. 1137년 파리의 몽 생 제네비에브에서 변증법

을 가르쳤으며, 존 솔즈베리의 스승이었다. 1142년 머룬으로 옮겨가서 신학을 가르쳤다. 토마스 베켓의 보호 아래 1160년 즈음 영국으로 되돌아 와서 1163년에는 헤레포드의 주교가 되었는데, 이 같은 베켓의 보호에도 불구하고 베켓의 논쟁기에 로버트는 군주 헨리 2세 편에 가담하였다. 그는 3편의 신학 논저를 집필하였는데, 그 중『문장론』(1152~1160)이 가장 유명하다. 당대의 신학적인 논쟁에 직면한 그는 베르나르 끌레르보와 치열하게 논쟁하였다. 그는 빅토르 학파 수도승들에게 별다른 영향을 받지 않았으나, 프랑스 사상가 중 가장 탁월한 인물로 휴 생 빅토르를 꼽았다.

9) 띠에리 샤르뜨르(Thierry of Chartres, 1151년 사망). 12세기의 뛰어난 교수들과 지식인들 가운데 한 사람. 베르나르 샤르뜨르와 형제인 그는 1130년대 파리와 그 근방에서 가르쳤다. 1142년에 샤르뜨르의 총원장이 되고 수석사제가 되었다. 서구에 플라톤 사상을 전파하는 주된 역할을 하였고, 그의 저서『7학과』는 인문학에 대한 모범 교과서로 인정받았다.

10) 도나투스(Donatus). 4세기 중반의 문법학자, 그의 저서『부차적 원리』는 표준 교수법으로서 중세에 많이 사용되었다. 이는 15세기에도 새로운 문법학교에서 기초할 수 있는 가장 보편적인 책자 가운데 하나로 꼽혔다.

11) 키케로(Cicero, BC.106~43). 로마의 철학자이자 정치가. 집정관을 지냈으며, 공화정 시대에 정치가로 활약하였던 인물. 그리스의 철학 용어를 라틴어로 번역하였다.

12) 퀸틸리안(Quintilian, A.D. 30~95). 스페인 출신의 뛰어난 교육자. 그의『웅변술의 원리』는 세련된 웅변가와 문명화된 교양인을 배출하기 위해 고안된 광범위한 교육 프로그램을 전하고 있다. 키케로를 높이 찬양하였다.

13) 베르나르 실베스터(Bernard Sylvester). 이력이 거의 알려진 바 없는 인물로 초기에는 베르나르 샤르뜨르와 동일시되었다. 그와 샤르뜨르 학파와의 연관은 그의 주저『우주론』을 1141년 샤르뜨르의 총원장이었던 띠에리에게 헌정하는 것에서 알 수 있다. 베르나르는 아마도 생 마르탱, 뚜르에서 편지 쓰기와 시 작문을 가르쳤다. 우주와 그 안에 있는 인간의 위상에 대해 관심이 컸던 그는『우주론』에서 창조에 대한 신비주의적인 과학적 설명과 인간과 우주와의 상호관계를 표현하였다. 플라톤의『티마에우스』의 방식과 철학적 신화를 산문체 표현으로 바꾼 칼시디우스의 주석방법을 조화시켰던 것이다. 천문학에 대한 베르나르의 관심은 운명론과 자유의지의 문제를 깊이 천착한 데서 비롯되었다고 볼 수 있다.

14) 버질(Virgil, 혹은 Pubius Vergilius Maro, BC.70~19). 라틴 중세 시인들 가운데 가장 중요한 인물로 평가되었다. 주로 짧은 시를 지었고, 중세기에 문법을 연구하면서 버질에 대한 연구도 하게 되었다. 성서, 오비디우스와 더불어 버질은 약 1500년

동안 식자층의 필독서가 되었고 초기 그리스도교 시인들의 한 모델이 되었다. 성 제롬, 성 아우구스틴과 같은 교부들에 의해 연구되었으며, 베드, 카씨도로스, 이시도르와 같은 박학 다식한 지식인들이 버질을 추천하고 탐구하였다.

15) 제롬(Jerome, 341~420). 성인. 로마에서 그리스도교도가 되었던 그는 고올 지방을 여행하고, 고향인 달마시아로 돌아와서 370년경에는 아퀼레이아에서 수도승이 되었다. 팔레스타인과 시리아를 여행하였으며, 이곳에서 5년간을 성서의 원 언어인 히브리어를 배우면서 은수자로 생활하였다. 386년 마침내 베들레헴의 수도원에서 학자 생활에 몰두하게 되었다. 많은 신학적인 논쟁에 참여하여 당대 성서 연구를 주도하였다. 그의 탁월한 업적으로는 라틴어판 『불가타』 성서 및 성서 주석집이 있다.

16) 오르가논(organon). 그리스어의 도구, 기관이라는 뜻으로 학문연구에 필요한 도구를 의미한다. 아리스토텔레스의 논리학 저서의 총괄적 명칭으로 사용되었으며, 그의 논리학 저서로는 『범주론』, 『명제론』, 『분석론 전편』, 『분석론 후편』, 『변증법론』, 『소피스트에 대한 반박론』 등 6편이다. 이는 존재론에 근거한 전통 논리학의 기초를 확립하였으며, 후기 형식논리학의 단서도 마련하였다. 이들 논리학 저서들은 오랫동안 학문연구의 기초로서 존중되어 왔으나, 베이컨의 『신 오르가논』은 데카르트의 『방법서설』과 함께 아리스토텔레스의 논리학에 도전하였다.

17) 아리스토텔레스(Aristotle, B.C. 384~322). 그리스 아테네의 대철학자이자 플라톤의 제자. 기원전 343년 마케도니아의 군주 필립의 아들 알렉산더의 가정교사가 되었고, 335년 필립의 타계 이후 아테네로 되돌아와 도시 외곽에 소요학파를 창립하였다. 이곳에서 음악, 물리학, 형이상학, 수학, 천문학과 같은 학문들을 연구함으로써 자연세계에 대한 인간의 이해력을 증대시키고자 하였다. 이 같은 학문적 관심으로 아리스토텔레스는 정치학과 윤리학에 이끌리어 인간을 사회적·정치적 동물의 영장으로 간주하게 되었다. 아리스토텔레스의 저작들은 로마인에게 알려지게 되었을지라도, 로마 제국의 멸망 이후 그의 저작에 대한 연구는 쇠퇴하였고, 거의 완전히 사라지게 되었다. 이에 그의 부차적인 저작을 번역 연구하기에 이르렀고, 보에티우스에 의해 만들어진 주해서가 대부분이었다. 그러나 12·13세기에 특히 스페인에서 유대인 학자들이 이슬람 원전을 번역함으로써 아리스토텔레스의 『정치학』, 『윤리학』과 플라톤, 갈렌 및 히포크라테스 같은 그리스 저자들의 저작들이 재발견되기 시작하였다. 인간을 정치적·사회적 동물로서 바라본 아리스토텔레스의 저작들은 전반적으로 수용된 아우구스틴 신학과 갈등을 일으키게 되었던바, 아우구스틴에게는 인간이 사회적인 것은 자연스러운 것이었으나, 정치적 존재에 관해서는 죄로 인해 비자연적이며 오히려 결핍된 모습으로 인식되었기 때문이었다. 토마스 아퀴나스를 포함한

많은 학자들은 아리스토텔레스와 아우구스틴의 철학을 조화시키려는 시도를 하였고, 이러한 끊임없는 논쟁은 100년 이상 지속되었다.

18) 플라톤(Plato, B.C.427~347). 그리스 아테네 명문가문에서 출생. 소크라테스의 제자로 스승의 정신을 온전히 계승하였다. 40세까지 편력하였으며, 그 후 20년간 아카데미아를 창설하여 왕성한 학문활동에 주력하였다. 『파이돈』, 『향연』, 『국가』, 『파르게니데스』 등을 발표하였으며, 소크라테스로부터 독립하여 독자적인 학설을 확립하여 자신의 이데아론으로 발전시켰다. 시실리의 독재자 디오니시오스 2세와 조카 디온(BC.448?~ 354/353)의 초청으로 시실리에서 60세에서 80세까지 약 20년 동안 철인정치의 꿈을 실현시키려 하였으나 실패하였다. 말년의 저작으로는『티마에우스』, 『소피스테스』, 『필레보스』 등이 있다. 그의 철학은 서구사상의 저변을 흐르는 플라톤주의가 되었고, 에머슨은 "철학의 역사는 플라톤주의의 역사이다"라고 단언한 바 있다.

19) L. J. Paetow trans., *Memoirs of the University of California* IV(1) (1914), 37~39쪽 | 원주.

20) 호머(Homer, BC.1102/ BC.1159~685 사이로 트로이 전쟁에 근거하여 추정). 그리스의 전통적인 서사시인. 『일리아드』와 『오디세이』로 유명하다. 고전 시대에는 4년에 한 번씩 아테네의 파나테네에서 이들을 서사시체로 인용하고 읊는 축제를 하였다.

21) 오비디우스(Publius Ovidius, BC.43~AD.17). 아우구스투스 시대의 제3의 주요시인. 오비디우스의 시 「사랑의 예술」은 근본적으로 유혹을 이야기한 작품인데, 이 시가 중상모략을 받게 되면서 시가 출간된 지 9년이 지나 오비디우스는 흑해 변방지역인 토미로 추방되었다. 그의 가장 유용한 저작은 일종의 신화 백과사전이라 할『변형담』 (*Metamorolhoses*)으로, 이야기꾼이 위대한 신화에 인위적으로 자신의 이야기를 가미시킨 것이다. 또한 로마의 대사건과 대축제 같은 것을 묘사한『축제일지』는 로마인들에게 매우 유용한 것이었다.

22) L. J. Paetow trans., 앞의 책, 59쪽 | 원주.

23) 아베로이스(Averroes, 1126~98). 이슬람 철학가. 일명 이븐 로쉬드. 스페인의 코르도바에서 출생하여 청년기에 법률, 신학, 수학, 의학 및 철학을 공부하였다. 이후 스페인의 이슬람 통치자들 수하에서 행정 요직을 맡고, 궁정 의사로 일하였다. 의학과 철학에 대해 많은 저작을 집필하였으나, 아리스토텔레스의 『아니마』와 『형이상학』과 같은 저작에 대한 해설서를 통해 큰 명성을 얻었다. 그는 이 저작들을 라틴어로 옮기기도 하였다. 13세기 그리스도교 유럽의 대학에서 특히 시제르 브라방과 같은 인물은 아베로이스의 뛰어난 추종자였으며, 시제르가 활동한 파리에서 폭넓게 수용되었다. 알버트 마그누스와 토마스 아퀴나스는 아베로이스주의자들을 공격했으며, 1270년 아베로이스주의자들의 주장은 교회에서 공식적으로 정죄되었다.

**24)** 단테(Dante Alighieri, 1265~1321). 중세의 가장 위대한 시인 가운데 한 사람. 플로렌스의 명문 집안에서 태어난 그는 소년 시절부터 사랑했던 베아트리체가 1290년 세상을 떠나자, 이탈리아 어로 집필된 추모집『새로운 삶』을 출판함으로써 타고난 그의 문학적 재능을 선보이기 시작했다. 그의 유명한 저서『신곡』은 근 15년 이상이나 걸려 완성된 것으로, 지옥, 연옥, 천국이라는 삼부작으로 구성되었다. 도시국가들 간의 정쟁에 휩쓸려 오랜 망명생활(1303~1321) 도중 타계했던 그에 대해 최근의 비평가들은 "독창성으로 인해 고립되었던 천재"라고 평한 바 있다. 그의 정치사상이 체계적으로 서술된 저작이『제정론』이며,『신곡』은 미학적 시적 탁월성에 의해서뿐만 아니라 중세적 그리스도교적 이상과 열정을 완성도 높게 그리고 있다는 점에서 후대인들에 의해 그 천재성이 칭송되고 있다.

**25)** 히포크라테스(Hippocrates, B.C.460~375/350). 소아시아 해변 코스 섬에서 출생. '의학의 아버지'로 불린다. 그에 대해서는 남아 있는 기록이 거의 없다. 여러 곳을 여행하였으며 테라스, 테살리, 델로스, 아테네 등지에서 가르치고, 실습하였다고 전해진다. 동시대 인물인 플라톤이 그에 대해 두 번 언급하였으며, 아리스토텔레스 역시 그의『정치학』에서 그에 대해 단 한 번 이야기하였다. 히포크라테스는 코스 섬의 에스크레피오스의 유명한 신전에서 초기 의학 연구를 수행하였다고 전해진다. 의사로서 히포크라테스의 성격과 능력은 거의 모든 이들에게 존경을 받아 왔다.

**26)** 갈렌(Galen, A.D.130~200). 그리스의 의사. 갈렌의 초기 시절은 플라톤, 소요학파, 스토아, 에피쿠루스 학파들의 사상에 친숙하였다. 146년 의학공부를 시작하여, 2년 후 유명한 의사인 페롭스의 강의를 듣기 위해 심르나(Smyrna)로 갔다. 164년 로마에 정착하여 국가 최고 관리 중 한 사람이 되었고, 로마 황제 마르쿠스 아우렐리우스에게 게르만 전쟁에 봉사하라는 명을 받았다. 191년 로마의 화재로 그의 많은 저작들이 소각되는 불운을 겪었다. 갈렌은 분명한 아테네 그리스어로 약 500편의 논술집을 집필하였는데, 그 가운데 124편은 철학 논문들로서 아리스토텔레스의『범주론』,『분석론』과 플라톤의『티마에우스』,『필레부스』에 대한 해설서가 포함되어 있었다. 의학서적으로는 98편이 진본으로 남아 있다. 경험 생리학의 창설자이며, 히포크라테스 이후 가장 탁월한 고대 의사로 평가받고 있다.

**27)** 아비세나(Avicenna, 980~1037). 아랍의 내과의사이며 철학자 및 학자. 초기 시절에 논리학, 기하학, 천문학 연구를 마치고 철학자이면서 의사가 되었다. 아리스토텔레스 와 신 플라톤주의자들에게 깊은 영향을 받았고, 자연세계와 결부되어 있는 정교한 철학체계를 발전시켰으며, 자연과 사회 속에 인간의 위상을 정립하였다. 그의 저작은 라틴어로 옮겨져 중세 스콜라주의의 발전에 지대한 기여를 하였다. 그는 철학 연구를

위해 종교적인 접근방식을 강조하도록 정통 신학에 호소하였으며, 토마스 아퀴나스는 자신의『신학대전』의 구성에서 그 기본 요소를 아비세나에게서 도움을 얻었다. 아비세나의 의학 서적은 매우 영향력 있는 책자가 되었다.

28) 불가루스(Bulgarus, 1166 사망). 12세기 볼로냐에서 로마법을 가르쳤다. 서유럽에서 법학연구를 위한 중심부로서 볼로냐의 명성을 확고히 하는 데 일조 하였다. 그와 더불어 3명의 박사들처럼, 불가루스는 황제 프레데릭 바바로사의 조언자였으며, 프레데릭이 롬바르디에 대한 자신의 권한을 주장하였던 1158년에 론카글리아 회의에서 고문을 맡았다. 황제가 주장한 이러한 권한들은 로마법에 기초한 것이라기보다는 고대적인 관습에 근거한 것이었다. 불가루스는 법률의 일반적인 규율들을 파기하려는 도시민의 권리를 지지하기도 하였다.

29) 휴고(Hugo, 1166~71 사이 사망). 로마법 주석가. 이르네리우스의 제자로서 그 역시 론카글리아 회의에 참석하여, 독일 황제의 특권을 명확히 하는 데 조력하였으며, 불가루스와 함께 동맹을 맺는 일에 참석하기도 했다. 그는 교회문제에도 주력하였다.

30) 야코부스(Jacobus, 1120/30~1178). 로마법 주석가. 로마법 주석가로서 이르네리우스 다음 세대에 속하는데 아마도 '4 박사' 가운데 가장 연하였을 것으로 추정된다. 그의 업적으로는『시민법 대전』전체에 대한 주석이 있다.

31) 루피누스(Rufinus, 12세기 말엽). 교회법학자, 신학자, 대주교. 아마도 루피누스는 중부 이탈리아 아씨시에서 1130년 이전에 출생하였으며 1150년경 볼로냐의 교회법 교수로 등장하였다. 그라티안의 제자였으며, 1179년 이전에 아씨시의 주교가 되었고, 1192년 이전에 사망한 것으로 추정된다. 교회법의 발전에서 중요한 위치를 점한다. 주요 저작인 *Summa decretorum*(1157~59)은 가장 영향력 있고 광범위하게 사용된 교회 법령가 저술로서, 그라티안의『교회법령집』을 주석한 장편의 체계적인 저작이다. 그가 '황금법령집의 탁월한 주석가이며 해석가'로 알려진 것은 그의 저작이 진품이며 명확성 및 정확성을 갖춘 법률학 교재가 되었기 때문이다.

32) 휴그치오(Huguccio). 볼로냐의 교회법 교수이며 페라라의 주교(1190~1210)로서 그라티안 이후 가장 중요한 교회법 학자 가운데 한 사람으로 평가되고 있다. 그러나 그의 생애에 대해서는 거의 알려진 바가 없다. 그의 저작은 두 가지 점에서 중요한 의미를 갖는다. 그의 *Liber derivationum*은 13 · 14세기 동안 어원학과 사전편찬 작업을 위한 표준적 저작이 되었으며, 그라티안의『교회법령집』에 대한 그의 주석집은 상세하고, 명료하며, 방대한 것으로서 큰 영향을 미쳤다. 그의 주석집이 신정정치와 계서적 정치 · 사회체제를 변론했다는 사실과 그의 제자인 교황 이노센트 3세의 행적 사이에는 상당한 연계성이 있어 보인다.

**33)** A. O. Norton trans., *Readings in the History of Education: Medieval Universities* (Cambridge, Mass., 1909), 60~75쪽 | 원주.

**34)** 아꾸르시우스(Accursius, 1182~1260). 볼로냐 대학의 법학 교수였던 그는 유스티니아누스 대제의 『법령집』, 『입문서』, 『학설 개요집』에 관한 주석서로 매우 유명하였다. 이 주석서들은 중세 대학에서 가장 널리 사용되었다. 볼로냐에서 타계하자 시신은 성 프란체스코의 코르델리에르 교회 뒤뜰에 안장되었다. 그의 아들 프란체스코는 17세의 어린 나이에 법학박사 학위를 취득하여 그 역시 법률학자로서 상당한 명성을 얻게 되었다.

**35)** 헨리 수사(Henry of Susa, 1271년 사망). 오스티아의 추기경이자 교회법학자. 볼로냐에서 로마법과 교회법을 수학하고 그곳에서 가르쳤으며, 이후 파리에서도 교회법을 가르쳤다. 교회법학자로서의 명성은 그의 전 생애를 통해 성취한 것이었다. 『황금대전』은 주석서 모음집으로 1250~61년에 집필된 법률에 관한 해석서를 담고 있다. 그 역시 "법률의 주군이며 『교황령 전집』의 가장 뛰어난 해석가"라는 칭호를 가지고 있었다.

제5장 신학 : 학문의 여왕

**1)** L. J. Paetow trans., *Memoirs of the University of California* Ⅳ(1) (1914), 43쪽 | 원주.

**2)** 휴 생 빅토르(Hugh of Saint-Victor, 1096~1141). 프랑스 학자이며 신비주의 신학자. 리차드 생 빅토르(✝ 1173)와 함께 빅토르 가에서 가장 탁월한 인물. 그가 파리 생 빅토르의 수도원장 및 참사원으로 있던 시기에 이곳은 프랑스에서 가장 탁월한 지적 중심지의 하나가 되었다. 12세기 내내 생 빅토르 학교와 시토파 수도원은 이성과 변증법의 성장에 대비되는 신비주의의 주된 중심지가 되었다. 개인적 경험을 지식의 최고 형태로 설명하는 합리적 신비주의를 유행시켰으며, 경험으로 얻어질 수 있는 모든 것이 명상을 통해 신의 지식과 긴밀히 결합될 수 있다고 보았다.

**3)** 빅토르 수도승들(Victorines). 12세기 수도원의 한 신학적인 학파의 구성원들. 1106년 윌리암 상포가 창립한 이 학파는 일부 사목 활동과 함께 지적인 연구를 위해 수정된 아우구스틴 규율을 채택한 수도 참사회의 성격을 지녔다. 이들은 12세기에 커다란 영향을 미쳤는데 특히 파리 노트르담에서의 신학적인 가르침과 긴밀히 연관되었다. 전적으로 정통파 신학을 대변하였던 빅토르 수도승들은 당대를 주도한 이성적 스콜라주의와 신비주의를 화합하기 위해 노력했으며, 이들의 저작은 이후 중세 신학 특히 프란시스회파에게 커다란 영향을 주었다.

**4)** 암브로스(Ambrose, 340~97). 성인. 로마의 유명 가문에서 출생. 부친은 갈리아

지방의 장관이었고, 암브로스에게 법률학과 웅변술을 가르쳤다. 372년에 에밀리아—리구리아 지방의 장관이 되었으며, 2년 후 밀라노 주교로 선출되었다. 성서와 초기 그리스도교의 신학 연구에 전념하였으며 설교, 변론, 저술을 통해서 아리우스파와 논쟁을 하였고, 그의 설교는 많은 이들을 정통 그리스도교로 개종시키는 데 크게 기여하였다. 저서로는 『삼위일체론』, 『성사론』 등 성서 주석들이 있으며, 주교의 역할과 책임에 관해서도 저술하였다.

5) 아우구스틴(Augustine, 345~430). 성인. 북부 아프리카 행정가 가문에서 출생. 법률학과 수사학을 배우고 철학에도 관심을 기울였다. 모친 모니카에게서 그리스도교에 관한 영향을 받으며 성장하였으나, 카르타고에서 수사학을 공부한 후 약 9년 동안 마니교도가 되어 선과 악의 문제에 대해 고민하였다. 그러나 악의 기원과 창조와 관련된 기본적인 문제들에 직면하여 해결점을 찾지 못하고 마니교를 떠나게 되었다. 383년에는 밀라노에서 수사학 교사로 활동하고 그곳에서 성 암브로스의 영향을 받아 387년 그리스도교도로 세례를 받았고, 1년 후에는 북 아프리카 수도원에 입회하였으나, 391년 히포의 주교로 임명되었다. 그는 인간이 은총 상태에서 아담의 타락으로 모든 인류가 죄에 물들게 되었음을 주장하였다. 또한 극단적인 두 종파주의 집단 즉 펠라기우스와 도나투스주의자들과의 논쟁을 통해 그리스도교의 핵심 교리가 된 은총론과 원죄론, 자유의지, 예정론 등의 사상을 발전시켜 나갔다. 그의 저작으로는 『고백록』, 『신국론』, 『삼위일체론』, 『창조론』 등이 있다.

6) G. J. Bougerol trans., *Introduction to the Works of Bonaventure* (Paterson, N.J., 1964), 108, 109쪽 | 원주.

7) A. C. Pegis trans., *The Basic Writings of Saint Thomas Aquinas* (New York, 1945), Ⅰ, 3쪽 | 원주.

8) 베렝가르 뚜르(Berengar of Tours, 1000~88). 성찬식에 대해 이단 이론을 주장한 신학자. 샤르뜨르에서 교육을 받고 1031년에 뚜르 학교의 학감이 되었으며, 1041년 앙제르의 수석사제로 임명되었다. 9세기에 라트라무스의 가르침을 따른 그는 성찬식에서 참된 실재의 존재를 부정하는 교리를 확립하였다. 미사중에 성변화는 성분들 그 자체에서 일어나는 것이 아니라 단지 믿는 이들의 정서 안에서 일어나는 것이라고 주장하였다. 그의 교리는 1050년에 정죄되었다.

9) 랑프랑 벡(Lanfranc of Bec, 1010~89). 파비아에서 출생. 11세기 서유럽의 지적이고 수도원주의적인 정치생활에서 중요한 위치를 점하는 인물로 법률학뿐만 아니라 신학을 공부하였다. 1030년 이탈리아를 떠나 프랑스에서 학생이며 교사로 명성을 얻고, 1042에는 새롭게 개혁된 노르만 수도원에 수도승으로 정착하여 근 20년간

(1045~63) 벡 수도원의 분원장으로 활동하였다. 문법과 수사학, 변증법의 탁월한 방법을 성서학 연구에 접목시켰으며, 성찬식에 대해 정통 보수의 입장을 확립하였다. 캔터베리의 대주교(1070~89)로서 요크 대주교의 주장에 대해 캔터베리의 우월성을 주장하기도 하였다. 영국의 윌리엄 정복왕과 친밀한 관계를 유지하였던 그는 군주와 대주교가 연대하여 교회의 도덕적 개혁에 관심을 쏟았으나, 이는 다음 세대에 영국에서 서임권 투쟁이라는 불가피한 상황을 초래하였다.

10) H. O. Taylor trans., *The Mediaeval Mind* (Cambridge, Mass., 1949), Ⅰ, 278쪽 | 원주.

11) R. W. Southern trans., *Saint Anselm and his Biographer* (Cambridge, 1966), 54쪽 | 원주.


제6장 고딕예술

1) 호노리우스 아우구스토두넨시스(Honorius Augustodunensis, 1075/1080~1156). 철학자 겸 신학자. 캔터베리에서 수학하고 존 스코투스 에리게나의 가르침에 근거하는 낙천적 휴머니즘을 발전시켰다. 성서와 이성을 통해 지복으로 가는 길을 제시하였으며, 그리스도의 성육신론, 자유의지 등에 관해서도 연구하였다. 로버트 쿠르즈(R. D. Crouse)는 "호노리우스가 그리스도교적 플라톤주의를 샤르뜨르, 라옹, 생 빅토르 학파 등에게 전파시켰다"고 지적한 바 있다.

2) 블랑쉬 카스띠유(Blanche of Castile, 1188~1252). 카스띠유의 알퐁소 8세의 딸. 그녀의 탁월한 행정능력은 1226년에서 1252년 사이에 입증되었는데, 이 시기 동안 남편(루이 8세)의 유언에 따라 어린 아들 루이 9세를 섭정하였다. 1244년까지 아들의 중요한 조언자이며 안내자의 역할을 한 블랑쉬의 도덕성은 엄격하고 비타협적이었으며, 종교적 신심은 자녀들에게 많은 영향을 미쳤다. 특히 루이 9세와 이사벨에게 큰 영향을 끼쳤다. 그녀는 십자군(1248~1254) 운동에 반대하였지만, 루이는 십자군에 출정하였고, 이 기간 동안 모후에게 통치를 위임하였다. 그녀는 여러 가지 중요한 일들을 마무리하였는데 특히 국왕 행정부의 정비와 에그 모르뜨 항구를 완공하였으며, 아들의 십자군을 재정적으로 지원하기 위해 교회와의 추가징수 협상을 하였다.

3) 빌라르 호네꾸르(Villard de Honnecourt, 1220~1240년대 활동). 피카르드의 예술가. 약 33년 동안 펜과 잉크로 소묘화를 그렸으며 그의 그림은 파리에 소장되었다. 1849년부터 건축가로 불리게 되었지만 어느 곳의 건물에서도 그의 흔적은 분명히 나타나지 않았다. 빌라르의 그림들은 자신이 방문한 캄브레이, 샤르뜨르, 라옹, 라우센스, 미욱스, 바우셀 등지에서 발견되었다. 그는 특히 고전적인 조각상에 관심을 가졌는데, 그의 가장 멋진 그림은 세련된 기술적인 기교가 발휘된 주름잡힌 휘장에서 드러났다.

4) 디오니시우스 아레오파지트(Dionysius the Areopagite). 혹은 드니(Denis)라고도 불렸다. 500년 전후에 그리스어로 저술 활동을 하였으며 교회의 계서제 이론을 발달시켰다. 사변적인 사상가로서 초기 그리스도교 플라톤주의자들 특히 그레고리 니사, 프로클루스에게서 많은 영감을 받았으며, 그들의 유출 개념을 대부분 그리스도 교적인 맥락에서 수용하였다.

5) 12 궁의 천계도(zodiac). 황도에 따른 별자리의 호칭. 18도의 너비를 가지고 황도의 전 둘레를 30도씩 12 등분하여 여기에 별자리 이름을 적용시켰다. 즉 춘분점이 있는 별자리를 백양궁으로 하고 이하 금우궁, 쌍자궁, 거해궁, 사자궁, 처녀궁, 천칭궁, 전갈궁, 인마궁, 마갈궁, 보병궁, 쌍어궁 등이다. 태양, 달, 행성은 이 사이를 이동하는 것으로, 고대 오리엔트에서 점성술을 위해 만들어졌다고 한다.

6) 보에티우스(Boethius, 480~524). 아테네와 알렉산드리아에서 수학했던 그는 중세사 상의 토대를 닦는 데 중요한 영향을 미쳤다. 510년 동고트족의 군주 테오도릭의 치하에서 로마의 집정관을 지냈으나, 이후 사형 당하였다. 감옥에서 『철학의 위안』을 집필하였는데, 그는 인간 행복의 진정한 원천을 신의 사랑과 지혜에 대한 추구라고 지적하였다. 그가 활용했던 아리스토텔레스의 논증 방식은 초기 중세에 큰 영향을 미쳤으며, 교육을 7 자유학예로 구분하는 로마적 체계는 중세 지식체계의 근간으로 수용되었다.

이 책은 John W. Baldwin의 *The Scholastic Culture of the Middle Ages,
1000-1300* (Waveland Press, 1997)를 우리 말로 옮긴 것이다. 오늘날
이 저서는 미국 대학의 학부 과정에서 역사학을 교양과목의 일부로 공부하
는 학생들의 참고도서 및 일반 교양계층의 교양서로 폭넓게 읽히고 있다.
이 책의 주제는 11세기에서 13세기에 이르는 시기의 프랑스와 이탈리아를
중심으로 한 서유럽의 문화와 사상에 관한 것으로서, 이 같은 연구성과는
중세 스콜라 문화의 성격과 체제를 실체적으로 파악하기 위해서뿐만
아니라, 현대 유럽 문명의 역사적 토대와 그 유산을 해명하는 데도 매우
유용한 단서를 제공하고 있다.

    1929년 미국에서 출생한 저자 볼드윈은 휘튼 대학, 펜실바니아 주립대
학, 그리고 존스 홉킨스 대학(Ph. D.)에서 유럽 중세사를 연구하였다. 1956
년 미시간 대학부터 시작된 그의 생산적인 교수 생활은 1961년 존스
홉킨스 대학으로 옮긴 이후에도 변함없이 계속되었다. 특히 그는 1986년
존스 홉킨스 대학의 찰스 호머 하스킨스 석좌교수로 추대되었으며, 현재는
동 대학의 명예교수로 활동하고 있다. 미국 중세사학회 회장(1996~1997)
을 역임하는 등 현대 미국의 유럽 중세사학계를 대표하고 있는 저자
볼드윈의 학문적 업적은 경제·사회·정치·문화 등의 다양한 영역에
걸쳐 있는바, 이 가운데는 다음과 같은 탁월한 연구성과들이 포함되어
있다.

*Aristocratic Life in Medieval France* (Baltimore, 2000), *The Language of Sex : Five Voices from Northern France around 1200* (Chicago, 1994), *The Government of Philip Augustus: Foundations of French Royal Power in the Middle Ages* (Berkeley, 1986), *City on the Seine : Paris under Louis IX, 1226~1270* (New York, 1975), *Masters, Princes and Merchants : The Social Views of Peter the Chanter and his circle* (Princeton, 1970) 2 vols., *Medieval Theories of the Just Price : Romanists, Canonists and Theologians in the Twelfth and Thirteenth Centuries, Transactions of the American Philosophical Society,* vol. 49 (Philadelphia, 1959).

이 책이 중점적으로 다루고 있는 시기와 지역에서 중세 문화의 꽃이 만개하였던만큼, 우리는 이 글을 통해 중세의 다기한 문화적 운동의 흐름과 사상 형성의 궤적 그리고 학문체제의 성장단계들을 확인할 수 있다. 그리하여 중세 문명의 내면적 역동성과 가시적 표현들을 중세라는 시대적 맥락 하에서 그리고 다양한 지평에서 접할 수 있다. 그러나 이 책의 진정한 특징은 서양 중세 문명을 유기적 통일체로 포괄하고, 그 핵심적 본질을 스콜라주의 문화로 규명한 점에 있다. 저자에 따르면, 스콜라주의적 요소야 말로 당대의 복합적 문화운동들에 중세적 전형을 각인했던 관건이라는 것이다. 결국 이 책이 가진 설득력의 많은 부분은 스콜라주의를 중심으로 중세 문명의 다양성과 통일성을 그 시대적 배경 위에 꽃핀 하나의 문화적 체계로 아우른 저자의 높은 학문 정신의 완성도에서 비롯되었다고 하겠다.

유럽의 중세 문화에 관해 단지 괜찮은 읽을거리 정도를 제공하고 싶었던 역자들의 소박한 희망이 이처럼 햇빛을 보게 된 데는 이영재의 학문적 열정이 큰 역할을 하였다. 원저의 초역은 이영재가 하였고, 박은구가 이를 다시 읽으며 전체적으로 손질을 가했다. 이 조그만 책을 우리 말로 옮김에 있어서도 번역상의 오류나 표현의 잘못 등이 허다히 있을 것이다. 특히 저자의 날카로운 통찰과 풍요로운 행간의 함의가 역자들의 한계로 인해 왜곡되지나 않았는지 두렵기 그지없다. 역자들은 이 같은 오류가 독자들의 가르침에 의해 바로잡힐 수 있기를 간절히 바란다. 한편 역자들은 필요하다고 판단된 경우 원저에는 없는 그림과 역주들을 추가하였다. 이것이 일반 독자들과 관심을 가진 이들의 이해를 돕고 흥미를 심화시키는 데 조금이라도 기여한다면 큰 기쁨이겠다.

끝으로 역자들은 저자 볼드윈(John Baldwin)에게 특별한 감사를 표하고 싶다. 그의 한국인에 대한 변함없는 선의와 따뜻한 관심이 역자들의 부족한 학문적 역량과 열정을 배가시키는 원동력이 되었다. 저자가 한국어판 서문을 보내온 지 1년이 다 되도록 작업을 마무리하지 못한 것은 전적으로 역자들의 게으름 탓이다. 이 책이 볼드윈 교수의 학문적 성과를 우리네 교양계층에 널리 소개하는 한 계기가 된다면 이는 역자들에게 기대 이상의 보람이 될 것이다. 이번에도 혜안출판사의 오일주 사장님과 김현숙 편집장

등 편집진은 보잘것없는 원고를 흔쾌히 맡아 정성스럽게 출판해 주셨다.
마음으로부터 우러나오는 사의를 표하는 바이다.


2002년 7월

상도동 연구실에서

박 은 구

지은이 | 존 볼드윈(John W. Baldwin, 1929~ )

1929년 미국에서 출생한 저자 볼드윈은 휘튼 대학, 펜실바니아 주립대학, 그리고 존스 홉킨스 대학(Ph. D.)에서 유럽 중세사를 연구하였다. 1956년 미시간 대학부터 시작된 그의 생산적인 교수 생활은 1961년 존스 홉킨스 대학으로 옮긴 이후에도 변함없이 계속되었다. 특히 그는 1986년 존스 홉킨스 대학의 찰스 호머 하스킨스 석좌교수로 추대되었으며, 현재는 동 대학의 명예교수로 활동하고 있다. 미국 중세사 학회 회장(1996~1997)을 역임하는 등 현대 미국의 유럽 중세사학계를 대표하고 있는 저자 볼드윈의 학문적 업적은 경제·사회·정치·문화 등의 다양한 영역에 걸쳐 있다.

옮긴이 | 박은구

서울대학교 문리대 서양사학과 및 동대학원 졸업, 미국 뉴욕주립대학 대학원 수학, 영국 캠브리지 대학 객원교수, 미국 데이비스 엘킨스 대학 및 킹 대학 객원교수, 현재 숭실대 인문대 사학과 교수, 문학박사. 저서『서양중세 정치사상 연구』(2001) 및 편역서로『서양 중세 정치사상사』(2000),『중세 서양의 정치사상』(1988),『서양중세사 연구』(1987),『14세기 유럽사』(1987),『서양사상의 역사』(1986),『현대 사회사학의 흐름』(1982),『근대국가의 기원』(1982) 등이 있다.

옮긴이 | 이영재

숭실대학교 인문대학 사학과 및 동대학원 수료, 미국 시애틀 퍼시픽 대학교 및 시카고 로욜라 대학교 대학원 수학, 현재 숭실대·명지대·신구대 등에 출강. 연구논문으로「Gregory 7세의 교황주권론 소고」(1996),「클루니(Cluny) 수도원의 개혁운동에 대한 연구」(1999) 등이 있다.

# 중세 문화 이야기

존 볼드윈 지음
박은구 | 이영재 옮김

1판1쇄 　인쇄 | 2002년 8월 29일
1판1쇄 　발행 | 2002년 9월 　4일
발행처 　도서출판 혜안
발행인 　오일주
등 　록 　1993년 7월 30일 제22-471호
주 　소 　서울시 마포구 서교동 326-26번지 102호
전 　화 　3141-3711~3712
팩 　스 　3141-3710
이메일 　hyeanpub@kornet.net

값 18,000원
ISBN 89-8494-168-9 93920